Cross Border E-commerce Practice

跨境电商实务

丁滟湫　童宏祥 ◎ 主　编
崔慧华　陆佳佳 ◎ 副主编

上海财经大学出版社

图书在版编目(CIP)数据

跨境电商实务 / 丁滟湫，童宏祥主编．--上海：上海财经大学出版社，2023.6
ISBN 978-7-5642-3725-7/F·3725

Ⅰ.①跨… Ⅱ.①丁… ②童… Ⅲ.①电子商务-商业经营-高等职业教育-教材
Ⅳ.①F713.36

中国版本图书馆 CIP 数据核字(2021)第 021275 号

□ 责任编辑　刘晓燕
□ 责编电邮　exyliu@sina.com
□ 责编电话　021－65903667
□ 封面设计　贺加贝

跨境电商实务

主　　编：丁滟湫　童宏祥
出版发行：上海财经大学出版社有限公司
地　　址：上海市中山北一路 369 号(邮编 200083)
网　　址：http://www.sufep.com
经　　销：全国新华书店
印刷装订：上海市崇明县裕安印刷厂
开　　本：787mm×1092mm　1/16
印　　张：17.75
字　　数：337 千字
版　　次：2023 年 6 月第 1 版
印　　次：2023 年 6 月第 1 次印刷
印　　数：0 001—4 000
定　　价：49.00 元

前　言

党的二十大擘画了以中国式现代化全面推进中华民族伟大复兴的宏伟蓝图，强调要把实施扩大内需战略同深化供给侧结构性改革有机结合起来，增强国内大循环内生动力和可靠性，提升国际循环质量和水平。跨境电子商务是分属不同关境的交易主体，在法律许可范围内通过跨境电子商务平台实现交易的国际商业活动，是国际贸易领域新业态，优化了资源配置，重塑了国际贸易链，在构建国内国际新发展格局中具有十分重要的作用。

跨境电商是教育部在2019年《普通高等学校本科专业目录》中增设的一门特色专业，并于2020年起开始招生。“跨境电商实务”是普通高等学校应用型本科跨境电商、国际商务、国际经济与贸易专业的一门核心课程，基于专业建设和课程教学的需求，编者结合跨境电子商务业态编写了《跨境电商实务》教材。本书具有以下三个方面的特色。

一、新目标

本书根据教育部印发的《高等学校课程思政建设指导纲要》的要求，基于“三全”育人的视角，结合“跨境电商实务”课程特点在每章设置了“阅读思考”模块，用案例突出社会主义核心价值观的教育，强调立德树人的教育理念。

二、新体系

本书基于协同学方法与理论，立足跨境电商生态圈、产业链和工作过程的视角，跨越学科界限，将“国际贸易实务”课程内容进行了有机整合，融合有关理论知识、方法和要求，贯通线上与线下的运营模式，形成了独具特色的课程体系。

三、新内容

本书基于大数据、人工智能、云计算和区块链等信息技术在跨境电子商务领域中的应用，将其新业态、新类型、新流程、新手段等方面的知识、技术和技能融入跨境电子商务平台、跨境电子商务营销、跨境电子商务支付、跨境电子商务交易等章节中。

本书由上海立达学院丁滟湫、上海外国语大学贤达经济人文学院童宏祥担任主编，上海立达学院崔慧华与陆佳佳担任副主编。具体分工：童宏祥（第一章、第二章、第三章、第四章）；丁滟湫（第五章、第六章、第七章、第八章）；崔慧华（第九章、第十章）；陆佳佳（第十一章、第十二章）。

在本书策划与编写过程中，编者得到了上海外国语大学贤达经济人文学院、上海立达学院领导的关心，也得到了上海财经大学出版社编辑的指导，在此一并感谢。由于编者实务经验有限，难免有纰漏或不妥之处，恳请同行和专家不吝赐教。

编者

2023 年 5 月

目　　录

第一章　概　　论

学习目标

- 了解国际贸易的分类、货物进出口分类管理的基本内容
- 熟悉电子商务、跨境电子商务的含义、特征和类型
- 掌握电子商务、跨境电子商务产生与发展的阶段及其代表性事件
- 明确跨境电子商务、数字贸易对促进我国外贸转型升级的作用
- 具备对电子商务、跨境电子商务、数字贸易的基本认识

第一节　国际贸易概述

一、国际贸易的分类

国际贸易是指世界各个国家或地区之间商品、技术和服务的商业交换活动。

（一）交易模式

电子商务交易根据不同的交易对象可分为三种：

1. 进口贸易与出口贸易

按照国际贸易商品的流向可分为两类：一是进口贸易，是指从其他国家或地区引进商品、技术和服务到本国市场的商务活动；二是出口贸易，是指将本国的商品、技术和服务输出到其他国家或地区的商务活动。

2. 有形贸易与无形贸易

按照国际贸易商品形态可分为两类：一是有形贸易，是指交易的标的是实物形态的商品，如服装、化妆品和家具等；二是无形贸易，是指交易的标的为非实物形态的商品，如知识产权、技术和金融等服务。

3. 直接贸易与转口贸易

按照国际贸易交易模式可分为两类：一是直接贸易，是指进出口双方就商品、技术和服务直接达成交易，签订国际贸易合同，并按其履行的贸易方式；二是转口贸易，

是指进出口双方就商品、技术和服务通过第三国达成交易，签订国际贸易合同，并按其履行的贸易方式。

（二）一般贸易与加工贸易

按照国际贸易方式可分为以下两类：

1. 一般贸易

一般贸易是指境内有进出口经营权的企业单边输入或输出关境的进出口贸易方式。一般贸易货物依据不同的监管方式可分为三类：一是一般进出口货物，是指按进出口监管制度办理海关手续的进出口货物；二是特定减免税货物，是指一般按特定减免税监管制度办理海关手续，可以享受特定减免税优惠的进出口货物；三是保税货物，是指经海关批准保税，按保税监管制度办理海关手续的进出口货物。

2. 加工贸易

加工贸易是指经营企业进口全部或部分原辅材料、零部件、元器件和包装物料，经加工或装配后，将制成品复出口的经营活动。加工贸易是以加工为特征的再出口业务，按照所承接的业务特点不同，分为进料加工、来料加工和装配业务。

二、货物进出口原则

（一）最惠国待遇

《1994 年关贸总协定》及其他协议在有关条款中规定了成员之间应相互给予最惠国待遇。最惠国待遇要求在世贸组织成员间进行贸易时彼此不能搞歧视，大小成员要一律平等，只要其进出口的产品是相同的，则享受的待遇也应该相同，不能附加任何条件，并且是永久的。我国《货物进出口管理条例》第五条规定，“中华人民共和国在货物进出口贸易方面根据所缔结或者参加的国际条约、协定，给予其他缔约方、参加方最惠国待遇、国民待遇，或者根据互惠、对等原则给予对方最惠国待遇、国民待遇”。

（二）货物进出口自由

我国《货物进出口管理条例》第四条规定，“国家准许货物的自由进出口，依法维护公平、有序的货物进出口贸易。除法律、行政法规明确禁止或者限制进出口的外，任何单位和个人均不得对货物进出口设置、维持禁止或者限制措施”。

三、货物进出口分类管理

我国外贸法对禁止或限制进出口货物规定了以下 11 种情形：一是为维护国家安全、社会公共利益或者公共道德，需要限制或者禁止进口或者出口的；二是为保护人的健康或者安全，保护动物、植物的生命或者健康，保护环境，需要限制或者禁止进口或者出口的;三是为实施与黄金或者白银进出口有关的措施,需要限制或者禁止进口或者出口的;四是国内供应短缺或者为有效保护可能用竭的自然资源,需要限制或者禁止出口的;五是输往国家或者地区的市场容量有限,需要限制出口的;六是出口经营秩序出现严重混乱,需要限制出口的;七是为建立或者加快建立国内特定产业,需要限制进口的;八是对任何形式的农业、牧业、渔业产品有必要限制进口的;九是为保障国家国际金融地位和国际收支平衡,需要限制进口的;十是依照法律、行政法规的规定,其他需要限制或者禁止进口或者出口的;十一是根据我国缔结或者参加的国际条约、协定的规定,其他需要限制或者禁止的进出口货物。禁止进出口货物的目录由商务部会同国务院有关部门制定、调整并公布。

(一) 限制进出口货物配额管理

配额管理是指国家在一定时期对于某种商品的进出口数量或金额直接加以限制的管理措施,在规定的期限和配额以内的货物准许进口或出口。我国对小麦、玉米、大米、食糖、棉花、羊毛、毛条和化肥等关乎国计民生的大宗商品实行配额管理,进出口企业应当在规定的时间内向进口配额管理机构申请,凭配额证明在海关办理进出口货物报关验放手续。

1. 限制进口货物的配额管理

小麦、玉米、大米、棉花的进口配额由国家发展和改革委员会(简称国家发改委)管理,食糖、羊毛及毛条、化肥的进口配额由商务部管理。

2. 限制出口货物的配额管理

小麦、玉米、大米、棉花的出口配额由国家发改委管理,小麦粉、玉米粉、大米粉、锯材、活牛(对港澳)、活猪(对港澳)、活鸡(对港澳)、煤炭、焦炭、原油、成品油、稀土、锑及锑制品、钨及钨制品、锌矿砂、锡及锡制品、白银、铟及铟制品、钼、磷矿石的出口配额由商务部管理,蔺草及蔺草制品、碳化硅、滑石块(粉)、镁砂、矾土、甘草及甘草制品的出口配额由商务部公开招标。

(二) 限制进出口货物许可证管理

我国对限制进出口货物配额管理以外的进出口货物实行许可证制度,由商务部和商务部委托的省级地方商务主管部门及副省级市商务主管部门负责实施进出口货物许可证管理。例如:商务部配额许可证事务局负责签发小麦、玉米、煤炭、原油、成品油、棉花的出口许可证;商务部驻有关地方特派员办事处负责签发活牛、活猪、活鸡、大米、小麦粉、玉米粉、大米粉、药料用麻黄草、甘草及甘草制品、蔺草及蔺草制品、天然砂、磷矿石、镁砂、滑石块(粉)、锡及锡制品、钨及钨制品、锑及锑制品、锯材、白银、铂金、铟及铟制品的出口许可证;商务部委托机构负责签发牛肉、猪肉、鸡肉、矾土、氟石

(萤石)、稀土、钼及钼制品、焦炭、成品油、石蜡、部分金属及制品、硫酸二钠、碳化硅、消耗臭氧层物质、柠檬酸、维生素C、青霉素工业盐、摩托车(含全地形车)及其发动机和车架、汽车(包括成套散件)及其底盘19种货物的出口许可证。进出口企业应当在规定的时间内向主管部门申请许可证,凭许可证向海关办理进出口货物报关验放手续。

(三) 自由进口货物许可管理

对国家相关法律法规规定的禁止和限制以外的进口货物,国家基于监测货物的进口情况对部分进口货物实行自动进口许可管理,由商务部在实施前21天公布自由进口货物目录。属于自动进口许可管理的货物,进出口企业应当在规定的时间内向商务部主管机构提交自动进口许可申请,凭自动进口许可证明向海关办理进口货物报关验放手续。

(四) 进出口货物临时措施

1. 进口货物临时措施

我国《货物进出口管理条例》规定,为维护国家的经济利益,可以对进口货物的价值或者数量采取临时限制措施,或采取限制或者禁止进口的临时措施。实施范围包括三个方面:一是对相同产品或者直接竞争产品的国内生产或者销售采取限制措施;二是通过补贴消费的形式,消除国内过剩的相同产品或者直接竞争产品;三是对完全或者主要依靠该进口产品形成的动物产品采取限产措施。

2. 出口货物临时措施

我国《货物进出口管理条例》规定,对特定货物出口采取限制或者禁止的临时措施。实施范围包括以下三种情形:一是发生严重自然灾害等异常情况,需要限制或者禁止出口的;二是出口经营秩序严重混乱,需要限制出口的;三是依照我国外贸法的规定,需要限制或者禁止出口的。

四、中国对外贸易发展现状

(一) 跃居世界货物贸易第一大国

中国成为世界货物贸易第一大国的历程有以下三个阶段:

1. 迈上进出口贸易总额万亿美元阶梯

1978年中国货物贸易进出口总额为206.4亿美元,2004年中国货物贸易进出口总额达到1.15万亿美元,贸易额首次迈上万亿美元的大台阶,日本用了30年,德国用了25年,美国用了20年,而中国只用了16年。

2. 成为世界贸易第一大出口国

2009年中国货物贸易进出口总额为2.2万亿美元,其中出口货物贸易总额为

813.57 亿美元，进口货物贸易总额为 750.89 亿美元，超过了德国，成为世界贸易第一大出口国。

3. 列为世界货物贸易第一大国

2013 年中国货物贸易进出口总额为 4.16 万亿美元，约占全球贸易总额的 12%，跃居全球货物贸易第一大国。2013 年之后，由于受到各种政治与经济等国际因素的影响，排名向下位移。2017 年中国货物贸易进出口总额达到 4.105 万亿美元，其中出口货物贸易总额为 2.263 万亿美元，位列世界第一，进口货物贸易总额为 1.842 万亿美元，位列世界第二，仅次于美国，并重新列为世界货物贸易第一大国。

（二）中国外贸稳步发展

1. 货物贸易稳步提升

2020 年，面对复杂严峻的外部发展环境，我国外贸仍然实现了逆势上扬。根据海关总署发布的数据显示，2020 年我国货物贸易进出口总值 32.16 万亿元人民币，同比增长了 1.9%，其中出口为 17.93 万亿元，进口为 14.23 万亿元，成为全球唯一实现货物贸易正增长的主要经济体。2021 年 1 月、2 月，我国货物贸易进出口总值为 5.44 万亿元人民币，比上年同期增长了 32.2%。其中出口为 3.06 万亿元，增长 50.1%；进口为 2.38 万亿元，增长了 14.5%。

2. 一般贸易明显增长

2021 年 1 月、2 月，我国一般贸易进出口总值为 3.35 万亿元，增长了 34.4%，占我国外贸总值的 61.6%，比上年同期提升了 1 个百分点。其中，出口额为 1.86 万亿元，增长了 56.8%；进口额为 1.49 万亿元，增长了 14.2%。同期，加工贸易进出口总值为 1.23 万亿元，增长了 29.5%。其中，出口额为 7 827.4 亿元，增长了 36.1%；进口额为 4 520.1 亿元，增长了 19.4%。我国以保税物流方式进出口额为 6 184.7 亿元，增长了 25%。其中，出口额为 2 299 亿元，增长了 55.3%；进口额为 3 885.7 亿元，增长了 12.1%。

3. 机电产品和劳动密集型产品出口增长

2021 年 1 月、2 月，我国出口机电产品总额为 1.85 万亿元，增长了 54.1%，占出口总值的 60.3%。其中，自动数据处理设备及其零部件为 2 339.8 亿元，增长了 68.5%；手机为 1 495.9 亿元，增长了 49.2%；汽车为 272 亿元，增长了 93.4%。同期，出口劳动密集型产品总额为 5 717.8 亿元，增长了 49.2%。其中，服装为 1 569.2 亿元，增长了 40%；包括口罩在内的纺织品为 1 444.4 亿元，增长了 50.2%；塑料制品为 911.5 亿元，增长了 70.5%。

4. 服务贸易位居全球第二

2020 年我国服务贸易进出口总额为 45 642.7 亿元人民币，进口额为 26 286 亿元，出口额为 19 356.7 亿元。2020 年我国知识密集型服务进出口总额为 20 331.2 亿元，增长了 8.3%。知识密集型服务出口额为 10 701.4 亿元，增长了 7.9%，增长较快的领域是知识产权使用费、电信计算机和信息服务、保险服务；知识密集型服务进口额为 9 629.8 亿元，同比增长 8.7%，增长较快的领域是金融服务、电信计算机和信息服务。

（三）民营企业主体地位进一步提升

2021 年 1 月、2 月，我国民营企业进出口货物贸易总额为 2.57 万亿元，增长了 49.5%，占我国外贸总值的 47.2%，比上年同期提升 5.5 个百分点。其中，出口额为 1.72 万亿元，增长了 64.3%，占出口总值的 56.3%；进口额 8 473.2 亿元，增长 26.3%，占进口总值的 35.6%。同期，外商投资企业进出口总值为 2.04 万亿元，增长 27.2%，占我国外贸总值的 37.5%。其中，出口额 1.09 万亿元，增长了 40.6%；进口额为 9 505.7 亿元，增长了 14.6%。民营企业在我国对外贸易中的地位进一步提升，成为最大的贸易主体。

第二节　电子商务概述

电子商务是指通过互联网等信息网络销售商品或者提供服务的经营活动。电子商务具有电子化、数字化、网络化和商务化的特点，改变了传统的商务经营模式、消费习惯和竞争形式，并推动着社会经济快速发展。

一、电子商务交易模式

（一）交易模式

电子商务根据不同的交易对象可分为三种基本模式：一是 B2B，是指生产商、供应商、零售商之间通过电子商务平台完成货物交易的方式；二是 B2C，是指生产商、供应商、零售商与消费者通过电子商务平台完成货物交易的方式；三是 C2C，是指个体商家与消费者之间通过电子商务平台完成货物交易的方式。

（二）平台模式

电子商务平台根据不同的经营模式可分为两种类型：一是自营电商平台，又称独立网站，是指企业委托专业公司基于计算机、互联网、大数据和人工智能等技术搭建的闭环交易系统的营销型网站；二是第三方电商平台，是指独立于买家与卖家之外的，在指定的经营范围内按照特定的服务和交易规范，凭借电商平台为当事人提供商品交易或服务中介，并收取佣金或服务费的网站。

二、电子商务产生

(一) 电子商务产生的过程

1. 电子商务产生的条件

从技术层面上来说，电子商务产生应当具备三个条件：一是计算机技术，是指计算机硬件技术和计算机软件技术；二是网络技术，是指网络软件技术，如X.25等通信标准和通信网、基础网、增值网、互联网的网络协议以及SSL、SET等支付标准；三是通信技术，是指基础通信技术和终端设施。

2. 电子商务产生的阶段

从技术层面上来说，电子商务产生的过程有以下两个阶段：

(1) 基于电子数据交换的技术

电子数据交换(Electronic Data Interchange，EDI)是指将商业或行政事务按一个公认的标准，形成结构化的事务处理或文档数据格式，从计算机到计算机的电子传输方法。电子数据的工作原理为：发送方将要发送的数据从信息系统数据库中取出，转换成平面文件；将平面文件翻译为标准EDI报文，并组成EDI信件；发送方将EDI信件传送到接收方的EDI信箱；接收方从EDI信箱收取信件；接收方将EDI信件拆开并翻译成平面文件；接收方将平面文件转换并送到信息系统中进行处理。

电子数据交换具有以下三个特点：一是使用电子方法传递信息，提高了传输效率；二是根据国际标准化组织(ISO)统一标准编制数据信息，在计算机应用程序与计算机应用程序之间进行信息传递与交换，这样不但能识别、接收和存储信息，还能减少差错和延误；三是采用加密防伪手段，用户输入自己的密码后才能看到自己邮箱的信息，还可对重要信息进行加密，防止信息在传递过程中被篡改。

电子数据交换在国际贸易领域中得到了广泛的应用，买卖双方按照进出口贸易合同的约定，在履行义务环节中将所需要的商业文件通过系统进行标准化和格式化处理，通过计算机网络与贸易伙伴进行数据交换，自动识别、接收、处理单证数据信息，并自动制作新的电子单据传输到有关部门，其被称为“无纸化贸易”。

(2) 基于互联网的技术

互联网是指由网络与网络之间通过协议而连接成的全球网络。具体来说，计算机网络是由许多计算机组成的，允许一台计算机与世界任何地方的另一台计算机相联，通过TCP(传输控制协议)和IP(网间协议)计算机语言在网络的计算机之间传输数据，以保证数据安全、可靠地到达指定的目的地。

互联网技术具有以下五个特点：一是全球化，任何一台计算机只要支持TCP/IP协议，就可以连接到互联网上，实现信息等资源的共享，并不受空间限制地进行人与人之间的信息交流；二是虚拟化，互联网是通过对信息的数字化处理，以信息流动代替实物流动，不是实体的展现；三是平等化，互联网上信息沟通双方不管其中一方的企业或个人是弱还是强，都在一个平等线上进行交互；四是低值化，绝大多数的互联网服务都是免费提供的，仅对个别服务收取低价费用；五是个性化，信息交换的形式趋向多元化，能不断满足每个人的个性化需求。

案例分享

互联网上第一次“会诊”

1995年，某大学女生小朱突患疑症，并陷入昏迷状态，生命垂危，即刻住进了医院。几个月过去，医院始终未能查出病因。小朱的同学们十分着急，就将小朱的病症译成英文，通过互联网向世界求助。信发出仅3小时，就先后收到了世界各地的回信1 500多封，30%的网友认为是“铊”中毒。医院根据这个信息邀请了中国“铊”中毒课题研究专家进行确诊，为抢救赢得了时间，小朱终于在昏迷6个月后脱离了危险。

(二) 电子商务产生的代表性事件

中国电子商务的产生经历了从量变到质变的过程，其间主要有以下三个代表性事件：

1. 启动“三金工程”

1993年，中国正式启动了国民经济信息化起步的“三金工程”：其一“金桥工程”，是建立一个覆盖全国，并与国务院各部委专用网连接的国家共用经济信息网，于1996年9月6日开通，为专线集团用户的接入和个人用户的单点上网服务；其二“金关工程”，是采用电子数据交换技术对国家外贸企业的信息系统实施联网，包括海关内部的通关系统和外部口岸电子执法系统，于2011年完成；其三“金卡工程”，是以推广使用“信息卡”和“现金卡”为目标的电子货币工程，于1997年实现了12个试点省市自动柜员机ATM与销售点终端机POS的同城跨行联网运行，并与信用卡业务进行联营，为实现网上支付与资金清算奠定了基础。

2. 开通多家电子商务网站

主要有五个代表性事件：1996年2月南京焦点科技开发有限公司推出了B2B中国制造网；1997年11月浙江网盛科技股份有限公司开通了首家B2B互联网化工网站；1999年5月王峻涛推出了销售图书和软件的、以珠穆朗玛峰高度命名的“8848”B2C电子商务网站；1999年8月邵亦波推出了C2C“易趣网”电子商务平台；1999年9月马云创立了阿里巴巴网络技术有限公司，推出了中国交易市场网站。

3. 开通首家银行网上支付业务

1998年4月招商银行首家推出了网上支付业务，提供B2B的资金结算，并在同年5月与北京电子商城、深圳天虹商场等商家合作，开通了B2C网上支付业务。

三、电子商务发展

(一) 移动互联网

随着互联网技术、移动通信技术、短距离通信技术在商务领域中的应用，产生了移动互联网。移动电子商务简称移动电商，是指不同交易主体以移动互联网为媒介，通过智能手机、平板电脑等移动终端进行电子商务活动。

1. 移动互联网的产生与发展

伴随着移动技术的不断创新，移动电子商务经历了第一代至第五代的发展历程。

(1) 第一代移动通信系统(First-generation，简称 1G)

1978 年美国贝尔试验室研制了第一套蜂窝移动通信网，将电话连接到网络用户线，用户能在移动的状态下拨打电话。第一代移动通信系统是以模拟调频、频分多址为主体技术，包括公共移动通信系统和专用移动通信系统。

(2) 第二代移动通信系统(Second-generation，简称 2G)

第二代移动通信系统引入了数字无线电技术，改善了语音通话质量，防止了并机盗打的现象，还能提供无缝的国际漫游。第二代移动通信系统是以数字传输、时分多址或码分多址为主体技术，简称数字移动通信，包括数字蜂窝系统、数字无绳电话系统和数字集群系统等。在此基础上，又先后产生了 HSCSD、EDGE、WAP、蓝牙(Bluetooth)、EPOC，并成为从 2G 迈向 3G 的衔接性技术。

(3) 第三代移动通信系统(Third-generation，简称 3G)

第三代移动通信系统能提供高质量的宽带多媒体综合业务，实现了全球无缝覆盖和全球漫游，数据传输速率高达 2Mbit/s，容量是第二代移动通信技术的 2 至 5 倍。第三代移动通信系统是以无线通信与国际互联网等多媒体通信结合的新一代移动通信技术，实现了任何人在任何时候、任何地方进行任何类型信息的交换。

(4) 第四代移动通信系统(Fourth-generation，简称 4G)

第四代移动通信系统能够快速传输数据、音频、视频和图像等，以 100 Mbps 以上的速度下载，比家用宽带 ADSL(4 兆)快 25 倍，比第三代移动通信系统的网速快 50 倍，可实现三维图像高质量传输，支持交互式多媒体业务，如视频会议、无线互联网等，并可以在 DSL 和有线电视调制解调器没有覆盖的地方部署，以此再扩展到整个地区。

(5) 第五代移动通信系统(Fifth-generation，简称 5G)

第五代移动通信系统能实现高速传输数据，比 4G 快 100 倍，网络延迟低于 1 毫秒，是 4G 的 1/70，提供千亿设备的连接能力，流量密度和连接数密度大幅度增加，能实现高清视频、虚拟现实等大数据传输，进一步提升了系统的协同性和智能化水平。5G 网络将提供更加人性化、多样化、智能化的服务，如 5G+无人银行、物联网、自动驾驶等，把人们带入一个更完善的移动网络信息时代。

2. 移动电子商务的应用

移动电子商务分为两种应用方式：一是远程电商，是指消费者通过移动电子商务网站终端的 App 进行购物或发出服务需求；二是近场电商，是指消费者通过移动电子商务网站终端选择本地化服务，并可通过近场支付进行消费。2000 年中国移动互联网投入运行，为个人计算机、笔记本电脑、掌上电脑等利用分组无线服务技术上网服务，覆盖了中国各个地区。2002 年中国电信上海—杭州 10G IP over DWDM 建成并开通，标志着中国互联网骨干传输网从 2.5G 步入 10G 时代，达到国际先进水平。

3. 移动电子商务的特点

移动电子商务是通过移动端完成商务交易活动，除了具备互联网的特点以外，还具有自身的特征。其主要有两个方面：一是便捷性，移动电子商务将新一代移动通信技术引入传统的电子商务交易流程中，基于移动端的交易更具便利性和快捷性，可以使人们在任何时间、任何地点进行各种商务活动，消费者可以通过 PDA 和手机等随时随地发送其需求，商家也能随时随地提供服务；二是普遍性，2019 年全世界的手机网民数量已占总人口的 60%以上，中国手机网民规模达到 8.47 亿人，网民使用手机上网的比例达 99.1%，从应用规模上来说，更具有普遍性。

（二）O2O 电子商务

随着互联网、移动通信等技术在商务领域的应用，产生了 O2O（Online to Offline 的缩写）电子商务模式。O2O 电子商务是指卖家通过在线营销吸引买家，买家可以在线上或线下完成订单和支付，卖家在收到货款后可在线下实体店交付货物，也可配送至买家指定处的一种电子商务交易形式。这种形式对于卖家来说，在线上平台不受时空限制地进行广告宣传，能吸引更多的买家，投入少，效果好。对于买家来说，在线货比三家，既能获得价廉物美的商品或服务，又能在线下享受到良好的购物体验。

案例分享

速卖通"新零售"O2O 平台体系

2019 年 8 月 25 日，阿里巴巴旗下全球跨境零售电商平台速卖通与国内通信零售连锁企业合作，在西班牙首都马德里郊外的购物中心 Xanadu 开设了第一家 AliExpress Plaza 线下门店，展示中国品牌和西班牙品牌的商品，将"新零售"带到欧洲。西班牙消费者不仅可通过速卖通平台在线下单，也可在 AliExpress Plaza 实体店购买，享受与线上同等的购物待遇。线上线下联通互动，相互引流，不仅为中国品牌的商品提供更多的销售渠道，也为西班牙消费者提供可以直接感受品牌商品的平台，从而增强其在网上购物的信心。

（三）电子商务交易

1. 电子商务交易规模

国家统计局电子商务交易平台调查显示，2011 年至 2019 年全国电子商务交易额一直呈现上升趋势，依次分别为 6.09 万亿元、8.11 万亿元、14.40 万亿元、16.39 万亿元、21.79 万亿元、26.10 万亿元、29.16 万亿元、31.63 万亿元、34.81 万亿元。2020 年全国电商交易额 37.21 万亿元，比 2019 年增长 6.89%。

2. 电子商务服务业营收总额

商务部《中国电子商务报告》发布的数据显示，2011 年至 2019 年全国电子商务服务业的营收总额直线上升，依次分别为 0.04 万亿元、0.13 万亿元、0.43 万亿元、1.25 万亿元、1.98 万亿元、2.45 万亿元、2.92 万亿元、3.52 万亿元、4.47 万亿元。2019 年全国电子商务服务业的营收规模比 2018 年增长了 27.0%，其中电子商务交易平台服务营收达 8 412 亿元，支撑服务领域中的电子支付、物流、信息技术服务等市场营收规模达 1.84 万亿元，比 2018 年分别增长了 27%和 18.3%。

3. 电子商务就业规模

商务部《中国电子商务报告》发布的数据显示，随着电子商务的规模不断扩大，2014 年至 2019 年全国电子商务就业人数一直处于上升的趋势，依次分别为 2 690 万人、3 255.32 万人、3 760.43 万人、4 250.32 万人、4 700.65 万人、5 125.65 万人。2019 年全国电子商务从业人员规模比 2018 年增长了 9.04%，其中电子商务直接吸纳就业和创业人数达 3 115.08 万人，电子商务带动信息技术及相关服务的从业人员达 2 010.57 万人。

（四）信息安全国家标准出台

近年来发布的信息安全国家标准主要包括：2007 年 11 月实施的《信息安全技术 信息安全风险评估规范》《信息安全技术 虹膜识别系统技术要求》《信息安全技术 网上银行系统信息安全保障评估准则》《信息技术安全技术 信息安全事件管理指南》《信息安全技术 信息安全事件分类分级指南》和《信息安全技术 信息系统灾难恢复规范》，对信息安全从技术、评估、管理等层面进行了全方位的规范；2019 年 4 月实施的《信息安全技术 金融信息服务安全规范》《信息安全技术 信息系统安全运维管理指南》《信息安全技术 信息技术产品安全可控评价指标》《信息安全技术 网络用户身份鉴别技术指南》《信息安全技术 网络安全监测基本要求与实施指南》《信息安全技术 数字签名应用安全证明获取方法》等 17 项信息安全国家标准，规定了基本原则、管理要求、评价标准、操作方法等，是基础设施、软件、网络、数据、运行等安全建设的基本保障；2020 年 10 月实施的《信息安全技术 个人信息安全规范》，对提升行业和社会的个人信息保护水平，推动个人信息保护领域技术产品、咨询服务等方面产业化进一步发展具有积极的作用。

第三节 跨境电子商务概述

跨境电子商务属于电子商务的范畴，是伴随着计算机、互联网和通信等技术在国际贸易领域中的应用而产生的，成为一种新的业态，推动了我国对外贸易的快速发展。

一、跨境电子商务的类型

跨境电子商务简称跨境电商，是指分属不同关境的交易主体，在法律许可范围内通过跨境电商平台实现买家与卖家之间交易的国际商业活动。其中跨境电商平台是指为交易双方提供网页空间、虚拟经营场所、交易规则、信息发布等服务，供交易双方独立开展交易活动的信息网络系统。跨境电商可以分为以下两种类型：

（一）跨境贸易电子商务

跨境贸易电子商务简称跨境贸易（B2B），是指分属不同关境的交易主体，通过跨境电商平台完成商品的展示、洽谈、成交、支付、物流和清关等环节的操作，以电子化、数字化和网络化予以呈现的进出口贸易形式。跨境贸易的报关主体是出口商或进口商，交易金额被纳入海关一般贸易的统计范围。

（二）跨境零售电子商务

跨境零售电子商务简称跨境零售（B2C、C2C），是指分属不同关境的交易主体，通过跨境电商平台完成订单处理、支付和结算，并通过快件、小包等跨境物流方式将商品送达消费者的一种碎片化的商务活动。跨境零售的报关主体一般是快递公司或邮政企业，交易金额一般不被纳入海关一般贸易的统计范围。

二、跨境电子商务的产生

我国跨境电子商务经历了以下三个阶段：

（一）跨境电子商务1.0阶段（1999—2003年）

1. 代表性事件

该阶段的主要代表性事件是1999年成立的阿里巴巴国际站平台，为跨境电商卖家搭建网站，提供店铺装修、产品展示、营销推广、在线洽谈、店铺管理等一站式服务，通过对境外买家发布销售商品信息，不断扩大交易的对象，进而在线获取更多的订单，是外贸企业拓展海外市场的主要跨境电商平台。

2. 主要特征

该阶段的主要特征是外贸企业通过第三方跨境电商平台在网上发布商品交易信息，展示不同品类商品的款式、规格、标准和功能等，在线下签署电子合同，完成合同履行，并向平台企业支付会员费。

（二）跨境电子商务2.0阶段（2004—2012年）

1. 代表性事件

该阶段的主要代表性事件是北京敦煌禾光信息技术有限公司于2004年创建的敦煌网，是国内最早开设B2B跨境电子商务交易的平台，其以中小微外贸企业为中心，通过市场精准定位、产业链服务、信息数字技术和精细化管理，为供应端和采购端的客户赋能，提升国际市场竞争力。

2. 主要特征

该阶段的主要特征是通过跨境电子商务平台将商品交易与支付、物流等服务资源进行了有效整合，打通了上下游供应链，与1.0阶段相比，更能体现出跨境电子商务的本质。

(三) 跨境电子商务 3.0 阶段(2013—2019 年)

1. 代表性事件

该阶段的主要代表性事件包括：一是 2014 年传统外贸企业开始涉足跨境电子商务，华为、中兴、THL 借助 eBay，中小型企业通过速卖通、敦煌网第三方跨境电子商务平台开拓国际市场；二是自 2015 年起零售企业触电，零售百货大佬发布了《中国零售跨境电商联盟(海盟)成立宣言》，数十家国内知名零售企业宣布成立全球联采众筹平台；三是 2015 年与土耳其签订了《建设网上丝绸之路促进跨境电商合作》，这是中国签订的第一个双边跨境电商协定；四是 2016 年中国加入联合国 TIR 公约，根据其规定国际道路运输货物自起运国海关到目的地国海关的过程中，所有过境国的海关都不对货物进行任何检查，不需要缴纳巨额的过境担保金。

2. 主要特征

该阶段的主要特征有三个方面：一是独立平台，是指大型外贸企业自建跨境电商平台，在运营管理中采用了跨境电子商务手段，直接面对全球市场，通过大数据分析找到自己产品的用户群体，并培育产品的品牌；二是综合服务平台，是指提供采购、仓储、营销、交易、支付、物流、保险、清关、出口退税、外汇和融资等系列服务的外贸综合服务平台出现，为中小微外贸企业从事出口贸易提供了有利条件；三是品牌营销，是指卖家根据不同的销售商品、受众对象、营销场景，通过视频推广、网络直播营销和整合营销等手段进行品牌营销，能有效提升买家对销售商品的品质、标准、种类和款式等方面的认可度，从而提升客户转化率。

跨境电子商务 3.0 阶段与 2.0 阶段相比有四大转变：一是用户群由草根创业向工厂、外贸公司转变；二是平台销售的产品由二手货源向一手货源好产品转变；三是主要卖家群体从传统外贸业务向跨境电商转型，生产模式由大生产线向柔性制造转变；四是批发商买家以中、大额交易为主。

三、中国跨境电商发展现状

(一) 跨境电商政策法规体系不断完善

近年来，实施的跨境电商政策法规主要包括三个方面：一是全国人大通过了《电子商务法》和《民法典》，分别于 2019 年 1 月 1 日和 2021 年 1 月 1 日起实施，加强了电子商务营商环境的法治化建设；二是国务院于 2019 年对跨境电商综合试验区电商零售出口出台了“无票免税”政策以及所得税核定征收办法，并印发了《国务院办公厅关于印发全国深化“放管服”改革优化营商环境电视电话会议重点任务分工方案的通知》和《关于强化知识产品保护的意见》等文件，完善了跨境电商营商环境的政策体系；三是国家邮政局、商务部、海关总署于 2019 年 3 月出台了《关于促进跨境电子商务寄递服务高质量发展的若干意见》，交通运输部等 18 个部门于 2019 年 8 月联合印发《关于认真落实习近平总书记重要指示推动邮政业高质量发展的实施意见》，市场监管总局、海关总署等部门于 2019 年 4 月印发了《加强网购和进出口领域知识产品执法实施办法》,国家外汇管理局分别于 2019 年 4 月、10 月发布了《支付机构外汇业务管理办法》和《进一步促进跨境贸易投资便利化的通知》,商务部等 13 个部门发布了《关于调整扩大跨境电子商务落实进口商品清单的公告》,国家市场监管总局于 2021 年 3 月 15 日出台了《网络交易监督管理办法》,这一系列文件进一步促进了跨境电商便利化程度的提升。

(二) 跨境电商贸易便利化水平持续提高

2019 年海关总署继续简化一体化通关流程,实施进口概要申报、完整申报“两步申报”通关模式改革,为外贸企业提供多元化的通关服务,提高通关效率。2019 年 8 月 23 日,全国首票进口货物的“两步申报”改革试点业务在中国(浙江)自由贸易试验区落地,通关时间由 4 小时缩短为 1 分 28 秒,降低了企业通关的时间与经济成本。

(三) 出口跨境电商货物品类稳定

2019 年中国出口跨境电商名列前十名的品类及交易额占比依次是:3C 电子产品为 20.8%、服装服饰为 9.5%、家具园艺为 6.5%、户外用品为 5.4%、健康美容为 5%、鞋帽箱包为 4.7%、母婴玩具为 3.3%、汽车配件为 3.1%、灯光照明为 2.8%、安全监控为 2.2%。我国服装与 3C 品类以及高性价比 3C 产品在全球跨境电商市场竞争中具有一定的优势,与之前出口的主要品类基本一致。

(四) 国产品牌形象进一步提升

国内具备品控和制造能力的企业借助跨境电商平台塑造品牌。例如:Anker 在 2016 年至 2018 年连续三年进入 BrandZ™“中国出海品牌 50 强”前十强,并在 2019 年 10 月在纽约召开的“2019 Anker On Board 发布会”向全世界展示了音频、家居、办公等多个品类的最新产品和品牌形象;2019 年天猫国货出海计划为国货老字号转型升级,成为海外畅销的新品牌;2019 年膜法世家、一叶子、相宜本草等美妆品牌通过速卖通跨境电商平台销往海外,成效显著。目前,在户外运动、家居用品、电子产品等多个品类中已经有多个品牌进入全球市场,国产品牌形象在国际上得到进一步提升。

(五) “丝路电商”成为跨境电商新方向

自 2017 年商务部提出“丝路电商”以来,开拓了“一带一路”国际经贸合作的新渠道,成为跨境电商发展的新方向。2019 年商务部与意大利、哥伦比亚、乌兹别克斯坦等 22 个国家签署了双边电子商务合作谅解备忘录,跨境电商进出口总额为 245.7 亿元,同比增长 87.9%。

(六) 跨境电商交易规模持续增长

由于国家持续出台了一系列促进电子商务的扶持政策,全国跨境电子商务发展速度与规模出现了稳中向好的趋势。

1. 跨境电子商务进出口总额呈现上升趋势

海关总署的统计数据显示,2015 年至 2019 年通过海关跨境电子商务管理平台的进出口总额一直呈现上升趋势,依次分别为 360.2 亿元、499.6 亿元、902.4 亿元、1 347 亿元、1862.1 亿元。2020 年我国跨境电子商务进出口交易额达 1.69 万亿元。

其中出口额为1.12亿万元，进口额为0.57亿万元。

2. 跨境电子商务零售进出口总额保持上升态势

（1）跨境电商零售出口快速增长

海关总署2017年至2019年的统计数据显示，通过海关跨境电商管理平台跨境电商零售出口货物的总额，2017年为336.5亿元，2018年为561.2亿元，2019年为944亿元。

（2）跨境电商零售进口规模不断扩大

随着我国人民收入水平的提高、消费结构的改善，越来越多的人开始追求更高品质的进口商品。海关总署2017年至2019年的统计数据显示，通过海关跨境电子商务管理平台的进口总额分别为565.9亿元、785.8亿元、918.1亿元，2020年已超过1 000亿元。

（3）全国省市跨境电商零售进出口规模与增速排名

2019年跨境电商零售进出口总额从规模上进行排名，排列在前五位的省市分别为广东省、浙江省、河南省、上海市、天津市，其中广东省的总额远超其他省市；从增速上进行排名，排列在前五位的省市分别为河北省、云南省、贵州省、湖南省、海南省。

（七）跨境电商对传统国际贸易的影响

跨境电商对传统国际贸易的影响主要有以下三个方面：

1. 助推对外贸易环节扁平化

跨境电商是通过互联网进行信息交换，商品交易、货物运输、报检报关、货款支付、商品配送等环节都可以在跨境电商平台上完成，促进了进出口贸易环节扁平化，商品交易成本大幅度降低，外贸企业与消费者均受惠。

2. 助推中小微外贸企业开拓国际市场

跨境电商已逐渐形成一条涵盖营销、交易、支付和物流服务的完整产业链，不仅包括网上交易全部环节，而且能获得金融与外语的服务，将复杂的对外贸易业务操作变得简单、透明，助推中小微外贸企业快速进入国际市场，平等参与市场竞争。

3. 助推中国外贸转型升级

跨境电商受各国贸易保护主义的影响相对较小，能比传统对外贸易更精准地分析国际市场需求，及时调整产品结构，提升产品品质，借助跨境电商平台销往全球，对我国企业创建品牌、提升品牌的知名度具有十分重要的积极作用。

四、主要地区与国家跨境电商简况

（一）主要地区跨境电商市场

1. 欧盟跨境电商市场

欧盟电子商务市场有三个特点：一是各国互联网普及率较高，平均达到80%左右，其中瑞典为94%、德国为93%；二是消费者网购意愿差异较大，瑞典网络购物比例达到84%，罗马尼亚最低，只有27%；三是首选的网购支付方式是“信用卡＋储蓄卡”，如丹麦银行卡支付占电商支付方式的63.4%，其次是数字钱包，在电子商务市场成熟的德国、法国、意大利等国家被选用，如意大利约30%的网络购物是通过数字货币完成的。2019年12月16日，欧盟开始实行跨境支付新规，给予了较低的欧元跨境支付费用。

2. 亚洲跨境电商市场

近年来，亚洲跨境电子商务一直保持着快速发展的态势，中国、印度、韩国和日本是亚洲电子商务排名前四位的国家。2019年日本跨境零售交易额为1 154亿美元，比2018年增长了4%，主要平台有亚马逊日本站、乐天和雅虎等；2019年韩国跨境零售交易额为1 034亿美元，比2018年增长了18.1%，主要平台有Gmarket、11 street和Lotte.com等。

(二) 主要国家跨境电商市场

1. 美国跨境电商市场

美国电子商务发展最早，互联网基础设施健全，物流体系完善，互联网普及率高达90%。2019年美国跨境零售交易额为6 020亿美元，比2018年增长了1.3%，主要平台有亚马逊和eBay等。

(1) 热销商品

美国是全球最大的跨境电子商务市场，2019年的热销商品品类依次为时尚与服装、健康与美妆、玩具与婴儿用品、书籍与CD、食品与饮料、高科技产品、家居用品、鲜花与礼品，其中女性购买占比比男性略高(见图1-1)。

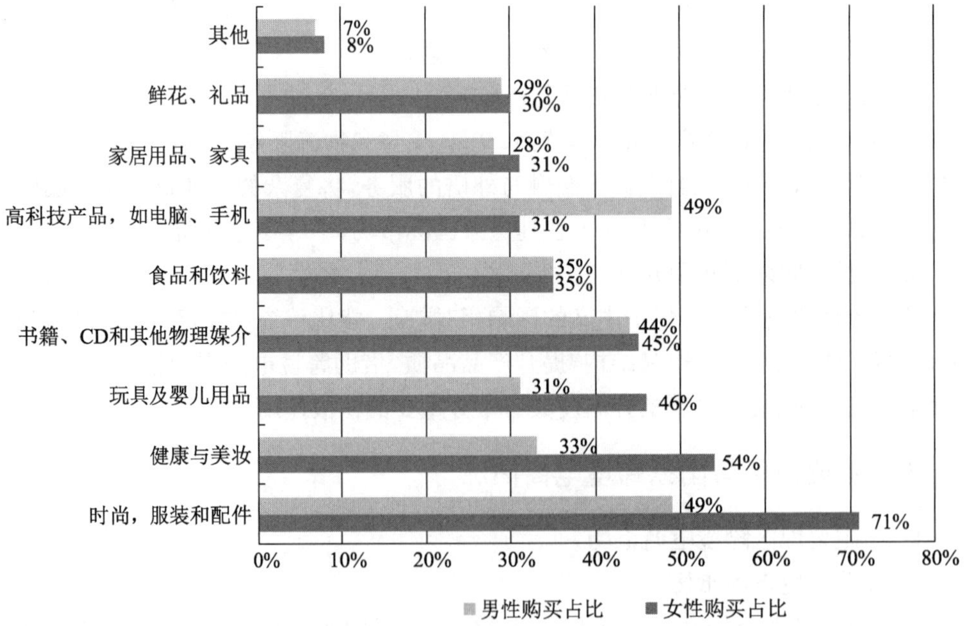

图1-1 2019年美国跨境电商市场男女购物占比

(2) 税收政策

美国电商税收有三个方面：一是 1996 年实施的国内交易零税收、国际交易零关税政策；二是 1998 年颁发的《互联网免税法案》，规定三年内禁止对电商课征新税、多重课税或税收歧视；三是 2013 年颁发的《市场公平法案》，规定各州对年销售额 100 万美元以上的网络零售商征收销售税，不满 100 万美元的小企业享有豁免权。

2. 印度跨境电商市场

印度是全球电子商务增长最快、最有活力的国家之一。2017 年该国总人口为 128 119 万人，网民超过 42 920 万人，网民渗透率为 33.5%，网购用户数超过 1.8 亿人，同比增长率为 38.1%，网购使用率达到 42%。2019 年印度跨境零售交易额为 460.5 亿美元，比 2018 年增长了 31.9%，增速位居全球第二。印度最受欢迎的 B2C 平台有 Flipkart、Myntra、Jabong、亚马逊、eBay 和阿里巴巴等，B2B 平台有 Tolexo、Industrybuyinghe 和亚马逊商务等。

(1) 热销商品

2019 年，印度跨境电商市场热销商品依次为电子产品、服装、家居、书籍和美容用品，进口品类主要包括汽车、玩具、服装、鞋类、珠宝手表、化妆品、健康产品等。

(2) 税收政策

印度跨境电商税收有两个方面：一是 GST，从 2017 年 7 月 1 日起实施，缴税税率分为免税、5%、12%、18%、28%等；二是 CGST(Centre GST 中央消费税)、SGST (State GST 本邦消费税)和 IGST(Integrated GST 跨邦消费税)，这是根据不同的邦域设置的三种基本税种，根据实际消费所在地与供货商所在地来判断所缴税种，跨邦和出口交易缴纳 IGST，同邦交易则缴纳 CGST 和 SGST。

3. 英国跨境电商市场

英国是全球电子商务发展较好的国家之一，2019 年英国网上零售总额增长为 663 亿英镑，位列欧洲第一。82%的英国网民经常在网上购物，三分之一的网民是在亚马逊平台交易。44%的跨境电商企业将跨境市场目标锁定在欧洲，30%的跨境电商企业将跨境市场目标锁定在美国，26%的跨境电商企业将跨境市场目标锁定在亚洲，23%的小型跨境电商企业将跨境市场目标锁定在澳大利亚、新西兰、新几内亚岛、太平洋地区和邻近的岛屿。

(1) 热销商品

2019 年英国跨境电商市场热销商品依次为家具园艺、户外用品、服装、玩具和鞋类等。

(2) 税收政策

英国跨境电商税收有两个方面：一是税率。2002 年的英国《电子商务法》规定，所有在线销售商品都需缴纳增值税，税率分为标准税率(17.5%)、优惠税率(5%)和零税率(0%)三等，根据所售商品种类和销售地不同，实行不同税率标准。二是 VAT 增值税，分为 20%的标准税率(适用于绝大多数商品和服务)、5%的低税率(比如家庭用电或者汽油等)、0%税率(适用于极个别情况)三种。VAT 适用于在英国境内产生的进口、商业交易以及服务行为,主要针对在英国海外仓储的卖家发货等行为。VAT 增值税卖家如果故意延误,错误或虚假申报,都可能受到英国税务海关总署对货物查封、罚款等不同程度的处罚。

4. 瑞典跨境电商市场简况

瑞典是欧盟电子商务发展较好的国家之一。2015 年该国在网上购买产品和服务的互联网用户为 78%,2019 年超过了 84%。2019 年瑞典电商市场交易额达到 168.6 亿欧元,比 2018 年增长 12.8%。其占瑞典国内生产总值的 3.55%。

(1) 热销商品

瑞典与欧洲许多国家一样,跨境电商市场热销商品依次为服装与鞋类、美容保健品、图书与媒体、家用电子产品。

(2) 购物国别

挪威、芬兰等邻国消费者最喜欢在瑞典网站购物。瑞典消费者也喜欢到国外网站购物,如德国(28%)、英国(26%)、中国(23%)和美国(14%)。

(3) 支付方式

瑞典最流行的支付方式依次为信用卡(53%)、银行转账(22%)、电子发票(15%)、电子钱包(9%)和货到付款(1%)。

5. 俄罗斯跨境电商市场简况

俄罗斯跨境电商市场规模持续扩大,2019 年网民超过 1 亿人,是欧洲互联网用户最多的国家,其中 47%的网民在电子商务平台购买,互联网渗透率达 76%。2019 年跨境零售交易额为 269.2 亿美元,比 2018 年增长了 18.7%,主要交易平台包括 Wildberries、Ozon、Apteka 和速卖通等。

(1) 热销商品

2020 年,俄罗斯跨境电子商务市场热销商品依次为家居、化妆品、游戏、宠物用品、服装、电子产品、玩具等,主要产地是中国。

(2) 税收政策

俄罗斯跨境电商税收有两个方面:一是增值税,自 2017 年 1 月 1 日起生效的俄罗斯新税务条例规定,通过互联网向俄罗斯居民提供服务的外国公司需提交在俄罗斯境内的销售信息,并缴纳 18%的增值税;二是关税邮包,自 2020 年 7 月 1 日起对 100 欧元的邮包免关税。

6. 澳大利亚跨境电商市场

澳大利亚跨境电商市场规模持续扩大,2019 年电子商务交易额比 2018 年增长了 10%,对 GDP 的贡献率达到 3.24%。澳大利亚主要电子商务平台包括 eBay、Gumtree、亚马逊澳大利亚站和 Bunnings 等。

(1) 热销商品

2019 年,澳大利亚跨境电商市场热销商品依次为电子产品、家具园艺、户外用品、服装、玩具、鞋帽箱包等。

(2) 税收政策

澳大利亚跨境电商税收有两个方面：一是增值税，自 2018 年 7 月 1 日起对跨境电商征收 10%的增值税；二是商品和服务税，自 2018 年 7 月 1 日起将 GST(商品和服务税)扩大到消费者进口低价值的实务商品。

第四节 数字贸易概述

伴随着计算机技术、通信技术、互联网技术、数字技术在贸易领域中的应用，产生了电子商务和跨境电子商务，并随着大数据、云计算、物联网、区块链、人工智能、5G 通信等新兴技术的应用，构建了跨境电商信息共享、跨境金融服务、智能跨境物流和风险防控等监管服务体系，不仅促进了跨境电子商务的快速发展，也推动了数字贸易新业态的兴起。发展数字贸易已成为全球共识，美国、英国、爱尔兰、德国、荷兰、印度、法国、中国、新加坡、日本和卢森堡等国都将数字贸易作为本国经济发展的新引擎。

一、数字贸易的内涵与外延

目前，数字贸易在全球尚未形成统一的定义，也没有普遍认可的内涵和外延。

(一) 美国的主张

1. 数字贸易的概念

美国国际贸易委员会在 2013 年 7 月发布的《美国和全球经济中的数字贸易》报告中，首次在全球提出了数字贸易的概念。认为数字贸易是通过互联网交付而实现的产品和服务活动，包括国内数字贸易和国际数字贸易。2017 年 8 月，美国国际贸易委员会在《全球数字贸易的市场机遇与主要贸易限制》报告中重新界定了数字贸易，认为数字贸易是指通过互联网交付产品和服务，除了互联网，还包括智能手机、互联网传感器等相关产品。

2. 数字贸易的分类

《美国和全球经济中的数字贸易》报告将数字贸易分为四类：一是数字内容，包括数字音乐、数字游戏(如手机游戏、在线多人游戏等)、数字视频(如互联网电视与视频等)、数字书(如电子图书与音频书籍等)；二是社会媒介，包括社交网站、用户评论网站；三是搜索引擎，包括通用搜索引擎、专业搜索引擎；四是其他产品和服务，包括软件服务(如云端移动应用软件等)、数据服务(如数据处理、数据存储等)、通信服务(如电子邮件、即时通信等)和计算平台服务。

(二) 中国的主张

1. 数字贸易的概念

商务部国际贸易经济合作研究院在 2020 年 10 月发布的《中国数字贸易发展报告

2020》中，在我国首次对数字贸易进行了界定。认为数字贸易是指依托信息网络和数字技术，在跨境、研发、生产、交易、消费活动中产生的，能够以数字订购或数字交互方式实现的货物贸易、服务贸易和跨境数据流动贸易的总和。其具有两个要素：一是技术基础，是建立在数字技术基础上，并基于网络发生的数字订购和数字交互；二是边界服务，是基于网络发生的数字货物贸易和数字服务贸易。

2. 数字贸易的分类

（1）数字货物贸易

数字货物贸易是指交易标的是以电子数字呈现的有形商品，即货物类的跨境电子商务。

（2）数字服务贸易

数字服务贸易的交易标的是以电子数字呈现的无形商品。其有以下四种类型：一是服务类的跨境电子商务，如跨境物流服务、跨境支付结算服务、数字平台服务等；二是数字技术服务，如跨境数字技术服务、电信服务、计算机信息服务；三是数字内容，如文化和娱乐数字服务；四是其他可数字交付服务，如知识产权使用费服务、通过数字交付的离岸服务外包等。

（三）国际组织的主张

国际经合组织、世界贸易组织认为，数字贸易包括数字并购贸易、跨境电商、数字交付、大型互联网平台提供的在线交易和服务。

二、数字贸易与国际贸易、跨境电子商务的比较

（一）数字贸易与国际贸易的异同

1. 主要区别

数字贸易与国际贸易的主要区别表现为以下三个方面：

（1）属性不同

数字贸易包括数字产品和数字服务，其以数字化数据信息为特征，具有虚拟属性；国际贸易包括货物贸易和服务贸易，其中货物贸易是以有形产品为交易标的，具有物理属性。

（2）载体不同

数字贸易是以互联网技术为基础，以数字交换技术为手段，以互联网传输为载体，为供需双方提供数字化数据信息；国际贸易是以通信技术为基础，以电子技术为手段，以电子交换系统为载体，完成出口商与进口商之间的信息传输。

（3）效率不同

在数字贸易中，采用了互联网技术、数字技术、大数据技术、智能技术，通过互联网传输实施精准营销，实施在线签约和履约，改变了交易或服务的模式，提升了管理实效；在传统国际贸易中，主要参加线下贸易展览会，采用电子邮件交换信息，线下完成合同签订，通过银行电子金融系统完成货款支付结算，速度慢，周期长。

2. 两者的联系

数字贸易与国际贸易具有内在的必然联系：一方面数字贸易是以国际贸易为基础，是对国际贸易的创新和拓展，贸易性质相同；另一方面，数字贸易与传统国际贸易都受到市场规律的制约，其交易的一般原则也是相同的。

（二）数字贸易与跨境电子商务的异同

1. 两者的区别

数字贸易与跨境电子商务的主要区别表现为以下两个方面：

（1）内涵不同

数字贸易是以数字服务为核心、数字交付为特征的贸易新形态；跨境电子商务是以跨境数据流动为驱动，以跨境电商平台服务为特征的贸易新形态。

（2）外延不同

数字贸易的外延比跨境电子商务的范围要大，不仅包括跨境电子商务的内容，还涵盖了数字技术服务、文化和娱乐数字服务以及金融、知识产权使用费服务等其他可数字交付的服务。

2. 两者的联系

数字贸易与跨境电子商务具有内在的必然联系，主要表现为以下两个方面：一是技术条件，数字贸易和跨境电子商务的产生与发展是以计算机技术、互联网技术、通信技术、大数据技术、人工智能技术、区块链技术、数字技术为基础，两者相互渗透；二是贸易性质，数字贸易与跨境电子商务都属于数字经济的范畴，两者互依互存，跨境电商的发展推动了数字贸易的兴起，而数字贸易的产生将进一步推动跨境电商的发展。

三、数字贸易发展概况

（一）全球数字贸易市场的规模

1. 全球数字贸易的出口

根据联合国贸易和发展会议发布的数据显示，2019 年全球数字贸易出口规模达 31 925.9 亿美元，增长了 3.75%，占服务贸易比重上升至 52.0%，其中，其他商业服务为 13 998.5 亿美元，ICT 服务为 6 782.2 亿美元，金融服务为 5 204.4 亿美元，知识产权服务为 4 091.7 亿美元，保险服务为 1 370.3 亿美元，个人文娱服务为 821.9 亿美元。

2. 全球数字服务贸易前十强的国家

《中国数字贸易发展报告 2020》中发布的数据显示，2019 年位列数字贸易服务出口前十强的国家分别是美国、英国、爱尔兰、德国、荷兰、印度、法国、中国、新加坡和日本，占全球数字服务贸易出口额 60%以上。位列数字贸易服务进口前十强的国家分别是美国、爱尔兰、荷兰、德国、英国、法国、中国、日本、新加坡和卢森堡，占全球数字服务贸易进口额 60%以上。

（二）美国数字贸易的概述

美国是全球数字贸易的先驱者，从 2013 年起先后出台了《数字贸易法案》《美国贸易24条》和《美国数字议程》，提出了数字贸易的有关规则，包括跨境数字流动、非本地化存储、知识产权保护和网络安全方面等内容，构建了数字贸易保障体系。近年来，美国出口数字贸易以年均25%、进口数字贸易以年均30%的增速持续发展。

（三）中国数字贸易的概述

1. 主要措施

（1）国家层面

2016年起，我国先后出台了《网络安全法》《数据安全法》《个人信息保护法》和《电子商务法》等法律，2019年又修订了《电子签名法》，构建了数字贸易保障体系。2019年中共中央、国务院公布了《关于推进贸易高质量发展的指导意见》，提出要加快数字贸易发展。商务部根据其精神，遵循安全有序、开放创新、分类管理、规则引领的基本原则，进一步明确了中国数字贸易的发展定位，提出了适合我国国情的数字贸易战略布局和工作举措，积极营造有利于数字贸易发展的治理环境，形成数字贸易中国方案。2020年4月，商务部会同中共中央网络安全和信息化委员会办公室（简称中央网信办）、中华人民共和国工业和信息化部（简称工业和信息化部）联合发布公告，认定中关村软件园、天津经济技术开发区、大连高新技术产业园区、上海浦东软件园、中国（南京）软件谷、杭州高新技术产业开发区（滨江）物联网产业园、合肥高新技术产业开发区、厦门软件园、齐鲁软件园、广州天河中央商务区、海南生态软件园、成都天府软件园为国家数字服务出口基地，成为我国发展数字贸易的重要载体和数字服务出口的集聚区。

（2）地方层面

2019年，上海出台了全国首个数字贸易发展行动方案（2019—2021年），提出建设上海“数字贸易国际枢纽港”，提升上海国际贸易中心能级，聚焦云服务、数字内容、数字服务的行业应用、跨境电子商务四个重点领域，形成与国际接轨的高水平数字贸易开放体系，打造5家估值超过百亿美元的数字贸易龙头企业，培育500家规模以上的数字贸易重点企业。

2020年，北京出台了促进数字经济创新发展行动纲要（2020—2022年），打造三位一体的数字经济和数字贸易开放格局，探索试验区内跨境数据安全有序流动的发展路径，推动数字贸易重点领域的政策创新，营造数字贸易营商环境，推进与数字贸易规则的对接。

2. 发展概况

《中国数字贸易发展报告2020》的数据显示，我国在数字货物贸易、数字服务贸易领域取得了长足发展。2019年中国离岸服务外包合同额1 389.1亿美元，同比增长了15.4%，其中以医药和生物技术研发服务、检验检测服务、互联网营销推广服务、电子商务平台服务等为代表的高端生产性服务外包业务增长速度较快；2019年可数字化服务贸易额超2 718.10亿美元，占全国服务贸易总额的26%，同比增长了6.7%；2019年中国数字服务出口在全球排名第8位、数字服务进口排名第7位。

根据海关发布的数据显示，2020 年我国跨境电商进出口额为 1.69 万亿元，增长了 31.1%。其中，出口额为 1.12 万亿元，增长了 40.1%，进口额为 0.57 万亿元，增长了 16.5%。

根据商务部发布的数据显示，2020 年我国知识密集型服务进出口总额为 20 331.2 亿元，增长了 8.3%，占服务进出口总额的比重达到 44.5%。知识密集型服务出口额为 10 701.4 亿元，增长了 7.9%，占服务出口总额的比重达到 55.3%，增长较快的领域是知识产权使用费、电信计算机和信息服务、保险服务，分别增长了 30.5%、12.8%和 12.5%。知识密集型服务进口额为 9 629.8 亿元，同比增长了 8.7%，占服务进口总额的比重达到 36.6%，增长较快的领域是金融服务、电信计算机和信息服务，分别增长了 28.5%、22.5%。

阅读思考

中国可以平视这个世界

2021 年 3 月 6 日，习近平主席在“两会”期间的座谈会上发表了“70 后、80 后、90 后、00 后，他们走出去看世界之前，中国已经可以平视这个世界了，也不像我们当年那么‘土’了……”这番话引起了国人的共鸣与感慨，中国一路走来，经过了太多不凡历程，也跨越了重重艰难。中国于 2010 年成为世界第二大经济体，于 2013 年跃居全球货物贸易第一大国，于 2019 年位列数字贸易服务出口前八强，于 2020 年位居全球服务贸易第二大国。2020 年爆发了全球新冠疫情，中国是全球主要经济体中唯一实现经济正增长的国家。与此同时，我国完成了消除绝对贫困的艰巨任务，创造了又一个人间奇迹。

请结合本章学习的相关内容进行思考，习近平主席“中国可以平视这个世界”这句话具有哪些深刻的内涵？

思考与实践

一、思考题

1. 简述互联网技术的特点。
2. 简述跨境电子商务的主要特征。
3. 简述电子商务产生的过程。
4. 我国跨境电子商务 3.0 阶段比 2.0 阶段有哪些转变？
5. 简述移动电子商务的特点。
6. 简述 O2O 电子商务的含义及其特点。
7. 简述数字贸易与跨境电子商务的异同。

8. 简要分析跨境电商对我国传统国际贸易的影响。
9. 简述欧盟电子商务市场的特点。
10. 简述我国数字贸易发展概况。

二、实务题

1. 编制电子商务交易规模趋势分析报告

登录海关总署网站，查找近五年的电子商务交易总额数据，根据分析报告的要求填入相关数据，并用 Excel 制作条形图，呈现交易规模的态势，增强对我国电子商务发展的感知。

跨境电子商务交易规模趋势分析报告

小组名称：　　组员姓名：　　完成日期：

年份：	出口总额：	进口总额：
年份：	出口总额：	进口总额：
年份：	出口总额：	进口总额：
年份：	出口总额：	进口总额：
年份：	出口总额：	进口总额：

Excel 条形图表：

分析说明：

2. 编制上海市数字贸易发展行动方案简报

登录海关总署网站，查询《上海市数字贸易发展行动方案(2019—2021年)》，聚焦云服务、数字内容、数字服务的行业应用、跨境电子商务四个重点领域的内容，将相关信息分别填入简报。

上海市数字贸易发展行动方案简报

小组名称：　　组员姓名：　　完成日期：

聚焦云服务 发展内容		
数字内容 发展内容		
数字服务的行业应用 发展内容		
跨境电子商务 发展内容		

第二章　跨境电子商务营商环境

学习目标

- 了解跨境电子商务营商环境的内涵及其基本要素
- 熟悉保税区、保税港区、综合保税区的监管政策及其主要功能
- 掌握我国自由贸易试验区建设对营造良好的跨境电商营商环境的主要意义
- 明确国家电商示范基地、跨境电商综合试验区及其示范园区设立的主要作用
- 了解跨境电商营商环境及其对我国跨境电商发展的影响

第一节　跨境电子商务营商环境概要

我国一直致力于市场经济改革，加强对外经济开放，健全与完善市场化要素等方面的法律制度，营造良好的营商环境，推动跨境电子商务健康持续发展。世界银行发布的营商环境评估报告显示，中国在 190 个国家营商环境综合评价排名中，从 2005 年的第 91 位跃升至 2019 年的第 31 位，成为全球营商环境改善幅度最大的国家。

一、跨境电子商务营商环境的内涵

(一) 营商环境

营商环境是指市场主体在市场经济活动中所涉及的各种政治、经济、法律和社会等制约性的因素与条件，通过政策、制度、法律、法规等予以体现。

(二) 跨境电子商务营商环境

跨境电子商务营商环境是指跨境电子商务市场主体在开展经营活动中影响经营活动的市场化、法治化和国际化等方面的要素。

1. 市场化

市场化包括尊重市场规律、认识市场规律、利用市场规律和明确市场之道四个方面的内核。具体而言，以市场主体需求为导向，以转变政府职能为核心，创新体制与机制，强化服务意识，为跨境电子商务市场主体投资兴业、公平参与市场竞争、促进各类生产要素自由流动，营造稳定、透明的市场环境。

2. 法治化

法治化是指为维护跨境电子商务市场秩序、保护市场主体权益等方面提供有效的司法保障，依照法定权限和程序及时制定或修改或废止有关法律、法规、规章、行政规

范性文件，营造全面公正的市场环境。

3. 国际化

国际化是指持续推进对外开放，进一步加强国际合作，对接世界银行营商环境一流指标，建立符合国际惯例和世贸规则的市场经济运行机制，营造平等自由、合作共赢的开放型市场环境。

二、跨境电子商务营商环境的建设

（一）市场化建设

市场化建设是优化营商环境的根本方向。近年来，我国大力推进市场化营商环境建设，主要包括七个方面：一是推进市场主体依法享有权利平等、机会平等，平等参与市场竞争，依法获得自主经营的权利；二是完善中小投资者权益保护机制，保障中小投资者的知情权、参与权；三是深化商标注册、专利申请便利化改革，提高商标注册、专利申请审查效率；四是开展商事制度改革，统一企业登记业务规范，统一数据标准和平台服务接口，采用统一社会信用代码进行登记管理；五是放宽市场准入，实行全国统一的市场准入负面清单制度；六是开展政务诚信、商务诚信、社会诚信和司法公信建设，严格保护商业秘密和个人隐私；七是建立知识产权侵权惩罚性赔偿制度，健全知识产权维权援助和纠纷解决机制，加大对知识产权的保护力度。

（二）法治化建设

法治化建设是优化营商环境的基本保障。近年来，我国依照法定权限和程序，先后制定或修改或废止有关的法律、法规、规章、行政规范性文件，规范了市场主体行为，加强了市场主体权益保护，提高了社会诚信水平，完善了市场秩序，营造了良好的市场营销环境。

1. 法律方面

我国先后颁布了《民法典》《电子商务法》《外商投资法》《网络安全法》《数据安全法》《个人信息保护法》，修订了《公司法》《海关法》《侵权责任法》《消费者权益保护法》《著作权法》《专利法》《商标法》《电子签名法》等相关法律。

2. 法规方面

国务院先后发布了《优化营商环境条例》《关于进一步优化营商环境更好服务市场主体的实施意见》《关于全面加强电子商务领域诚信建设的指导意见》《关于人民法院为中国（上海）自由贸易试验区临港新片区建设提供司法服务和保障的意见》《关于推进贸易高质量发展的指导意见》《关于平台经济领域的反垄断指南》等相关法规。

3. 规章方面

支付主管部门先后出台了《电子商务企业诚信档案评价规范》《电子商务第三方平台企业信用评价规范》《电子商务企业信用档案信息规范》《跨境电子商务出口经营主体信息描述规范》等相关规章。

4. 行政文件方面

国家与地方政府职能部门先后印发了《电子商务"十三五"发展计划》《上海市数字

贸易发展行动方案(2019—2021年)》《北京市关于打造数字贸易试验区实施方案》和跨境电子商务综合试验区、跨境电子商务示范园区、自由贸易试验区建设方案等相关行政规范性文件。

(三) 国际化建设

国际化是优化营商环境的主要路径。近年来,我国全面开展国际化营商环境建设,主要包括以下三个方面:

1. 履行国际义务

我国履行世界海关组织《全球贸易安全和便利标准框架》、世贸组织《贸易便利化协定》的相关义务,在中国各地建立工作机制,在全国实施了国际贸易"单一窗口"一体化操作,大幅度减少通关时间,并参与制定全球首个《跨境电子商务标准框架》。

2. 加强国际合作

2015年,我国与土耳其签订了《建设网上丝绸之路促进跨境电子商务合作》双边跨境电子商务协定。2016年我国加入联合国TIR公约,根据其规定国际道路运输货物自起运国海关到目的地国海关的过程中,所有过境国的海关都不对货物进行任何检查,不需要缴纳巨额的过境担保金。2020年11月,我国签署了《区域全面经济伙伴关系协定》(RCEP),2021年3月完成了该协定的核准,推动其于2022年1月1日起生效。

3. 开展相关工作

2016年,我国在中国杭州G20峰会上提出创建世界电子贸易平台的建议,搭建起一个自由、开放、通用、普惠的全球贸易平台,亿万消费者可以在这个平台上买遍全球,中小企业可以通过该平台卖遍全球,并已经在"一带一路"沿线国家投入实施。近年来,我国先后设立了以贸易自由化、便利化为主要目的的海关特殊监管区域,其中包括16家保税区、14家保税港区、100家综合保税区和18家自由贸易试验区,同时建立稳步推进中国特色自由贸易港建设的政策和制度体系。

案例分享

我国位列世界银行营商环境评价第31位

世界银行于2001年召集该领域经济学家、管理学家,成立了"营商环境评价实施小组",制定了具有国际通用性的营商环境指标体系,包括10个一级指标和42个二级指标,并自2003年以来连续17年对全球190个经济体营商环境进行评价。当前世界银行营商环境评价已成为世界各国投资风向标、各经济体商业成熟度的权威度量之一。2019年我国选取上海、北京2个城市组成的数据(上海权重为55%,北京45%)进行申报,在190个国家中排列第31位。一级指标得分排名情况:开办企业(第27位)、获得电力(第12位)、获得信贷(第80位)、缴纳税款(第104位)、执行合同(第5位)、办理施工许可证(第33位)、登记财产(第28位)、保护中小投资者(第28位)、跨境贸易(第56位)、办理企业退出(第51位)。

第二节　跨境电子商务特殊监管区

我国从 2015 年起先后设立了保税区、保税港区、综合保税区、自由贸易试验区和自由贸易港，在这些特殊监管区域内，实施特殊的税收和监管政策，推行贸易自由化，营造法治化、便利化和国际化的营商环境，促进了我国国际贸易和跨境电子商务的发展。

一、保税区

（一）保税区的含义

保税区也称保税仓库区，是指经国务院批准设立，享有国家特殊政策，由海关实施监管的，用于存储商品的经济区域。

目前我国共设立了 16 家保税区，其分别是上海浦东新区的外高桥保税区、天津港保税区、深圳沙头角保税区、深圳福田保税区、大连保税区、广州保税区、张家港保税区、海口保税区、厦门象屿保税区、福州保税区、宁波保税区、青岛保税区、汕头保税区、深圳盐田港保税区、珠海保税区、深圳前海保税区。

（二）保税区的作业

保税区的作业主要有四个方面：一是保税仓储业务，是为从国内出口的货物、从国外进口的货物提供保税仓储服务；二是进出口加工业务，保税区内加工贸易企业使用的进口设备无须缴税，不受项目内容与投资总额的限制，不实行银行保证金台账，也不实行外汇核销制度；三是国际贸易业务，允许保税区内的中资贸易公司从事转口贸易，也允许保税区内的单纯贸易性的外资企业在中国境内从事贸易；四是保税仓储商品展示业务，允许从国外运往中国的货物在保税区内设立的展览场馆进行展示。

（三）保税区的监管政策

保税区享有“免征、免税、保税”政策。外国商品进入保税区，不必缴纳进口关税，尚可自由进出，只需缴纳存储费和少量费用，如果出区进入国内销售时，才按照中国法律法规对其征收进口关税。货物从国内进入保税区内，视为出口货物，应当办理出口报关手续，并缴纳关税，在货物出区后可以办理出口退税。

案例分享

上海外高桥保税区

上海外高桥保税区是于 1990 年 6 月经国务院批准设立的全国第一个规模最大、启动最早、设有隔离设施并实施特殊管理的经济区域，由上海市人民政府外高桥保税区管理委员会统一管理。该保税区以国际贸易、现代物流、先进制造业为主，集自由贸易、出口加工、物流仓储及保税商品展示交易等多种经济功能于一体，货物可以在保税区与境外之间自由出入，免征关税和进口环节税，免验许可证件，免予常规的海关监管手续，海关依据《保税区海关监管办法》实施业务监管。

上海外高桥保税区积极打造国家进口贸易促进创新示范区，借鉴国际自由贸易区的通行惯例，强化进口贸易功能，集聚高能级贸易主体，开展以离岸金融、研发外包、数据外包等为重点的离岸服务贸易，成为国内最具竞争力的进口贸易服务基地。依托贸易带动物流，以物流促进贸易，以贸易促进先进制造业，使上海外高桥保税区的企业经营走上了复合型发展之路，也使其成为世界一流水平的综合性保税区。

二、保税港区

（一）保税港区的含义

保税港区是指经国务院批准设立的，在港口作业区和与之相连的特定区域内，集港口作业、物流和加工为一体，具有口岸功能的海关特殊监管区域。

目前我国共设立了14家保税港区，其分别是上海洋山保税港区、天津东疆保税港区、大连大窑湾保税港区、海南洋浦保税港区、宁波梅山保税港区、广西钦州保税港区、厦门海沧保税港区、青岛前湾保税港区、深圳前海湾保税港区、广州南沙保税港区、重庆两路寸滩保税港区、张家港保税港区、烟台保税港区、福州保税港区。

（二）保税港区的作业

保税港区的作业主要有五个方面：一是国际中转业务，开启了中国成为国际港口中转运输的先河；二是国际配送业务，保税港区拥有保税物流园区，在该园区内的国际物流公司承揽货物配送；三是国际采购业务，保税港区内的企业之间可以进行货物采购，并可进行简单加工，保税港区外的企业也可进区采购保税货物，也可以进行商业性的简单加工，再向国外分销；四是国际转口贸易业务，保税港区内的企业允许开展转口贸易、交易、展示、出样和订货等经营活动；五是出口加工业务，保税港区陆上特定区域设立出口加工区，对进口的原材料、零部件、元器件实施保税，加工后的成品出区，不用缴纳出口关税。

（三）保税港区的监管政策

保税港区实行封闭管理，享受与保税区一样的特殊税收政策。保税港区监管的内容有三个方面：一是对从境外进入保税港区的国际航行船舶实施电讯检疫或码头检疫，一般不再实施锚地检疫，对进入保税港区的承运货物只检疫不检验，也不办理报关手续，只有进入国内销售时，才按照中国法律法规征收进口关税；二是对从国内进入保税港区的承运货物，应当办理出口报关手续，缴纳关税后可以办理出口退税；三是保税港区内的货物可以自由流转，对保税港区内的货物交易不征收增值税和消费税，保税港区与境外之间进出货物不实行进出口许可证件管理。

(四) 保税港区与保税区的区别

两者的区别主要表现为以下三个方面:

1. 基本业务不同

保税港区叠加了保税区、出口加工区、保税物流园区的各项业务;保税区偏重于国际贸易业务和加工贸易业务,物流功能等相对薄弱。

2. 运作模式不同

保税港区实现了保税区域与港口之间的统一管理,具有实质性的业务联动;保税区只是单一区域,在运营管理方面与港口业务尚未产生紧密的关联性。

3. 税收优惠不同

保税港区税收优惠政策包括:从境外进入保税港区的货物,予以保税;从保税港区运往境外的货物,免征出口关税;从保税港区进入国内的货物,征收关税;保税港区企业之间的货物交易,不征收增值税和消费税;国内货物进入保税港区,实行退税等。保税区税收优惠政策仅为从境外进入保税区的货物予以保税,免征进口关税。

案例分享

上海洋山保税港区

2005 年 6 月,国务院批准设立全国第一个保税港区——上海洋山保税港区,按照出口加工区的建设标准建设海关隔离监管设施,实行封闭管理。洋山保税港区由小洋山港口区域、东海大桥和与之相连接的陆上特定区域组成,其中陆域部分设有口岸查验区、港口辅助区、仓储物流区、国际中转区、采购配送区、加工制造区、商贸服务区等功能区,主要发展和提供集装箱港口增值、进出口贸易、出口加工、保税物流、采购配送、航运市场等产业和服务功能,岛域部分是集装箱深水港码头作业区域,是集装箱装卸、中转的功能区域。洋山保税港区享受与保税区、出口加工区相关的税收和外汇管理政策。

一流的深水港口设施、完善的配套条件、与国际惯例接轨的保税港区制度、优惠的投资政策进一步完善了口岸物流设施体系,提升了集装箱增值服务和航运服务水平,2020 年 1 月至 4 月,有 11 艘单船载箱量为 2.3 万标准箱的海轮在此完成装卸,每一艘超大型集装箱轮装卸,需要约 4 000 辆集卡、50 多列火车完成中转,成为上海航运中心具有国际竞争力的核心载体。

三、综合保税区

(一) 综合保税区的含义

综合保税区是指经国务院批准在内陆地区设立的、集保税区与保税港区功能的海关特殊监管区域。综合保税区是我国开放层次最高、优惠政策最多、功能最齐全、手续最简化的海关特殊区域,至今共设立了 100 家综合保税区,分布在东部地区(46 家)、中部地区(20 家)、西部地区(28 家)、东北地区(6 家);从省市分布来看,江苏省内综合保税区数量最多,共有 20 家。

(二) 综合保税区的作业

综合保税区的作业主要有四个方面:一是保税加工业务,是指在海关监管下对进口原料或半成品暂缓缴纳进口税,经加工形成产品后复运出口的一种保税形式,包括对外加工装配、进料加工、来料加工;二是保税物流业务,是指在区内开展仓储、配送、运输、流通加工、装卸搬运、物流信息、方案设计等相关业务;三是国际贸易业务,在区内允许中资贸易公司从事货物转口贸易和服务贸易,也允许保税区内的单纯贸易性的外资企业从事货物贸易和服务贸易;四是虚拟口岸检验检疫业务,依托实体进出境口岸的"虚拟口岸"检验检疫区办理口岸查验放行手续,实现"一次报检、一次检验检疫、一次放行"的监管模式。

(三) 综合保税区的监管政策

综合保税区执行保税区或保税港区的特殊税收政策。综合保税区监管内容主要包括四个方面:一是国外货物进入综合保税区内的,实行保税管理,该货物出区进入国内销售的,应办理进口报关手续,缴纳关税;二是境内其他地区货物进入综合保税区内的,视同出境,应当办理出口货物报关手续,并可办理出口退税;三是在综合保税区开展口岸作业,海关在园区内查验货物后可在任何口岸转关出口,无须再开箱查验;四是对综合保税区内企业之间的货物交易不征收增值税和消费税。

(四) 综合保税区与保税区的区别

在综合保税区,国内产品入区后即可办理出口退税,适用于出口加工企业;在保税区,国内产品入区后不退税,到该产品出区后方可办理出口退税手续,适用于贸易型企业。

案例分享

上海综合保税区

上海综合保税区管理委员会于 2009 年 11 月 18 日揭牌,负责对上海综合保税区统一开发、建设和管理。上海综合保税区融上海外高桥保税区、洋山保税港区、上海浦东机场综合保税区为一体,三区联动,凸显三区作为海关特殊监管区域的整体优势,建设具有自由贸易区功能的海关特殊监管区,并成为上海建设国际航运中心的核心区域、国际贸易中心的重要载体、国际金融中心的重要突破点。

上海综合保税区重点建设国际航运发展综合试验区,大力发展国际中转、现代物流、商品展示、保税仓储、期货保税交割等多层次业务,实行差别兼顾、错位发展、多点突破,实现政策、资源、产业和功能的联动互补,集聚效应大大增强,使区域功能更丰富、成本更低廉、运作更顺畅,推动社会经济稳定、均衡、快速地发展。

四、中国自由贸易试验区

(一) 自由贸易试验区的含义

自由贸易试验区简称自贸试验区，是指在中国境内关外设立的，以贸易自由化、便利化为主要目的，在贸易和投资等方面比世贸组织具有更加优惠政策的海关特殊监管区域。为了推进服务业扩大开放和投资管理体制改革，推动贸易转型升级，深化金融领域开放，创新监管服务模式，培育国际化、法治化的营商环境，我国于 2013—2020 年先后在上海、广东、天津、福建、辽宁、浙江、河南、湖北、重庆、四川、陕西、山东、江苏、河北、云南、广西、黑龙江、海南、北京、湖南和安徽设立了 21 家自由贸易试验区。

(二) 自由贸易试验区的政策

自由贸易试验区内准许外国船舶自由进出，准许外国商品豁免关税、自由进出，准许区内加工出口所需原料等货物进口时豁免关税，取消对进口货物的配额管制。

(三) 自由贸易试验区的功能

自由贸易试验区的功能主要包括进出口贸易、转口贸易、跨境电子商务、跨境物流、保税仓储、商品展销、加工制造、生物医药、电子科技、人工智能、金融服务、跨境劳务合作等业务，在制度、机制、模式和方法等方面进行试点和创新。

(四) 自由贸易试验区的建设

我国第一批自由贸易试验区为中国(上海)自由贸易试验区，其为第二批自由贸易试验区提供可复制的经验，第一批与第二批自由贸易试验区的建设为后续第三批、第四批、第五批和第六批自贸试验区建设提供了可复制的经验。

案例分享

中国(上海)自贸试验区

中国(上海)自贸试验区成立于 2013 年 9 月，为推进服务业扩大开放和投资管理体制改革，推动贸易转型升级，深化金融领域开放，创新监管服务模式，探索建立与国际投资和贸易规则体系相适应的行政管理体系，培育国际化、法治化的营商环境，发挥示范带动、服务全国的积极作用。中国(上海)自贸试验区由以下六个片区组成：

第一片区为综合保税区，有四块：一是外高桥保税区，其依托区域先发优势，打造成以国际贸易服务、金融服务、专业服务功能为主，商业、商务、文化、休闲多元功能集成的综合性功能集聚区；二是外高桥保税物流园区，打造成国际物流服务功能区；三是洋山保税港区，其联动临港地区，打造成具有全球竞争力的国际航运服务和离岸服务功能区；四是浦东机场综合保税区，其发挥国际客流、商流、物流密集的独特优势，与周边国际旅游度假区等区域联动发展，强化国际航空服务功能，拓展高端商业、贸易等功能，打造成具有全球竞争力和吸引力的国际航空服务和现代商贸功能区。

第二片区为陆家嘴金融区，建立与国际通行规则相衔接的金融制度体系，以及与现代服务业发展相适应的制度安排，持续推进投资便利化、贸易自由化、金融国际化和监管制度创新，加快形成更加国际化、市场化、法治化的营商环境。

第三片区为世博会园区，打造为总部经济、航运金融、文化体育旅游业、高端服务业集聚区。

第四片区为金桥开发区，创新政府管理和金融制度，打造贸易便利化营商环境，以培育能代表国家参与国际竞争的战略性新兴产业为重点，不断增强经济发展活力和创新能力。

第五片区为张江高科技区，其推动上海自贸试验区建设与张江国家自主创新示范区建设深度联动，在国家科创中心、发展“四新”经济、科技创新公共服务平台、科技金融、人才高地和综合环境优化等重点领域进行探索与创新。

第六片区为临港新片区，于2019年8月设立，到2025年建立比较成熟的投资与贸易自由化、便利化制度体系，打造一批开放度更高的功能型平台，到2035年建成具有较强国际市场影响力和竞争力的特殊经济功能区，成为中国深度融入经济全球化的重要载体。

1. 推广中国(上海)自由贸易试验区的经验

中国(上海)自由贸易试验区的建设为第二批自由贸易试验区的建设提供可复制的经验，主要内容有以下两个方面：

(1) 复制中国(上海)自由贸易试验区的管理机构及其职责

中国(上海)自由贸易试验区与第二批的中国(广东)自由贸易试验区、中国(天津)自由贸易试验区、中国(福建)自由贸易试验区的管理机构及其职责的内容如下(见表2-1)：

表2-1　第一与第二批自贸试验区的管理机构与职责

区名	管理机构及职责
上海自贸试验区	管理机构：中国(上海)自贸试验区管理委员会
	主要职责：负责推进与落实各项改革试点任务；负责与协调区内各方面的行政管理工作；承担安全审查、反垄断审查相关工作；负责区内综合执法工作；负责区内综合服务工作；负责区内信息化建设工作；统筹与指导区内产业布局和开发建设活动。
广东自贸试验区	管理机构：中国(广东)自贸试验区工作领导协调机构、中国(广东)自贸试验区工作办公室
	工作领导协调机构的主要职责：负责统筹与研究自贸试验区法规政策、发展规划、发展重大问题，指导改革试点任务，协调与国家有关部门、港澳及有关市自贸试验区事务。 工作办公室的主要职责：贯彻、执行国家有关方针政策、法律法规和制度；研究、推动出台相关政策并指导实施；具体协调与各部门有关的事务；推动各片区管理机构建立监管体系；检查法规政策落实情况，综合评估运行状况；统计与发布公共信息，组织区对外宣传和交流工作；承担与协调机构日常工作。

（续表）

区名	管理机构及职责
天津自贸试验区	管理机构：中国(天津)自贸试验区推进工作领导小组、中国(天津)自贸试验区管理委员会
	推进工作领导小组的主要职责：负责领导自贸试验区整体改革工作，研究、决定自贸试验区改革的重大事项。 管理委员会的主要职责：根据领导小组的决定和部署，具体统筹协调、组织实施自贸试验区改革创新任务，研究与评估自贸试验区的改革创新措施。
福建自贸试验区	管理机构：中国(福建)自贸试验区工作领导小组、中国(福建)自贸试验区管理机构
	工作领导小组的主要职责：研究与制定发展规划、政策措施并推动落实；指导各片区制定、落实有关自贸试验区行政管理制度；协调推进各项改革试点任务的落实；组织落实国家安全、反垄断审查等工作。 管理机构的主要职责：组织落实相关发展规划和政策措施；研究、制定本片区相关行政管理制度并组织落实；统筹本片区所属各园区产业布局和重大项目建设；牵头落实各项改革试点任务。

(2) 复制中国(上海)自由贸易试验区的管理制度

广东自贸试验区、天津自贸试验区、福建自贸试验区主要围绕着投资管理、贸易发展、便利化、进出境监管等方面的管理制度，结合本区的实际选择复制中国(上海)自由贸易试验区的成功经验。具体内容如表 2-2 所示。

表 2-2　　广东、天津和福建自贸试验区管理办法

项目	区名	复制中国(上海)自贸试验区成功经验的内容
投资管理制度	上海自贸试验区	1. 服务业扩大开放；2. 暂停或者取消投资者资质要求、股比限制、经营范围限制等准入限制措施；3. 实施负面清单管理模式，其之外的外商投资项目由核准制改为备案制，外商投资企业合同章程审批改为备案管理；4. 实行注册资本认缴登记制；5. 取得营业执照，即可从事一般生产经营活动，需要许可生产经营活动的，可在取得营业执照后申请经营许可证。
	广东自贸试验区	对外商投资实行准入前国民待遇加负面清单管理模式，外商投资企业设立、变更及合同、章程实行备案管理(复制“3”)；推进工商注册制度便利化，依法实行注册资本认缴登记制(复制“4”)；实行“先照后证”(复制“5”)。
	天津自贸试验区	在航运服务、商贸服务、专业服务、文化服务、社会服务等现代服务业领域扩大对外开放，积极有效地吸引外资(复制“1”)；适当减少对境外投资者在金融领域的资质要求、股权比例、业务范围等方面的准入限制(复制“2”)；对外商投资实行准入前国民待遇加负面清单管理模式，对外商投资企业设立、变更及合同章程许可实行备案管理(复制“3”)。
	福建自贸试验区	实行外商投资准入前国民待遇加负面清单管理模式，外商投资项目实行备案制，外商投资企业设立、变更及合同章程审批实行备案管理(复制“3”)；投资者可以开展多种形式的境外投资，对一般境外投资项目和设立企业实行备案制(复制“3”)。

（续表）

项目	区名	复制中国(上海)自贸试验区成功经验的内容
贸易发展制度	上海自贸试验区	1. 积极发展总部经济，鼓励跨国公司在自贸试验区内设立亚太地区总部，建立整合贸易、物流、结算等功能的营运中心；2. 推动国际贸易、仓储物流、加工制造等基础业务转型升级，发展离岸贸易、国际贸易结算、国际大宗商品交易、融资租赁、期货保税交割、跨境电子商务等新型贸易业务；3. 鼓励自贸试验区内企业统筹开展国际国内贸易，实现内外贸一体化发展。
	广东自贸试验区	自贸试验区实现内外贸一体化发展，鼓励区内企业统筹开展国际贸易和国内贸易(复制“3”)；鼓励离岸贸易、保税展示交易、仓单质押融资、融资租赁、期货保税交割、跨境电子商务、外汇免税店、市场采购等新型贸易方式的发展(复制“2”)；鼓励企业在区内设立总部，建立整合贸易、物流、结算等功能的营运中心(复制“1”)。
	天津自贸试验区	鼓励国内外企业在自贸试验区设立地区性总部、研发中心、销售中心、物流中心和结算中心(复制“1”)；鼓励区内企业统筹开展国际国内贸易，实现内外贸一体化发展(复制“3”)；鼓励开展离岸贸易、国际大宗商品交易、进口商品保税展示交易、融资租赁、期货保税交割、跨境电子商务、文化服务贸易、绿色贸易、汽车平行进口等新型贸易业务(复制“2”)。
	福建自贸试验区	发展大宗商品交易和资源配置平台、跨境电子商务、保税展示交易平台、汽车平行进口、服务外包等新型贸易方式，允许在海关特殊监管区域内开展期货保税交割和境内外维修业务等(复制“2”)。
便利化制度	上海自贸试验区	1. 建立高效便捷的管理和服务模式，设立国际贸易单一窗口；2. 政策内容、管理规定、办事程序及规则等信息应当公开、透明；3. 外商投资项目核准(备案)以及企业设立(变更)“一表申报、一口受理”工作机制；4. 实行以事中、事后监管为主的动态监管，优化管理流程和管理制度，涉及食品药品安全、公共卫生、环境保护、安全生产的执法检查情况和处理进展情况及时公开，并发布必要的警示、预防建议等信息。
	广东自贸试验区	建立跨部门的贸易、运输、加工、仓储等业务的综合管理服务平台，设立国际贸易单一窗口，实现部门之间信息互换、监管互认、执法互助(复制“1”)；企业可以通过单一窗口一次性递交各管理部门要求的标准化电子信息资料，处理结果通过单一窗口反馈(复制“4”)。
	天津自贸试验区	建立国际贸易单一窗口，企业通过单一窗口一次性递交标准化电子信息，处理结果通过单一窗口反馈。建立跨部门的贸易、运输、加工、仓储等业务的综合管理服务平台，实现部门之间信息互换、监管互认、执法互助。
	福建自贸试验区	建立高效便捷的管理和服务模式，促进投资和贸易便利化(复制“1”)；建立“一口受理”工作机制，设立服务平台，统一接收申请材料，统一送达文书(复制“3”)；建设国际贸易“单一窗口”，全程实施无纸化通关，推进自贸试验区内各区域之间通关一体化(复制“1”)。

（续表）

项目	区名	复制中国(上海)自贸试验区成功经验的内容
进出境监管制度	上海自贸试验区	1. 以“一线放开”“二线安全高效管住”为原则；2. 对自贸试验区和境外之间进出的货物，允许自贸试验区内企业凭进口舱单信息将货物先行提运入区，再办理进境备案手续；3. 对自贸试验区和境内区外之间进出的货物，实行智能化卡口、电子信息联网管理模式，完善清单比对、账册管理、卡口实货核注的监管制度；4. 允许自贸试验区内企业在货物出区前自行选择时间申请检验；5. 推进货物状态分类监管模式；6. 推行“一次申报、一次查验、一次放行”模式。
	广东自贸试验区	实行“一线放开、二线安全高效管住”的进出境监管服务模式（复制“1”）；建立货物状态分类监管制度（复制“5”）；区内货物可凭进口舱单先行进入，分步办理进境申报手续（复制“2”）；实施无纸化申报、签证、放行，提供出入境检验检疫信息查询服务（复制“3”）。
	天津自贸试验区	建立货物状态分类监管制度，实行电子围网管理（复制“5”）；海关特殊监管区域和境内区外之间进出的货物，实行进出境备案清单比对、企业账册管理、电子信息联网等监管制度（复制“3”）；检验检疫部门在一线实行“进境检疫，适当放宽进出口检验”模式，在二线简化检验检疫流程，推行“方便进出，严密防范质量安全风险”的检验检疫监管模式（复制“3”）。
	福建自贸试验区	实行“一线放开”“二线安全高效管住”的通关监管服务模式（复制“1”）。

2. 第三批自贸试验区的建设目标

2016年，国务院在辽宁省、浙江省、河南省、湖北省、重庆市、四川省、陕西省设立了7家自贸试验区，建设目标分别是：中国（辽宁）自由贸易试验区是落实中央关于加快市场取向体制改革、推动结构调整的要求，着力打造提升东北老工业基地发展整体竞争力和对外开放水平的新引擎；中国（浙江）自由贸易试验区是落实中央关于“探索建设舟山自由贸易港区”的要求，在推动大宗商品贸易自由化、提升大宗商品全球配置能力方面进行探索；中国（河南）自由贸易试验区是落实中央关于加快建设贯通南北、连接东西的现代立体交通体系和现代物流体系的要求，着力建设服务于“一带一路”建设的现代综合交通枢纽；中国（湖北）自由贸易试验区是落实中央关于中部地区有序承接产业转移、建设一批战略性新兴产业和高技术产业基地的要求，发挥其在实施中部崛起战略和推进长江经济带建设中的示范作用；中国（重庆）自由贸易试验区是落实中央关于发挥重庆战略支点和连接点的重要作用、加大西部地区门户城市开放力度的要求，带动西部大开发战略深入实施；中国（四川）自由贸易试验区是落实中央关于加大西部地区门户城市开放力度以及建设内陆开放战略支撑带的要求，打造内陆开放型经济高地，实现内陆与沿海沿边沿江协同开放；中国（陕西）自由贸易试验区是落实中央关于更好地发挥“一带一路”建设对西部大开发的带动作用、加大西部地区门户城市开放力度的要求，打造内陆型改革开放新高地，探索内陆与“一带一路”沿线国家经济合作和人文交流新模式。

3. 推广第一、第二批自贸试验区的建设成果

(1) 建设成果

上海、广东、天津、福建 4 家自贸试验区的建设成果主要包括六个方面：一是以负面清单管理为核心，深入试点外商投资准入前国民待遇加负面清单管理模式，持续开展商事登记制度改革，推动企业设立“一口受理”及对外投资合作“一站式”服务；二是以贸易便利化为重点，加快口岸管理部门实施信息互换、监管互认和执法互助，不断优化“一线放开、二线安全高效管住”监管模式，国际贸易“单一窗口”率先上线；三是以提升服务实体经济质量和水平为目标，中国(上海)自由贸易试验区试点外币业务和黄金国际板等业务，广东、天津、福建三家自贸试验区试点公募房地产信托投资基金产品、中小微企业贷款风险补偿、“银税互动”诚信小微企业贷款免除担保等；四是以预防风险为底线，构建了严密高效的事中、事后监管体系；五是以鼓励创业创新为着眼点，中国(上海)自由贸易试验区探索完善高层次人才引进、留学生就业等制度，中国(广东)自由贸易试验区推进粤港澳人才合作示范区建设，中国(天津)自由贸易试验区为创业创新企业提供“双创特区”，中国(福建)自由贸易试验区引入两岸金桥(福建)就业培训机构等；六是以服务国家战略为根本，中国(上海)自由贸易试验区建立亚太示范电子口岸网络，中国(广东)自由贸易试验区与伊朗、马来西亚、印尼等国家自贸园区开展合作，中国(天津)自由贸易试验区推出“一带一路”过境货物专项便利检验检疫制度，中国(福建)自由贸易试验区以中欧班列(厦门)常态化运营为契机，融入“一带一路”建设。

(2) 推广成果

上海、广东、天津、福建 4 家自贸试验区建设成果推广主要包括两个方面：一是国务院于 2014 年印发了《关于推广中国(上海)自由贸易试验区可复制改革试点经验的通知》，推广了 34 项试点经验；二是在 2015 年国务院自由贸易试验区工作部际联席会议上，国务院在投资、贸易、事中事后监管方面选取了 8 项制度创新性强、市场主体反应好的做法，将国际贸易“单一窗口”、跨境电商监管新模式、政府智能化监管服务等作为“最佳实践案例”进行印发，供其他自由贸易试验区借鉴。

五、中国海南自由贸易港

(一) 自由贸易港的含义

自由贸易港是指设在国家与地区境内、海关管理关卡之外的，允许境外货物、资金自由进出的港口区。海南自由贸易港是根据中央部署，在海南全岛建设的自由贸易试验区和中国特色自由贸易港。

(二) 海南自由贸易港的监管政策

海南自由贸易港的监管政策包括四个方面：一是海南自由贸易港企业所得税实施优惠政策，对自用生产设备实施“零关税”；二是从事交通运输、旅游业的企业可按政策规定进口“零关税”交通工具及游艇；三是对海南自由贸易港高新技术企业实施减税政策;四是海南离岛旅客免税购物。

(三) 海南自由贸易港的鼓励类产业

根据国家发展改革委、财政部、国家税务总局联合印发的《海南自由贸易港鼓励类产业目录(2020 年)》的规定,有 14 大类:一是农、林、牧、渔业(3 项);二是制造业(27 项);三是建筑业(10 项);四是批发和零售业(8 项);五是交通运输、仓储和邮政业(14 项);六是住宿和餐饮业(3 项);七是信息传输、软件和信息技术服务业(16 项);八是金融业(9 项);九是租赁和商务服务业(9 项);十是科学研究和技术服务业(14 项);十一是水利、环境和公共设施管理业(6 项);十二是教育(3 项);十三是卫生和社会工作(9 项);十四是文化、体育和娱乐业(12 项)。

(四) 海南自由贸易港的建设

1. 海南自由贸易港的建设目标

海南自由贸易港以供给侧结构性改革为主线,建设自由贸易试验区和具有中国特色的自由贸易港,着力打造成中国全面深化改革开放试验区、国家生态文明试验区、国际旅游消费中心、国家重大战略服务保障区。到 2025 年将初步建立以贸易自由便利和投资自由便利为重点的自由贸易港政策与制度体系,到 2035 年成为我国开放型经济新高地,到 21 世纪中叶全面建成具有较强国际影响力的高水平自由贸易港。

2. 海南自由贸易港的建设内容

根据《海南自由贸易港建设总体方案》,海南将在城乡融合发展、人才、财税金融、收入分配、国有企业等方面加快机制与体制改革,设立国际能源、航运、大宗商品、产权、股权、碳排放权等交易场所,积极发展新一代信息技术产业和数字经济,推动互联网、物联网、大数据、卫星导航、人工智能等同实体经济深度融合。

第三节 跨境电子商务示范试验区

为更好地促进电子商务健康、快速、协调发展,我国在各主要城市设立了国家电子商务示范基地、跨境电子商务综合试验区和跨境电子商务示范园区,开展电子商务服务业的规模化、标准化、产业化,加强管理体制、基础设施、现代流通体系以及创新、投资、人才引进等方面机制的建设,营造法治化、便利化和国际化的跨境电子商务营商环境,推动我国跨境电子商务健康快速发展。

一、国家电子商务示范基地

(一) 国家电子商务示范基地的内涵

国家电子商务示范基地是指由各省份商务主管部门推荐,经商务部批准设立的,具有完善的电子商务产业政策体系、公共服务体系、产学研用合作机制和诚信安全信用体系,引领电子商务服务业的规模化、标准化、产业化发展的示范区。商务部于

2012年、2015年先后颁布了两批国家电子商务示范基地名单，第一批为34家，第二批为66家。

（二）国家电子商务示范基地的建设内容

国家电子商务示范基地的建设内容包括九个方面：一是健全管理体制，制定电子商务基地发展规划，先行先试，出台有针对性的配套政策；二是加强基础设施建设，包括公共基础设施、服务平台和电子商务交易服务体系；三是创新服务与管理机制，提供一站式服务，开展电子商务信用体系建设；四是创立多元投资体制，营造投资、融资、孵化的环境；五是创建孵化中心，建立产业创新联盟，完善电子商务产学研用合作机制；六是发挥基地规模效应，吸引产业链上下游企业进驻基地，发挥基地聚集效应，形成特色产业优势集群，带动区域经济一体化发展；七是健全人才引进机制，重点引进电子商务发展急需的各类高端人才，开展高校、研究机构、基地企业联合的职业培训模式；八是创建战略研究机构、应用研究中心和企业技术与管理研究中心，开发核心关键技术，制定行业标准；九是完善现代流通体系，加快流通运行结构升级，推动现代流通服务实现跨越式发展。

二、国家跨境电子商务综合试验区

国家跨境电子商务综合试验区是指由国务院批准在中国境内设立的，在跨境电子商务的交易、支付、物流、通关、退税、结汇等环节的技术标准、业务流程、监管模式和信息化建设等方面先行先试的试验基地。通过制度创新、管理创新、服务创新和协同发展，打造跨境电子商务完整的产业链和生态链，逐步形成一套适应和引领全球跨境电子商务发展的管理制度和规则，为推动我国跨境电子商务健康发展提供可复制、可推广的经验。2015年至2020年期间，国务院先后公布了四批国家跨境电子商务综合试验区名单，第一批与第二批位于东部13个大中型城市，第三批与第四批位于中西部、东北地区46个城市。

（一）首批中国（杭州）跨境电子商务综合试验区

2015年3月，国务院同意设立首批中国（杭州）跨境电子商务综合试验区。该试验区根据杭州市的城市定位，将其建为以信息为基础、以信用为核心、以技术为支撑的跨境电子商务新型监管服务模式，实现跨境电子商务自由化、便利化、规范化发展。具体建设内容包括信息共享体系、金融服务体系、智能物流体系、电商信用体系、统计监测体系、风险防控体系、线上“单一窗口”平台和线下“综合园区”平台八个方面。

案例分享

中国（杭州）跨境电子商务综合试验区建设

中国（杭州）跨境电子商务综合试验区的建设内容如下：

1. 建立信息共享体系

统一信息标准规范、信息备案认证、信息管理服务，建立多位一体的跨境电子商务信息合作机制和共享平台，打通“关、税、汇、检、商、物、融”之间的信息壁垒，实现监管部门、地方政府、金融机构、电子商务企业、物流企业之间信息互联互通，为跨境电子商务信息流、资金流、货物流提供数据技术支撑。

2. 建立金融服务体系

鼓励金融机构、第三方支付机构、第三方电子商务平台、外贸综合服务企业之间规范地开展合作，为具有真实交易背景的跨境电子商务交易提供在线支付结算、在线融资、在线保险等一站式金融服务。

3. 建立智能物流体系

运用云计算、物联网、大数据等技术，构建互联互通的物流智能信息系统、衔接顺畅的物流仓储网络系统、优质高效的物流运营服务系统等，探索建立高品质、标准化、规范化的跨境电子商务物流运作流程，形成布局合理、层次分明、衔接顺畅、功能齐全的跨境物流配送和运营服务体系。

4. 建立电商信用体系

综合多方信用基础数据，建立跨境电子商务信用数据库和信用评价系统、信用监管系统、信用负面清单系统，重点建立监管部门的信用认证体系和信用服务企业的信用评价体系，实现对电商信用的分类监管、部门共享、有序公开。

5. 建立统计监测体系

利用大数据、云计算技术，对各类平台商品交易、物流通关、金融支付等海量数据进行分析、处理、运用，建立跨境电子商务大数据中心，建立、健全跨境电子商务统计监测体系，完善跨境电子商务统计方法。

6. 建立风险防控体系

建立风险信息采集机制、风险评估分析机制、风险预警处置机制、风险复查完善机制，以流程节点风险防控为重点，开展跨境电子商务全流程的专业风险分析，有效防控综合试验区非真实贸易洗钱的经济风险，数据存储、支付交易、网络安全的技术风险，以及产品安全、贸易摩擦、主体信用的交易风险。

7. 建立线上“单一窗口”平台

以一点接入原则建立数据标准和认证体系，与海关、税务、外汇管理、商务、工商、邮政等政府部门进行数据交换和互联互通，实现政府管理部门之间信息互换、监管互认、执法互助，实现通关全程无纸化，并为跨境电子商务企业和个人提供物流、金融等供应链商务服务。

8. 建立线下“综合园区”平台

采取一区多园的布局方式建设“综合园区”平台，提供通关、物流、金融、人才等一站式综合服务，有效承接线上“单一窗口”平台功能，促进跨境电子商务线上平台和线下园区的联动发展，打造跨境电子商务完整的产业链和生态链。

(二) 第二批国家跨境电子商务综合试验区

2016 年 1 月,国务院同意在天津市、上海市、重庆市、合肥市、郑州市、广州市、成都市、大连市、宁波市、青岛市、深圳市、苏州市 12 个城市设立跨境电子商务综合试验区,推广中国(杭州)跨境电子商务综合试验区的模式。具体内容如下:

1. 天津市跨境电商综合试验区

根据天津市的城市定位,搭建跨境电商公共服务平台、海关监管平台和检验检疫监管平台,可通过保税进口方式以“企对企”的形式将商品从国外送入海关特殊监管区,然后按照行邮税进行报关,并以“商对客”形式送到买家手中。同时建设天津市快递专业类物流园区,吸引大型电子商务企业和快递企业落户,构建内贸、外贸衔接,线上、线下协同发展的格局,拓展国际快递市场。

2. 上海市跨境电商综合试验区

根据上海市的城市定位,跨境电商向规模化、标准化、集群化、规范化方向发展。主要有三个方面:一是依托上海市电子口岸,把跨境电商公共服务平台建设成为“单一窗口”平台,为进出口电商和支付、物流、仓储等企业提供数据交换服务,为海关、检验检疫、税务、外汇管理等部门提供信息共享平台,实现一次申报、一次查验、一次放行,提高口岸监管便利化程度;二是简化企业申报办理流程,建立公平、开放、透明、高效的对接服务机制;三是建立“跨境电商平台+保税仓储基地”线上线下互动的模式。

3. 重庆市跨境电商综合试验区

根据重庆市的城市定位,将江津列为重庆跨境电子商务综合试验区重点区县,形成装备制造、汽摩及零部件、电子信息、新型材料、食品工业五大产业,集聚了一大批汽摩整车及零部件、机械加工、粮油食品等进出口企业,开展跨境贸易。重庆拥有珞璜铁路综合物流枢纽和长江枢纽港两大物流枢纽,江津区依托“渝新欧”大通道、长江黄金水道、渝昆泛亚大通道有机融合,为重庆及西南地区跨境贸易交流提速。

4. 合肥市跨境电商综合试验区

根据合肥市的城市定位,依托安徽(蜀山)跨境电子商务产业园,以快件、邮件为物流支撑,构建通关、结汇、退税等政府服务职能体系,搭建进口贸易平台,建设进口商品 O2O 展示体验中心、跨境电商大厦、国际商品展示交易中心,成为中部地区最大的跨境电商进口门户。合肥市是安徽唯一的国际邮件互换地,实现对美国、日本、法国、韩国、英国、俄罗斯等 10 个主要跨境出口国家和地区的国际邮件总包直封。

5. 郑州市跨境电商综合试验区

根据郑州市的城市定位,提出制度创新、管理创新、服务创新,建设“单一窗口”综合服务平台、综合园区平台、人才培养和企业孵化平台,构建跨境电子商务信息共享体系、金融服务体系、智能物流体系、信用管理体系、质量安全体系、统计监测体系、风险防控体系,把促进产业发展作为工作重点,进出口并重、以出口为主,着力在跨境电商 B2B 交易相关环节的技术标准、业务流程、监管模式和信息化建设等方面先行先试。河南保税物流中心建设“单一窗口”平台和线下“综合园区”平台,实现了“秒通关”,每秒通关 12.5 单。

6. 广州市跨境电商综合试验区

根据广州市的城市定位，打造中国跨境电子商务发展高地和亚太地区跨境电子商务中心城市，创新监管体系，完善跨境电商公共服务平台，建立跨境电商产业链促进机制、线上线下融合机制和跨境电商促进外贸转型升级机制，培育与发展一批"海外仓"。广州白云机场海关推出空运进口货物"提前申报、货到验放"、出口货物"提前申报、运抵验放"通关模式，提高了口岸货物通关、验放效率。

7. 成都市跨境电商综合试验区

根据成都市的城市定位，形成"一都一府三中心"的跨境电子商务发展格局，为跨境电子商务平台、中小经营主体、供应链、仓储等企业提供基础环境，实现海关、检验检疫、外汇管理、国税等授权范围内的部门信息共享，并建设跨境贸易电子公共服务平台。成都市在空港保税物流中心(B 型)重点发展婴幼儿辅食、婴幼儿奶粉、日用品、化妆品等网购保税进口业务，争取国际邮件互换中心成为全国第四大口岸互换局。

8. 大连市跨境电商综合试验区

根据大连市的城市定位，该市跨境电商综合试验区独创"跨境电商＋旅游采购贸易＋保税电商体验＋保税展示展销"四位一体的运营模式，按照线上线下结合、导购平台与展销中心联动的方式运作，促进传统国际贸易和传统产业升级改造，激发创业创新活力。目前，正在建设国际物流园区，其中大连港冷链物流园是中国唯一的集保税港、专业冷藏船泊位、集装箱码头以及港口后方冷库群于一域的专业化冷链物流中心，海运航线覆盖全球主要航区。

9. 宁波市跨境电商综合试验区

根据宁波市的城市定位，立足于监管模式与发展模式方面进行创新，依托国际深水良港形成的开放、完善的集疏运体系和坚实的外贸产业基础，发展大产业、打造大物流、拓展大市场，形成跨境电商"一盘棋"发展格局。宁波市是现代化国际港口城市，是华东地区海运远洋贸易的集散地和物流中心。

10. 青岛市跨境电商综合试验区

根据青岛市的城市定位，建立"国际贸易信息流引领发展、监管服务窗口一体化、区域合作协同发展"三大机制，重点在 B2B 模式上先行先试，采用"直购进口"和"中韩海运直购进口"等模式，建设"跨境贸易电子商务进出口公共服务平台"和海关"阳光通道"，促进跨境电商业务的发展。青岛市是重要的国际贸易口岸和海上运输枢纽，与世界 130 多个国家和地区的 450 多个港口有贸易往来，港口吞吐量跻身全球前十位。

11. 深圳市跨境电商综合试验区

根据深圳市的城市定位，以前海为龙头，囊括深圳全市，各区域协同开展跨境电商业务，充分发挥前海保税港区、福田保税区、盐田综合保税区、机场保税物流中心、盐田港保税物流园等深圳多个海关监管区的活力和潜能。深圳市域边界设有中国最多的出入境口岸，深圳宝安国际机场是中国境内第一个实现海、陆、空联运的现代化国际空港，深圳港集装箱吞吐量位于世界集装箱港口第四。

12. 苏州市跨境电商综合试验区

根据苏州市的城市定位，因地制宜，突出本地特色和优势，着力在跨境电子商务B2B交易模式相关环节的技术标准、业务流程、监管模式和信息化建设等方面先行先试，提供可复制、可推广的经验。同时，在物流方面开发与集成了WMS系统、OMS系统、DC数据交换中心等多种功能的跨境平台服务系统，已完成与银联、支付宝等多个支付平台的对接。

（三）第一、第二批国家跨境电子商务综合试验区的建设成果

国家跨境电子商务综合试验区主要有以下五个方面的创新举措：

1. 提升跨境电商通关便利化程度

2019年跨境电子商务综合试验区通过国际合作、对通关模式的优化和创新，提升了通关效率。例如，宁波跨境电子商务综合试验区与中东欧国家探索跨境电商平台关检合作，建设邮件直达通道；天津、上海和南京等跨境电子商务综合试验区采用“清单核放、汇总统计”的模式简化企业申报手续，将申报税号由10位简化至4位；深圳跨境电商综合试验区优化“九宫格选定＋指令查验”模式，完善“深关通”“安智通”等业务支撑系统功能，可直接传输企业订单、支付单和运单信息至海关系统。

2. 完善跨境电商出口退税流程

2019年跨境电子商务综合试验区对出口退税流程进行优化和创新，取得了重大突破。例如，杭州跨境电子商务综合试验区推出了“互联网＋便捷退税”模式，实现了申报录入智能化、退税审核网络化、服务方式即时化；苏州跨境电商综合试验区推出了跨境电商零售出口业务“阳光通道”，通过苏州高新区跨境电子商务公共服务平台办理9610出口业务退税申报。

3. 健全跨境电商诚信体系

2019年跨境电子商务综合试验区对电商诚信体系进行优化和创新，主要表现为两个方面：一是构建国内跨境电商企业诚信系统，如杭州跨境电商信用评级指标体系；二是开拓全球征信查询功能，如杭州推出了e-Box平台，跨境电商企业可以通过平台查询全球13个国家或地区、40多个行业的企业信息。

4. 优化跨境电商物流体系

2019年跨境电子商务综合试验区大力发展国际物流，启动保税区内的分拨中心，构建跨境冷链物流体系。例如，大连跨境电商综合试验区开通跨境电商“海运直邮”业务；天津跨境电商综合试验区启动跨境电商保税区内分拨中心，将原有各物流公司快递分拨环节前置，在海关监管区内打造快递分拨中心，实现“一车送一地”。

5. 创新跨境电商发展模式

2019年跨境电子商务综合试验区根据自身发展的特征不断创新跨境电商发展模式，如杭州跨境电子商务综合试验区启动跨境电商监管方式1210邮路保税出口新模式，通过eWTP公共服务平台申报，在获取海关特殊监管区域现场放行指令后，经邮路发往海外。

三、跨境电子商务示范园区

(一) 跨境电子商务示范园区的内涵

2015 年 6 月,国务院办公厅颁布了《关于促进跨境电子商务健康快速发展的实施意见》,各地的商务主管部门根据其精神先后设立了跨境电子商务示范园区。跨境电子商务示范园区是指由商务主管部门批准设立的,在适应跨境电子商务特点的公共服务平台、跨境电子商务平台、电子支付和通关作业等领域完善公共服务信息、税收政策、海关监管措施方面先行先试的基地。跨境电子商务示范园区是在中国自贸试验区、中国电子商务示范基地和中国跨境电子商务综合试验区建设的基础上,通过制度创新、管理创新和服务创新,推动我国跨境电子商务健康持续地全面发展。

(二) 跨境电子商务示范园区建设的内容

在跨境电子商务示范园区的建设上,着力培育跨境电子商务完整的产业链,形成第三方平台和自营平台同步推进,境内外电商共同参与,进出口并重、多种模式并存、线上线下有序结合的跨境电子商务发展格局。积极推进跨境电子商务政策体系和监管体系创新,构建高效、便捷、安全的跨境电子商务管理模式。加快完善跨境电子商务业务支撑体系,有效引导社会资源,形成有利于跨境电子商务发展的生态环境。具体建设的主要任务有以下七个方面:

1. 优化政策体系与制度保障机制

在跨境金融服务体系、海关监管措施、电商税收与出口退税政策、电子支付管理等方面优化相关政策,建立管理制度,完善监管措施,提高跨境电商便利化的水平。

2. 完善跨境电商业务体系

按照多层次、多方式和全球化的思路,大力发展跨境电子商务业务,积极构建中小网商、专业化跨境电商、传统外贸企业积极参与,第三方跨境电商平台和自建平台同步推进,境内外电商服务企业互动发展,卖出去和买进来有序结合,多种模式并存的跨境电子商务发展格局,逐步建立完整的跨境电商业务体系。

3. 健全跨境电商服务体系

健全的跨境电商服务体系主要包括跨境电商仓储物流中心建设、跨境电商物流服务体系建设、跨境电商支付服务体系建设、跨境电商境外服务体系建设、跨境电商综合管理服务平台建设,鼓励外贸综合服务企业和第三方专业服务企业为跨境电商提供通关、物流、仓储、融资等服务。

4. 建立跨境电商公共服务平台

将跨境电商公共服务平台建设成“单一窗口”平台,为进出口电商和支付、物流、仓储等企业提供数据交换服务,为海关、检验检疫、税务、外汇管理等部门提供信息共享平台,实现“一次申报、一次查验、一次放行”,提高口岸监管便利化程度。

5. 营造良好的营商环境

加强诚信体系建设,完善信用评估机制,实现各监管部门信息互换、监管互认、执法互助，构建跨境电子商务交易保障体系。推动建立针对跨境电子商务交易的风险防范和预警机制，健全消费者权益保护和售后服务制度。引导跨境电子商务主体规范经营行为，承担质量安全主体责任，营造公平竞争的市场环境。加强执法监管，加大知识产权保护力度，坚决打击跨境电子商务中出现的各种违法侵权行为。

6. 培育一批具有竞争力的跨境电商企业

支持跨境电商企业与境外企业合作，鼓励企业创建自有品牌的电商平台和产品，拓展营销渠道，培育一批具有竞争力的跨境电商企业。

7. 加强多/双边国际合作

加强与“一带一路”沿线国家和地区的电子商务合作，提升合作水平，共同打造若干畅通、安全、高效的电子商务大通道。通过多/双边对话，与各经济体建立互利共赢的合作机制，及时化解跨境电子商务进出口引发的贸易摩擦和纠纷。

案例分享

上海市跨境电子商务示范园区

2016年2月，上海市商委、上海市发展改革委正式批复同意在中国(上海)自由贸易试验区设立上海市跨境电子商务示范园区，范围包括外高桥保税区、外高桥保税物流园区、洋山保税港区和浦东机场综合保税区4个海关特殊监管区域。在该跨境电商示范园区的挂牌主体分别为外高桥国际贸易营运中心公司、外高桥物流中心公司、浦东现代产业公司、东航物流公司、自贸联发公司和深水港物流公司，京东、苏宁云商等电商巨头也纷纷入驻。这些主体均具有相对完善的配套基础设施，具有明确的服务定位，符合上海市跨境电商示范园区建设标准，并与上海市跨境电商公共服务平台形成良好的“线上线下”对接机制，能为入驻园区的企业提供涵盖商品企业备案、物流通关、对接监管信息等“一站式”的综合配套服务。在此基础上还探索建立了“产地直达”“保税出口”等业务模式，区域内形成多元化的跨境电商发展新格局。在保税进口方面，探索推进保税集货、线上线下互动等模式多元化运作；在保税出口方面，着眼于构建保税区域“外贸＋互联网”全产业链，吸引、集聚市场采购、展会交易、信用担保、分销体系、供应链管理＋互联网应用的各种类型电子商务企业，促进网上国际贸易中心、离岸贸易中心发展。

思考与实践

一、思考题

1. 简述跨境电子商务营商环境的要素及其内容。
2. 简述我国在优化营商环境、加强市场化建设方面的基本内容。

3. 简述我国在优化营商环境、加强法治化建设方面的基本内容。

4. 简述我国在优化营商环境、加强国际化建设方面的基本内容。

5. 简述我国保税区、保税港区、综合保税区中保税的内涵。

6. 简述我国保税区、保税港区和综合保税区对出口退税的相关规定。

7. 简述设立自由贸易试验区的目的与意义。

8. 简述设立国家跨境电子商务综合试验区的目的与上海、广东、天津、福建4家自贸试验区建设成果推广的基本内容。

9. 简述国家电子商务示范基地建设的内容。

10. 简述跨境电子商务示范园区的主要建设内容。

二、实务题

1. 编制中国全球营商环境跨境贸易二级指标简报

登录百度网站，查询世界银行发布的《2020年营商环境报告》，将我国跨境贸易一级指标中四项二级指标得分数据以及在全球的排位情况分别填入简报，增强对我国营造良好营商环境的认知。

中国全球营商环境跨境贸易二级指标简报

小组名称： 组员姓名： 完成日期：

二级指标名称	项目得分情况	项目得分情况	全球综合排位
出口时间	单证合规(小时)：	边界合规(小时)：	
出口成本	单证合规(美元)：	边界合规(美元)：	
进口时间	单证合规(小时)：	边界合规(小时)：	
进口成本	单证合规(美元)：	边界合规(美元)：	

2. 编制中国特色跨境电子商务发展简报

登录百度网站，查询我国营造良好跨境电子商务营商环境过程中，在“创新发展模式、夯实基础设施、完善管理政策”等方面取得的成果，并根据简报的要求进行填写，增强对我国营造良好跨境电子商务营商环境的认知。

中国特色跨境电子商务发展简报

小组名称： 组员姓名： 完成日期：

创新发展模式 主要事例	

（续表）

夯实基础设施 主要事例	
完善管理政策 主要事例	

第三章　跨境电子商务市场主体

学习目标

- 了解跨境电子商务市场主体的类型及其含义
- 熟悉跨境电子商务运输服务企业的类型及其含义
- 掌握跨境电子商务支付服务企业的类型及其含义
- 明确跨境电子商务交易企业与服务企业的经营资质及其办理流程
- 具备对跨境电子商务市场主体基本认知的能力

跨境电子商务市场主体包括交易主体与服务主体两个部分，其中，交易主体是指贸易链两端的境内外商家或企业，服务主体是提供信息与交易服务的第三方跨境电商平台、外贸综合服务平台、跨境物流企业和跨境支付机构等企业，通过互联网、大数据和人工智能的技术完成运营闭环中的信息流、资金流和货物流。

第一节　跨境电子商务交易企业

跨境电子商务交易企业是围绕进出口货物买卖、批发和零售业务的境内外企业，其中境内企业主要包括跨境供应商、外贸生产企业、跨境电子商务公司和个体工商户。

一、跨境电子商务交易企业的类型

（一）跨境供应商

跨境供应商是指为出口跨境电子商务交易提供原材料、半成品和成品等的各类大中小微企业，包括国内的原材料制造商、半成品制造商、成品制造商和批发商等。

1. 制造商的含义

制造商是指根据我国相关法律法规设立的，在指定的经营范围内从事原材料、半成品和成品生产的法人组织。制造商没有出口经营权，但能为跨境零售商或跨境贸易商提供货源，签订供货协议，在境内完成交易。

2. 批发商的含义

批发商是指根据我国相关法律法规设立的，在指定的经营范围内向制造商采购产品，并转售给跨境零售商的法人组织。批发商不具备出口业务的经营资质，其与跨境贸易商或跨境零售商之间的供货协议属于境内买卖协议。批发商与制造商的区别是通过流通环节的价差来增加商品附加值，获取商业利润，而制造商是通过生产加工的过程来增加产品附加值，获取生产利润。

（二）外贸生产企业

外贸生产企业是指根据我国相关法律法规设立，经过商务主管机构与海关备案注册登记，在指定的经营范围内从事原材料、半成品和成品的制造，并将产品出口的法人组织。如成立于 1995 年 2 月的比亚迪实业有限公司，生产、出口镍镉电池，占据全球近 40%的镍镉电池市场份额，成为国际电池巨头，并在 2002 年 7 月改制为比亚迪股份有限公司后生产、出口新能源汽车，近五年的全球销售量蝉联世界第一。

（三）跨境电子商务公司

跨境电子商务公司是指依法设立，经过商务主管机构、海关、中国电子口岸注册备案登记后，通过自建网站或第三方跨境电商平台与境外跨境电子商务卖家或买家开展贸易的法人组织。跨境电子商务公司具有进出口经营权，包括跨境贸易商和跨境零售商。

1. 跨境贸易商

跨境贸易商是指根据我国相关法律法规设立，经过商务主管机构、海关和中国电子口岸备案注册登记后，通过自营或第三方跨境电商平台，采取自营或代理的贸易形式与国外贸易商开展进出口货物交易的法人组织。如成立于 1980 年 1 月的上海玩具进出口有限公司，是一家以拓展外贸、内贸为主的国有企业，其外贸业务涉及玩具、文教、体育、礼品、箱包、休闲及电子消费品等几个大类上千款产品，产品远销北美、西欧、日本等发达国家和地区，重点发展玩具与儿童用品专卖产品以及跨境电子商务。

2. 跨境零售商

跨境零售商是指根据我国相关法律法规设立，经过商务主管机构、海关、中国电子口岸备案注册登记后，在指定的经营范围内通过第三方跨境电商平台将商品销售给终端消费者的法人组织。跨境零售商与批发商一样，通过跨境电商流通环节来提高商品价格，获取批发价与零售价之间的价差。如成立于 2011 年 12 月的上海领秀电子商务有限公司，是一家专业经营跨境进口 B2C 业务的垂直类电商平台公司，经营范围包括电子商务、工艺品、纺织原材料、服装面料、辅料配件、钟表、包袋、眼镜、金银制品、钻石、珠宝、游艇、日用百货、服装服饰、纺织品、化妆品、文体用品、办公用品、家居用品、家用电器、电子产品、玩具、箱包的销售，以“轻奢”为风格，以国内中产阶层为主要目标市场，以精致生活为主题，品类聚焦在吃、穿、用等进口的中高档快消品和轻奢侈品，是在行业内有一定影响力的电商企业。

（四）个体工商户

个体工商户是指从事个体工商业经营，并经依法登记的具有民事权利能力、民事行为能力的自然人。通常，个体工商户通过第三方电子商务平台向境内外企业或消费者进行产品销售。

二、跨境电子商务交易企业的经营资质

2018年12月3日，国家市场监管总局发布的《关于做好电子商务经营者登记工作的意见》明确规定："电子商务经营者申请登记成立企业、个体工商户或农民专业合作社的，应当依照现行市场主体登记管理相关规定向各地市场监督管理部门申请办理市场主体登记。"具体来说，跨境电子商务交易企业必须取得"多证合一"证照和IC卡后，才可以开展跨境电子商务经营活动。

(一)"多证合一"证照申领

1. "多证合一"证照的演变

"多证合一"证照是伴随着我国商事制度改革的步伐而演变的，其经历下列四个阶段：

(1) 证照分离阶段(2005—2011年)

跨境电子商务经营企业必须依据当时的法律和行政法规，依次向属地的主管机构申请相关资质，向工商局申请企业法人营业执照，向代码管理机构申领组织机构代码证，向商务主管机构申领"对外贸易经营者备案登记表"，向税务局申请税务登记证，向出入境检验检疫机构办理报检单位备案登记，向海关办理报关单位注册登记。只有同时具备上述资质后，方可从事跨境电子商务经营活动。

(2)"三证合一"证照阶段(2012—2015年)

在该阶段，全国实行营业执照、组织机构代码证和税务登记证"三证合一"的证照登记制度。该制度经历了从地方到全国两个阶段，2012年10月深圳市第五届人大第十八次会议通过《深圳经济特区商事登记若干规定》，率先在该特区推行"三证合一"，2015年3月时任总理李克强在国家工商总局企业注册局注册指导处考察时指示，必须在当年内在全国推进"三证合一"的改革。

(3)"五证合一"证照阶段(2015—2016年)

"五证合一"证照登记制度是在"三证合一"制度的基础上进一步整合了社会保险登记证和统计登记证。其经历了从地方到全国两个阶段：2015年7月1日，浙江省率先在该省实行营业执照、组织机构代码证、税务登记证、社会保险登记证和统计登记证"五证合一"证照登记制度；2016年6月30日，国务院办公厅发布了登记制度改革的通知，规定从2016年10月1日起在全国范围内实施"五证合一"证照登记制度。

(4)"多证合一"证照阶段(从2017年至今)

"多证合一"证照登记制度是在"五证合一"的基础上，进一步整合了进出口货物收发货人备案登记证书等，共涉及原24张证照。2017年4月，国务院常务会议审议通过的《关于加快推进"多证合一"改革的指导意见》，规定从2017年10月1日起在全国全面推行"多证合一"制度。

2. "多证合一"证照办理

办理"多证合一"证照的申领有以下四个环节：

(1) 申请公司名称预先核准

申请企业如果设立有限责任公司的,应当由全体股东指定的代表或者共同委托的代理人向公司登记机关申请名称预先核准;申请企业如果设立股份有限公司的,应当由全体发起人指定的代表或者共同委托的代理人向公司登记机关申请名称预先核准。具体操作流程如下:首先,申请企业登录市场监督管理部门官网上的注册系统,点击“名称预先核准申请”,选定企业类型并填写申请信息;其次,由市场监督管理业务部门审查;复次,申请企业在通过审查后向属地市场监督管理部门提交有关材料与文件;最后,申请企业在市场监督管理部门核准后领取加盖登记机关业务专用章的“企业名称预先核准通知书”。

(2) 输入“多证合一”事项相关信息

申请企业首先登录“多证合一”事项填报系统,点击“企业设立填报”按钮后,在界面中输入新设企业的相关信息。然后选“营业执照”“税务登记证”“机构代码证”“社会保险登记证”“统计证”和“海关进出口货物收发货人备案”,并根据系统提示录入相关信息。

(3) 申领“对外贸易经营者备案登记表”

申请企业首先登录商务部业务系统统一平台,下载“对外贸易经营者备案登记表”,按要求填写后由企业法人代表签字并盖章。然后点击“备案登记”菜单,进行在线申报,上传备案登记材料扫描件。在备案登记机构核准后,领取加盖备案登记印章的“对外贸易经营者备案登记表”。

(4) 提交登记申请材料

申请企业向登记机关提交公司设立登记申请书、指定代表或者委托代理人的证明、指定代表或委托代理人的身份证复印件、公司章程、企业名称预先核准通知书、公司住所使用证明和对外贸易经营者备案登记表等材料,经登记机关核准登记后,领取“多证合一”证照,一并获得工商营业资质、税务资质、进出口经营权和报关报检资质。

(二) 中国电子口岸企业 IC 卡申领

1. 中国电子口岸企业 IC 卡的种类

企业 IC 卡是企业在网上使用的身份证和印章,其内部存有企业用户的密钥和证书,可进行身份认证及数字签名。企业 IC 卡分为两类:一类是企业法人卡,是在中国电子口岸中唯一代表企业身份的 IC 卡,该卡的持有者可以申请企业网上业务,办理本企业操作员卡备案及对其进行管理;另一类是企业操作员卡,其分为具有录入权限的录入卡和具有申报权限的申报卡两种,可以在中国电子口岸电子业务系统中,在授权范围内进行相关业务操作。

2. 中国电子口岸企业 IC 卡的办理

需要在中国电子口岸办理业务的企业及其人员应当向中国电子口岸进行备案,申领企业 IC 卡。申请企业首先输入网址 www. chinaport. gov. cn,登录电子口岸,点击“身份认证系统”子系统,再点击“多证合一”系统。然后点击“IC 卡海关备案”,选择需备案的操作员后点击“备案”,IC 卡备案通过后系统显示“操作成功”字样,即可使用。

第二节　跨境电子商务平台服务企业

跨境电子商务平台服务企业是指为跨境贸易、跨境零售的境内外卖家或买家提供在线交易或服务载体,并独立于卖家、买家之外的电子商务平台,包括第三方跨境电子商务平台和外贸综合服务平台。

一、第三方跨境电子商务平台

(一) 第三方跨境电子商务平台的含义

第三方跨境电子商务平台是指依法设立,经过商务主管机构、海关、电信管理机构、中国电子口岸注册备案登记后,在指定的经营范围内按照特定的服务和交易规范,凭借电子商务平台为企业或个人提供商品交易或服务中介,以收取佣金或服务费为主要盈利模式的法人组织。

(二) 第三方跨境电子商务平台的类型

1. 国内与国外第三方跨境电子商务平台

根据第三方跨境电子商务平台属地的不同,可区分为以下两种形式:

(1) 国内第三方跨境电子商务平台

国内第三方跨境电子商务交易平台根据交易模式的不同,可以分为 B2B、B2C、C2C 三种。B2B 第三方跨境电子商务交易平台主要包括行云全球汇、海豚供应链、海带、海米派、海拍客、上河网、好易商、阿里巴巴国际站、中国制造网、环球市场、环球资源、敦煌网、大龙网等;B2C 第三方跨境电子商务交易平台主要包括天猫国际、京东国际、淘宝全球购、考拉海购、洋码头、苏宁国际、唯品国际、丰趣海淘、蜜芽、宝贝格子、55 海淘、别样海外购、全球速卖通、兰亭集势、环球易购、有棵树等;C2C 第三方跨境电子商务交易平台主要包括保税国际、五洲会、三态股份、蓝思网络等。

(2) 国外第三方跨境电子商务交易平台

国外第三方跨境电子商务交易平台根据交易模式的不同,同样分为 B2B、B2C、C2C 三种,其中 B2B 第三方跨境电子商务交易平台主要以美国 Amazon 为代表,B2C 第三方跨境电子商务交易平台主要以美国的 eBay 为代表,C2C 第三方跨境电子商务交易平台主要以美国 Wish 为代表。

2. 垂直型与水平型跨境电子商务平台

根据第三方跨境电子商务平台经营模式的不同,可区分为以下两种形式:

(1) 垂直型跨境电子商务平台

垂直型跨境电子商务平台是指专门从事某一项商品品类交易服务或者某一个领域的信息服务,如服装网、化工网、网酒网、全球五金网、环球塑化网等聚焦服装、化工、酒类、五金和塑料行业。该企业服务的特点是集中全部力量打造专业性信息平台，以行业为特色，深入研究行业的特点，探究行业的服务模式。

(2) 水平型跨境电子商务平台

水平型跨境电子商务平台是指通过展示多个行业类别的商品，为特定受众群体提供交易服务，如环球资源网站提供展会媒体信息服务、商品销售服务。该企业服务的特点是聚集多个领域，为买家提供产品线宽、可比性强的销售服务。

(三) 国内跨境电子商务平台的经营资质

1. 第三方跨境电商平台经营资质的规定

我国对增值电信业务实施许可证管理制度，第三方跨境电子商务平台经营资质除了与跨境电子商务交易企业相同的内容以外，还必须获得增值电信业务经营许可证后，方可从事跨境电子商务平台经营活动。

2. 增值电信业务经营许可证申领

申请企业应当向属地电信管理机构提交经营增值电信业务书面申请、“多证合一”证照、公司概况、公司章程、信息安全保障措施和经营电信业务承诺书等材料，办理增值电信业务经营许可证申请手续，经电信管理机构核准后领取“增值电信业务经营许可证”。

二、外贸综合服务平台

外贸综合服务平台是指通过网络和信息技术连接，将进出口业务中各个环节的服务整合到一个统一平台，由外贸综合服务企业投放给中小外贸企业，为其提供融资、商检、通关、退税、物流等服务。

案例分享

上海市首家外贸综合服务企业

上海春宇供应链管理有限公司成立于2004年，是一家基于电子商务平台、为客户提供一站式供应链服务的公司，通过互联网技术，对供应链中的贸易流、物流、资金流进行整合。2014年，该公司向上海市商委提交了《关于认定春宇供应链有限公司为“外贸综合服务企业”、“春宇快贸通平台”为“外贸综合服务平台”的申请》，经上海市商委认证通过，成为上海市首家外贸综合服务企业，旗下的快贸通平台成为上海市外贸综合平台。

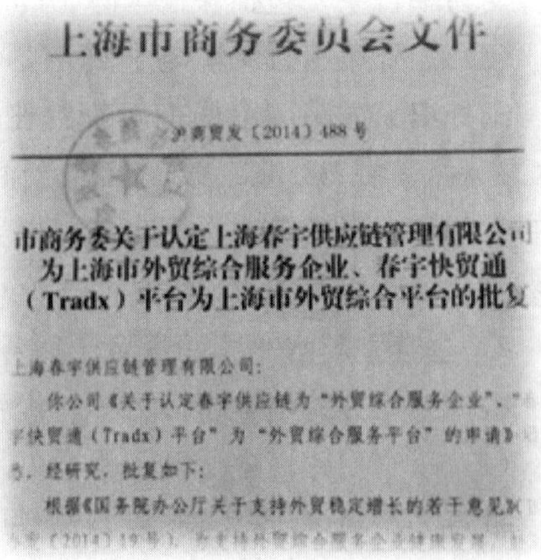
上海市商务委员会文件

沪商贸发〔2014〕488号

市商务委关于认定上海春宇供应链管理有限公司
为上海市外贸综合服务企业、春宇快贸通
（Tradx）平台为上海市外贸综合平台的批复

上海春宇供应链管理有限公司：

你公司《关于认定春宇供应链为“外贸综合服务企业”、“
宇快贸通（Tradx）平台”为“外贸综合服务平台”的申请》
。经研究，批复如下：

根据《国务院办公厅关于支持外贸稳定增长的若干意见》

三、跨境电子商务平台服务企业的商业模式

商业模式通常是指为企业创造最大化价值，有效地整合企业运行的相关要素，形成独特的核心竞争力，通过最好的形式满足客户需求，达到持续赢利目标的运行机制。简言之，商业模式就是企业通过什么途径或方式来赚钱，其是企业经营的基础，也是企业竞争制胜的关键。

（一）商业模式要素

商业模式的基本要素包括四个方面：一是定位目标，企业应当明确做什么，提供什么样的产品和服务以满足客户的需求，并获得相应的回报率；二是客户细分，企业应当确定目标客户群体，以及客户群中不同层次的需求和爱好；三是核心能力，企业应当分析在同业竞争中具有哪些优势，包括品牌、荣誉和知识产权等无形资源，还包括企业运营规模、供应渠道、销售方式、信息化与智能化技术、企业资金和人员等有形资源；四是盈利模式，企业应当了解获得收入、降低成本、赚取利润的方式或途径。商业模式要素是一个系统，要素之间互依互存、相互作用，只有形成了协同效应，才能提升企业在同业中的竞争能力。

（二）亚马逊网络电子商务公司的商业模式

1. 公司简况

亚马逊网络电子商务公司简称亚马逊（Amazon），是美国最大的，也是最早的一家网络电子商务公司，成立于 1995 年，并于 1997 年 5 月在美国纳斯达克上市。亚马逊中国站点界面如图 3-1 所示。亚马逊先后于 2004 年 8 月全资收购中国卓越网并设立了亚马逊中国公司，于 2014 年 8 月在上海自贸区设立国际贸易总部，并通过“跨境通”平台将美国货物直邮中国。亚马逊中国公司于 2014 年 10 月宣布开通海外六大站点直邮中国的服务，消费者可以选购来自亚马逊美国、亚马逊德国、亚马逊西班牙、亚马逊法国、亚马逊英国和亚马逊意大利超过 8 000 万种的商品，为消费者提供图书、音乐、影视、手机数码、家电、家居、玩具、健康、美容化妆、钟表首饰、服饰箱包、鞋靴、食品、母婴、运动、户外和休闲、IT 软件等 32 个大类的商品。

图 3-1　亚马逊中国站点界面

亚马逊经过 20 多年的发展，成为全球第二大互联网企业，先后入选 2019《财富》世界 500 强、2019 福布斯全球数字经济 100 强(位列第 6 位)、2019 年度全球最具价值 100 大品牌(位列第 3 位)、2020 年全球品牌价值 500 强(位列第 1 位)。

2. 公司商业模式

亚马逊的商业模式是以客户利益为中心，通过规模优势、价格优势和全方位精细化管理，融合科技创新，不断优化和完善客户体验，积极创造和获取价值。其基本内容有以下五个方面：

(1) 规模化运营

亚马逊在发展过程中经历了三次突变：第一次成为“地球上最大的书店”(1995—1997 年)，专营网络书籍销售，品种位居世界第一；第二次成为最大的综合网络零售商(1998—2001 年)，类别包括图书、影视、音乐和游戏、数码下载、电子和电脑、家居和园艺用品、玩具、婴幼儿用品、杂货、服饰、鞋类、珠宝、健康和美容用品、体育、户外用品、工具以及汽车和工业产品等；第三次成为“最以客户为中心的企业”(自 2002 年至今)，推出第三方开放平台、网络服务、Prime 服务、外包物流服务和自助数字出版平台，买家可从该平台找到所希望购买的任何商品。

(2) 精准化营销

亚马逊为了实现更好的客户体验，推出了“一键下单”订购方式，推出了便于顾客保留关注的商品和有兴趣购买商品的信息的“关注单”，提出了读者可以试读图书内容的“书内阅读”，提出了读者可以查找图书内容的“书内搜索”等工具。

(3) 低价化营销

亚马逊采用折扣价格策略，鼓励买家批量购买、提前付款、淡季购买，并在商品原价上给予一定的数量折扣、现金折扣、功能折扣和季节性折扣等回扣，通过扩大销量来弥补折扣费用和增加利润。例如，对亚马逊指定书给予 40%的折扣，一般精装书可打 30%的折扣，平装书打 30%的折扣。

(4) 精细化管理

亚马逊精细化管理主要表现为三个方面：一是亚马逊 Prime 会员管理，美国站点的 Prime 会员每年只需支付 99 美元(2014 年前为 79 美元)，即可享受全年无限次快件 2 日送达国内的服务，免费观看亚马逊影片、收听音乐广播、存储海量照片、提前 30 分钟获取闪购资讯以及借阅 80 万本电子书籍的服务；二是物流通关服务，在亚马逊 Prime 提供的 12 个国家会员服务中提供全年跨境免邮服务，从亚马逊美国直邮中国的订单商品只要 5 至 9 个工作日就能送达，速度优于目前亚马逊海外购商店提供的标准配送时间，净营收额同期增加了 29%。亚马逊海外直邮能为跨境买家提供标准、加快、特快三种配送服务，使用上万个机器人处理订单，快速拣货，办理清关手续，并为买家代收进口关税。由于亚马逊 Prime 会员获得了良好的服务体验，自 2005 年起推出服务后，Prime 会员至今已超过 7 000 多万人。

(5) 创建自有品牌

亚马逊于 2013 年 5 月推出了“Amazon Coins”虚拟货币，可以在亚马逊应用商店中购买应用程序、游戏和程序内项目，在一定程度上推动了在线销售的规模和业绩。

（三）敦煌禾光信息技术有限公司的商业模式

1. 公司简况

敦煌禾光信息技术有限公司简称敦煌网，成立于 2004 年，是一家小额 B2B 出口跨境电商平台，用户遍及全球大部分国家和地区，具备 11 种外国语言运营能力，每 1.6 秒产生一张订单，用户数和交易额逐年快速提升。敦煌网站界面如图 3-2 所示。

图 3-2　敦煌网站界面

敦煌网经过 16 年的发展，已成为全球第一家全供应链跨境服务商、领先的全球跨境电商一站式贸易和服务平台，是亚洲第一家建立诚信安全标准的企业，也是 PEC 和 G20 企业界中国代表、商务部重点推荐的中国对外贸易第三方电子商务平台之一。

2. 公司商业模式

敦煌网的商业模式是以中小外贸企业为中心，通过市场精准定位、产业链服务、信息数字技术和精细化管理，赋能供应端和采购端的客户，提升国际市场竞争力。其基本内容有以下五个方面：

（1）定位目标

打造一个聚集境内众多中小供应商的产品、为境外众多中小采购商提供采购服务、全天候"卖全球、买全球"的国际网上批发交易平台。

（2）客户细分

敦煌网的客户主要是在线注册用户、提供个性化服务收费客户和其他途径的客户，注册买家超过 2 100 万家，累计注册供应商超过 200 万家，覆盖全球 222 个国家和地区。境内客户主要是中小外贸企业，境外客户主要是小零售商、小批发商，特点是公司运营资金不雄厚，采购金额不大，都在1万美元之内，总体数量较大。

(3) 核心能力

敦煌网的核心能力主要有两个方面：一是为跨境电商卖家提供信息发布平台，提供注册、开店、交易、翻译、物流、支付等一站式免费服务、个性化增值服务、敦煌贷款服务和客户拼单等服务，能降低客户运营成本，提升中小企业的经营效益；二是为跨境电商买家搭建数字贸易中心，采用线下样品与线上交易相结合的模式，能在现场进行样品体验、手机扫码下单、现场提货、售后和退换货等服务，通过各国数字枢纽中心的建设，以点概面，覆盖全球。

(4) 精细化管理

敦煌网的精细化管理表现为三个方面：一是物流服务管理，拥有200多条物流专线、17个海外仓、50多个国家或地区的清关能力，并与全球著名的DHL、联邦快递等国际物流公司开展合作，不仅能提供各种运输方式、海外仓服务，还能为客户获取低于同等物流成本的50%运费；二是支付服务管理，提供30多种安全有效的在线支付方式，支付企业包括各国本地化金融机构和国际支付公司；三是数字贸易智能生态体系，其以服务沉淀数据、以数据建立信用、以信用保障交易、以交易升级服务，在这一闭环中实现信息层面、资金层面、流通层面的循环优化，进化衍生贸易服务新物种，促进外贸整体生态不断进化。

(5) 盈利模式

敦煌网的盈利模式主要包括四个方面：一是业务服务费，向跨境卖家收取广告费、会员费和增值服务费，如数据智囊付费服务价格90天为960元、180天为1 788元、365天为3 199元，帮助推付费服务价格50个为100敦煌币(1敦煌币＝1元人民币)、100个为180敦煌币、300个为520敦煌币；二是交易佣金，向买家收取平均约7%的交易佣金，即在卖家报价上加价部分的金额；三是金融服务费，敦煌网与招商银行联名发行"敦煌网生意一卡通"，提供融资、结算、理财一体化的小微企业金融服务，还与建设银行合作推出面向敦煌网注册用户的网络小额信贷产品"e保通"，无须实物抵押、无须第三方担保；四是与第三方增值服务公司合作分成等费用。

(四) 全球速卖通的商业模式

1. 公司简况

全球速卖通简称速卖通(AliExpress)，成立于2010年，是阿里巴巴旗下中国最大的B2C跨境电商平台，主要经销服装服饰、箱包鞋类、精品珠宝、工艺品、手表、婚纱礼服、美容美发、健康用品、织发及发套、母婴、玩具、家居、家具、灯具、工具、家用电器、体育与户外用品、3C数码产品、汽摩配等20多类商品，支持世界18种语言站点，用户遍及全球大部分国家和地区。速卖通网站界面如图3-3所示。目前，速卖通海外买家的数量突破1.5亿人、App海外装机量超过6亿台、覆盖全球230个国家和地区，是位列全球第三的英文在线购物网站，2019年入围全球应用榜单第10位。

2. 公司商业模式

速卖通的商业模式是以中小商家与消费者为中心，通过市场精准定位、产业链服务、

图 3-3 速卖通网站界面

信息数字技术和精细化管理，为客户提供精准化服务。其基本内容有以下五个方面：

(1) 定位目标

打造一个聚集中小商家、为商家提供直接面向终端消费者的销售渠道和销售保障、给全球消费者提供采购渠道和消费保障的 B2C 跨境电商平台。

(2) 客户细分

速卖通根据网民规模、消费能力和教育程度等因素，选择俄罗斯、美国、西班牙、巴西和法国作为目标市场，并以这五个国家的年轻人为特定的客户群体。2019 年，该客户群体的消费占到了平台交易总额的 95%。

(3) 核心能力

速卖通依托阿里巴巴集团的网络信息技术、阿里云计算等先进技术的支持，共享阿里旗下所有平台的流量与信息，促进了信息流、货物流和资金流的快速周转，高效率的信息流成为平台的核心竞争力。

(4) 精细化管理

速卖通的精细化管理表现为五个方面：一是为了便于消费者在购物时能随时向跨境商家咨询，开发了"trade message"即时通信工具，确保下单过程中的沟通效率；二是为消费者能够尽快找到所需要的商品，提供了关键词搜索和多种筛选功能，并运用大数据与智能技术，根据消费者的喜好向不同客户精准推送相关商品信息；三是为了提高商家的经营效益，提供广告宣传和直通车等促销工具，在后台提供各种数据，商家可以根据访客数占比、浏览量占比、成交额占比、成交订单数占比、在售商品数、流量指数、供需指数等相关数据进行分析，适时调整上架商品的品类、品种和价格，提高店铺的销售业绩；四是给商家提供邮政大小包、商业快递、速卖通合作物流(如 AliExpress 无忧物流)等多种跨境物流方案，通过多条物流专线、9 个海外仓的优势能实现全球包裹 72 小时内送达的服务；五是给消费者提供多种支付方式，包括国际支付宝、PayPal、西联汇款、VISA 与 MasterCard 信用卡支付等。

(5) 盈利模式

速卖通的盈利模式包括三个方面：一是业务服务费，网站向跨境卖家推出 SEO 优化、广告宣传和直通车工具等付费服务，如直通车流量包付费服务价格 1 次为 1 元、直通车创意包 1 次为 500 元、直通车运营 1 次为 1 000 元、精细化直通车运营 1 次为 2 000 元、直通车托管代理代运营 1 次为 5 000 元；二是交易佣金，向网站消费者和卖家收取 5%的交易中介费；三是保证金，从 2020 年起速卖通不收取年费，而是通过支付宝国际账户提交保证金，进行担保交易，卖家违法违规时，可作为违约金予以扣除。

(五) eBay 的商业模式

1. 公司简况

皮埃尔·欧米迪亚(Pierre Omidyar)于 1995 年在美国加利福尼亚州创立了名为 Auctionweb 的 C2C 拍卖网站，提供收藏品信息交流和交易服务，1997 年更名为 eBay，并于 1998 年在纳斯达克上市。eBay 为了快速发展全球电商业务，先后于 2000 年收购了手机网站并发展手机端业务，于 2002 年以价值 15 亿元的股票收购了 PayPal 并发展线上支付业务，于 2003 年以 1.5 亿元现金收购了中国电子商务公司易趣网并推出了联名拍卖网站“eBay 易趣”。eBay 进入中国市场后在 C2C 平台领域不敌淘宝“免费模式”的竞争，在 2006 年与 TOM 集团合资成立“新易趣”，各持股 49%和 51%，由此“eBay 易趣”成为 TOM 集团的子公司，最终退出了中国市场，并开始进入 B2C 领域。由于市场竞争等因素，2014 年 PayPal 从 eBay 集团剥离，成立了独立公司。同时，eBay 于 2018 年终止与 PayPal 的合作，将 PayPal 竞争对手苹果和 Square 作为新的支付伙伴。目前，eBay 在全球拥有了 37 个站点，支持全球 20 多种语言，注册用户超过了 3 亿人，2019 年 1 至 3 月销售额超过 1.54 亿美元，成交量高达 320 万笔，成为全球最大的跨境电子商务平台之一。eBay 网站界面如图 3-4 所示。

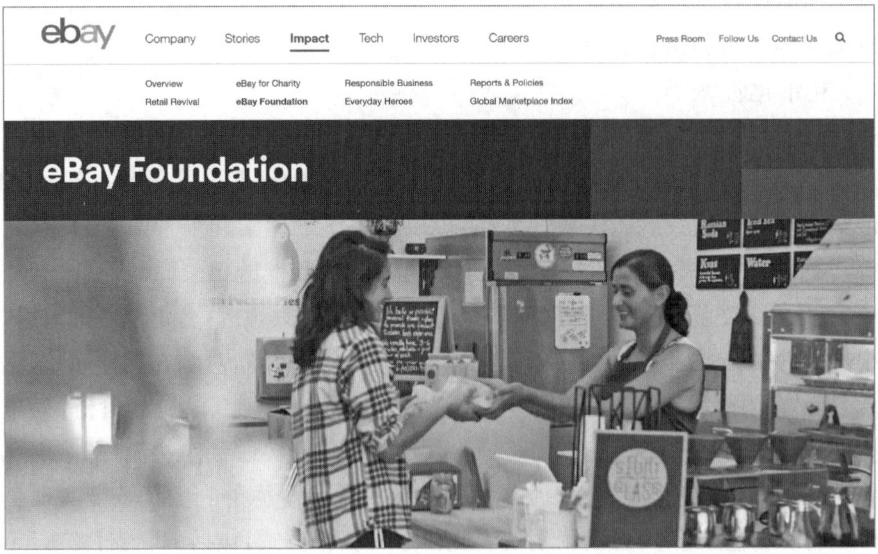

图 3-4　eBay 网站界面

eBay经过25年的发展,先后入选2019福布斯全球数字经济100强(位列第64位)、2019全球品牌百强(位列第44位)、2020年全球最具价值500大品牌(位列第234位)、2019全球上市互联网30强榜单(位列第18位)、《财富》发布2019改变世界的企业榜单(位列第50位)、Interbrand发布的2019全球品牌百强榜单(位列第4位)、2020全球最具价值500大品牌榜(位列第234位)。

2. 公司商业模式

eBay是以小型企业、大型零售商和消费者为中心,通过市场精准定位、产业链服务、精细化管理和移动商务技术,为全球客户提供个性化的体验,通过“小钱赚大钱”的模式获取商业利润。其基本内容有以下五个方面:

(1) 定位目标

打造一个线上和线下、全球小型企业、大型零售商和消费者集聚的,对接网上拍卖、电子商务、购物商场的C2C和B2C跨境电商平台。

(2) 客户细分

eBay的客户主要是在欧洲、美洲、亚洲和太平洋地区经济较发达的国家和地区,在消费者群体中,年龄在45岁以上的占到61%,其更注重商品的性价比,不太重视商品的品牌。

(3) 核心能力

eBay的核心竞争力是完善的跨境供应链,能够让小企业快速与全球上亿消费者进行信息交互,并进行线上交易。同时,eBay是全球移动商务先行者,提供苹果、安卓和Windows多个平台的设备,覆盖全球190个国家,支持8种语言,用户可以随时随地进行购物。

(4) 精细化管理

eBay的精细化管理表现为五个方面:一是提供机器翻译,输入本国语搜索关键字,能返回与关键字匹配、用英语描述的商品,使关键字更好地与品种描述匹配;二是提供多功能API工具,其中新商品属性API能简化刊登流程并提升卖家曝光率,竞品数据分析API能使得商家获取海量大数据,推荐API能提升卖家商品曝光率,支付API能提高卖家管理支付水平,批量折扣营销API能为卖家向正在浏览折扣商品的买家定向发送,议价API能提升卖家对订单的有效管理;三是提供第三方合作物流,包括中国国际e邮宝、EMS、DHL(国际快递服务)、TNT(国际快递服务)、UPS(美国运输服务)等,提供一揽子物流解决方案。例如,易递宝专线是由多国邮政与万邑通共同为eBay卖家提供轻小件商品经济型国际递送服务;UBI智能包裹澳大利亚专线是由利通智能包裹和澳大利亚邮政共同开发的方案,可以为所有包裹进行预清关;DHL电子商务德国专线8天完成递送,并能在线进行全程跟踪;四是提供苹果、Square、VISA、MasterCard等多种支付方式;五是成立跨境交易服务团队,提供跨境交易认证、在线培训、外贸论坛热线和业务咨询等一系列服务。

(5) 盈利模式

eBay根据卖家刊登产品的数量,将卖家划分为非店铺卖家和店铺卖家,不足40

个的为非店铺卖家。eBay 不向其收取费用；达到 40 个的为店铺卖家，eBay 需要向其收取费用。盈利模式包括四类：一是刊登费，是指发布一个商品时就需要支付相关标准的费用，从 0.25 至 800 美元不等；二是成交费，是指成交后按照成交总金额支付 7%至 13%不等的费用；三是特色功能费，是指卖家为刊登的商品添加特色功能、需要收取的费用；四是店铺费，是指向买家收取不同级别的店铺月租费。

第三节 跨境电子商务运输服务企业

跨境电子商务分为跨境贸易电子商务(B2B)和跨境零售电子商务(B2C、C2C)两大类，处于两个不同关境的贸易商、批发商、零售商和消费者在跨境电子商务平台达成交易后，需要选择运输服务企业，将成交的商品通过便捷的运输方式送达买家指定的目的地。

一、适合 B2B 交易的国际货运服务企业

B2B 交易的规模有大有小，大额 B2B 交易方通常在国际贸易合同中规定运输方式，因此在履行合同义务时，根据约定的交货方式和交货期限，选择国际海洋货物运输企业或国际航空货物运输企业或国际铁路货物运输企业或国际物流企业或国际货运代理企业。

(一) 国际海洋货物运输企业

国际海洋货物运输企业是指依据相关法律法规设立，在经营范围内开展海运大件货物运输、海运散杂货物运输、多式联运、海运集装箱和仓储等服务的法人组织。我国国际海洋货物运输服务市场主体可分为以下三种类型：

1. 国有航运企业

我国国有国际海洋货物运输企业主要有以下三大集团公司：

(1) 中国对外贸易运输总公司

中国对外贸易运输总公司成立于 1950 年，简称中外运，是我国专业进出口公司的国际货物运输总代理，除主营进出口货物海上运输以外，还从事航空运输、铁路运输、国际多式联运、汽车运输的订舱、配载、交接、报关、报检等代理业务，以及仓储物流活动等。

(2) 中国远洋运输总公司

中国远洋运输总公司成立于 1961 年，简称中远(COSCO)，从一家小型的国营船运公司，逐步发展成世界 500 强企业。

(3) 中国海运总公司

中国海运总公司成立于 1997 年，简称中海，在全球 80 多个国家或地区设有多个控股公司，拥有集装箱、油运、货运、客运、特种运输五大船队。2015 年经国务院批准

同意，将中海与中远重组为中国远洋海运集团有限公司，成为中国最大的船公司、船务代理公司以及国际物流公司、国际货运代理公司。

2. 外商独资航运企业

外商独资国际海洋货物运输企业主要有以下三大集团公司：

(1) 马士基集团

马士基集团(MAERSK)于1904年在丹麦哥本哈根成立，简称马士基，是全球最大的集装箱航运公司，还是世界著名的物流企业，入选2018年《财富》世界500强，并于1994年在北京成立了马士基(中国)航运有限公司。

(2) 达飞轮船集团

达飞轮船集团(CMA-CGM)于1978年在法国马赛成立，简称达飞轮船，是世界第三大船公司，并于1992年在上海成立了达飞轮船(中国)有限公司。

(3) 韩进海运有限公司

韩进海运有限公司(HANJIN)于1945年在韩国成立，简称韩进海运，由韩进集装箱班轮有限公司与大韩商船合并而成，是世界十大船公司之一，并于1995年在上海成立了韩进海运(中国)有限公司。

3. 其他航运企业

其他航运企业是指通过设立办事处等形式在我国开展国际海洋货物运输服务的外国船公司，主要有以下三大集团公司：

(1) 地中海航运公司

地中海航运公司(MSC)于1970年在瑞士日内瓦成立，是世界第二大船公司，并于1996年在中国香港成立了地中海航运(香港)有限公司，在深圳、广州、厦门、福州、中山、上海、杭州、青岛、天津、宁波、北京等地设有24个机构和码头办事处。

(2) 美国总统轮船公司

美国总统轮船公司(APL)于1848年在美国纽约成立，是世界十大船公司之一，在1984年成立了香港分公司，并于2000年在上海设立了总统轮船公司大中国区管理办公室。

(3) 商船三井株式会社

商船三井株式会社(MOL)于1999年在日本东京成立，由原大阪商船三井船舶株式会社、Navix Line合并而成，是世界十大船公司之一，从1994年起担任山东外运的日本代理。

(二) 国际航空货物运输企业

国际航空货物运输企业是指依据相关法律法规设立，在经营范围内开展普货空运、鲜活空运、急件空运、贵重品空运、化工品空运等服务的法人组织。我国国际航空服务市场主体可分为以下两种类型：

1. 国有航空企业

我国国有国际航空货物运输企业主要有以下三大集团公司：

（1）中国国际航空股份有限公司

中国国际航空股份有限公司于1988年在北京成立，简称国航，是中国航空集团公司控股的航空运输主业公司，入选2020年全球最具价值500大品牌榜。

（2）中国东方航空集团有限公司

中国东方航空公司于1988年在上海成立，简称东航，1993年重组为中国东方航空集团公司，并于2002年与中国西北航空公司、云南航空公司重组为中国东方航空集团有限公司，为全球第七大航空公司。

（3）中国南方航空股份有限公司

中国南方航空股份有限公司于1991年在广州成立，简称南航，1993年更名为中国南方航空（集团）公司，1995年成立了中国南方航空股份有限公司，机队规模居世界第三。

国有三大航空公司主营航空运输、快件，还经营仓储物流和货运代理等业务，并向多元化经营目标发展。

2. 其他航空企业

其他航空企业是指开通我国航线的外国航空公司。在全球具有较大影响的有以下六大国际航空货物运输集团公司：

（1）德国汉莎航空股份公司

1926年在柏林成立了汉莎航空，1933年更名为德国汉莎航空股份公司，简称汉莎航空或德航，为世界第四大航空公司，从1980年起重新开通了中国、欧洲直飞航线，在中国香港、北京、上海、青岛、沈阳、南京和广州等地设有航班，是中国市场上最大的欧洲航空公司之一。

（2）新加坡航空有限公司

新加坡航空有限公司于1947年成立，简称新航，为世界第六大航空公司，在中国北京、上海、广州、深圳和福州等地每天均有多家航班，其子公司胜安航空公司有到深圳、成都、重庆、杭州、昆明、武汉、长沙、厦门等地的航点。

（3）大韩航空株式会社

大韩航空株式会社于1969年成立，简称大韩航空，2005—2010年为全球航空货物运输排名第一，是全球著名的航空公司之一。1994年起，该公司在中国20多个城市开通了30条客运航线和多条货运航线，是在中国开设航线最多的国际航空公司。

（4）法国航空公司

法国航空公司成立于1933年，简称法航，是世界第二大货运航空公司，1966年与中国签署了航空运输协议，开通了上海、北京和武汉航线。

（5）全日本空输株式会社

全日本空输株式会社成立于1952年，简称全日空航空，是亚洲最大的航空公司之一，1987年开通了中国航线，覆盖北京、上海、大连、沈阳、青岛、成都、广州、杭州、厦门、武汉和天津等地，每周航班200多个。

(6) 荷兰皇家航空公司

荷兰皇家航空公司成立于1919年，简称荷航，是荷兰皇家航空集团的子公司，于1996年开通了北京、杭州、成都和厦门的航线，每周有20多个航班。

(三) 国际铁路货物运输企业

国际铁路货物运输企业是指依据相关法律法规设立，在经营范围内开展国际铁路运输、对香港地区铁路运输和内地铁路运输的营运，承担普通货物、冷链货物、整车快运等服务，实行独立核算的法人组织。

1949年我国成立了中央人民政府铁道部，1954年改为中华人民共和国铁道部，对全国铁路进行管理。2014年实行铁路政企分开，成立了中国铁路总公司，简称中铁，并于2019年改制成立了中国国家铁路集团有限公司，简称国铁，旗下有中铁集装箱有限责任公司、中铁特货运输有限责任公司和中铁快运股份有限公司等专业运输公司，从事国际集装箱铁路运输、国际铁路联运、中欧班列运输、“一带一路”国家跨境电商物流等业务。

(四) 国际物流企业

国际物流企业是指依据相关法律法规设立，在经营范围内开展跨境物流专线、国际汽车、海外仓、仓储、配送、货物加工等服务的法人组织。国际物流经营方式分为三种：一是第一方物流，是指由物资提供者自己向物资需求者送货，以实现物资的空间位移的过程，其中制造企业将自己生产的产品运送到客户手中的物流方式被称为供方物流，流通商家自己将商品送到客户手中的物流运作被称为销售物流；二是第二方物流，是指由物资需求者自己解决所需物资的物流运作，即制造企业或商家利用自己的运输工具、仓库和配送网络，负责产品或商品在供应商、仓库、零售店和客户之间的货物运输；三是第三方物流，是指专业物流公司为其他企业提供货物集运、仓储、选择承运人、存货管理、订单管理等一揽子附加增值服务，不参与交易，不具有对产品或商品的使用权。

我国国际物流服务市场主体分为以下三种类型：

1. 国有物流企业

我国国有国际物流企业主要包括以下三大集团公司：

(1) 中国远洋物流有限公司

中国远洋物流有限公司成立于2002年，是中远集团全资控股子公司，也是一家国际化第三方物流企业，在家电和电子物流、航空物流、化工物流、会展物流、电力物流、供应链管理、海运、空运、货代等业务领域为国内外客户提供全程物流解决方案。

(2) 中邮物流有限责任公司

中邮物流有限责任公司成立于2003年，隶属于中国邮政集团公司，是一家集仓储、封装、配送、加工、理货、运输和信息服务于一体的现代化综合性物流企业。

(3) 招商局物流集团有限公司

招商局物流集团有限公司成立于2000年，简称招商物流，是国有大型企业招商局集团有限公司全资下属子公司，物流业务涵盖了供应链管理的全过程，可根据客户要求提供危化品物流、医药物流、仓储管理、运输、配送、供应链管理等业务，是全国综合运营能力最强、资源配套最完善、品牌价值最高的第三方物流企业之一。

2. 民营物流企业

我国具有较大影响的民营国际物流企业如下：

(1) 青岛日日顺物流有限公司

青岛日日顺物流有限公司于2000年在山东青岛成立，简称日日顺物流，从一个企业物流转变为物流企业，发展至平台企业，从事普通货运、货运站(场)经营，大件物流服务、仓储服务，物流方案设计，搬运装卸等业务，依托先进的物流技术，整合全球一流的网络资源，搭建了专业化、标准化、智能化的物流服务平台。

(2) 前海转运四方现代物流有限公司

前海转运四方现代物流有限公司于2014年在深圳成立，简称转运四方，除了主营装卸业务、供应链管理、物流方案设计、物流信息咨询以外，还从事国际货运代理、进出口业务，在美国、日本、英国、德国、澳大利亚、中国香港等地拥有自营仓库。

(3) 锦程国际物流集团股份有限公司

锦程国际物流集团股份有限公司于1990年在大连成立，简称锦程物流，在全国设立了160多家分支机构，在全球设立了300多家海外代理，从事陆运、海运、空运、仓储、配送、快递等业务，还提供报关报检、货运保险等增值服务。

3. 外商独资物流企业

在外商独资国际物流企业中具有较大影响的公司如下：

(1) 捷富凯国际物流(中国)有限公司

捷富凯国际物流(中国)有限公司为法国标志雪铁龙集团的全资子公司，于2004年在北京成立，在母公司汽车物流的基础上经营海运、陆运和空运，包括揽货、托运、订舱、仓储、中转、集装箱拼装拆箱、结算运杂费、报关、报检、保险等服务。

(2) 伯灵顿货运代理(广州)有限公司

伯灵顿货运代理(广州)有限公司是美国最大的物流企业伯灵顿子公司，于2004年在广州成立，先开展增值仓储服务，并逐渐将经营范围延伸到国际货代等多种物流领域。

(五) 国际货运代理企业

1. 国际货运代理市场主体格局

国际货运代理企业是指依据相关法律法规设立，在经营范围内接受进出口货物收发货人的委托，以委托人的名义或以自己的名义为委托人办理订舱、仓储、配载、交接和报关报检等附加增值服务的法人组织。1950年至1983年期间，中国对外贸易运输总公司独占全国海运代理业务，1984年中远开始经营国际货运代理业务，打破了一家垄断的局面，1985年中国大通国际运输公司又在航空、铁路和多式联运等运输领域打破了由中国对外贸易运输总公司一家垄断代理的局面，1988年我国国际货运代理行业引入市场竞争机制。目前，我国国际货运代理市场主体形成了以下基本格局：

(1) 隶属运输集团公司的子公司

中国对外贸易运输总公司与中国远洋海运集团有限公司、三大国有航空公司、中国国家铁路集团有限公司和中国邮政集团有限公司围绕本公司的主营业务，先后设立了国际货运代理或国际物流有限公司，开展国际货代经营业务。

(2) 大型国际贸易集团公司的子公司

一些大型进出口贸易集团根据经营目标和自身专业优势，先后投资设立国际货运代理或国际物流有限公司，主营国际货代经营业务，如东方国际物流公司等。

(3) 国际货运代理公司

基于国际货运代理市场的发展趋势，外国企业在我国设立外商独资企业，如浙江查森货运代理有限公司、邦储国际货运代理(上海)有限公司等企业，从事海运、空运、多式联运、陆运进出口货物和过境货物的国际运输代理，包括揽货、订舱、托运、仓储、中转、集装箱拼装拆箱、结算运杂费、报关、报检、保险和运输咨询业务。

(4) 国际物流公司

国际物流公司的主营业务包括揽货、仓储、配送和海运、空运等货物运输业务，一些国际物流公司在其登记注册时将其业务链延伸到代理领域，将国内货运代理、国际货运代理作为经营范围的一部分。

2. 国际货运代理企业的级别

根据企业资信程度，国际货运代理分为一级货代、二级货代和三级货代。一级货代的资信程度最高，可以直接向国际海洋货物运输公司、国际航空货物运输公司和国际铁路货物运输公司订舱或车皮，并有美元发票；二级货代的资信程度次之，必须通过一级货代向国际海洋货物运输公司、国际航空货物运输公司和国际铁路货物运输公司订舱或车皮，没有美元发票；三级货代的资信程度最低，通常是指皮包代理公司。

二、适合 B2C、C2C 的国际货运服务企业

小额 B2C、C2C 交易商品的数量比较少，交易当事人通常会根据商品的性质、数量、重量和交货的时间与地点选择邮政企业或国际快递企业等。

(一) 邮政企业

邮政企业是指从事邮政通信生产经营活动，以满足社会对邮政通信的需要，实行独立核算的法人组织。

中国邮政企业开展跨境寄送服务有五个阶段：1980 年我国邮电部开办了国际邮政特快专递(EMS)业务，提供信件以及信件类物件的快递服务；1985 年成立了中国速递服务公司，经营国际与国内邮件寄递、国内与国际快递等业务；1998 年成立了国家邮政局，2007 年实施了邮政政企分开，成立了中国邮政集团公司，2008 年成立了中国邮政速递物流公司，整合全国速递与物流业务；2010 年中国邮政集团公司对中国邮政速递物流公司进行了改制，成立了中国邮政速递物流股份有限公司，为全球 200 多个

国家或地区提供快递服务；2019年中国邮政集团公司改制为中国邮政集团有限公司，简称中国邮政，以邮政、快递物流、金融、电子商务等为主业，实行多元化经营。

（二）国际快递企业

国际快递企业是指依据相关法律法规设立，在经营范围内在两个或两个以上国家或地区之间传递信函、商业文件及物品的递送业务，收取服务费用的法人组织。我国快递行业经过40多年的发展，形成了国有企业、民营企业、合资企业和外商独资企业四大市场主体，呈现出多元混合的发展模式。

1. 国有快递企业

中国对外贸易运输总公司与中国远洋海运集团有限公司、三大国有航空公司、中国国家铁路集团有限公司和中国邮政集团有限公司，先后拓展了国际快递业务，并投资成立了国际快递子公司。例如，1978年中国对外贸易运输总公司与日本海外新闻普及株式会社签订了快件代理协议，成立了中远快递有限公司；1996年中国航空集团成立了民航快递有限责任公司；1997年中国铁路总公司成立了中铁快运股份有限公司；2010年中国邮政集团公司成立了中国邮政速递物流股份有限公司。

2. 民营快递企业

民营国际快递企业的代表主要有顺丰控股股份有限公司和申通快递有限公司等企业。顺丰控股股份有限公司于1993年在广东成立，简称顺丰速递，主营快递服务、快运服务和冷链运输服务，采用直营经营模式，为客户提供仓储管理、销售预测、大数据分析、金融管理等一揽子解决方案，2019年12月18日获美国交通运输部批准，在中美两国城市之间开通定期或包机货运航班，是一家国内领先的快递物流综合服务商。申通快递有限公司于1993年在上海成立，简称申通快递，主营国内快递、国际快递、普通货运、仓储服务、装卸服务、国际货运代理等业务，建立了全球海外仓服务体系，为跨境电子商务提供从头程运输、清关、仓储管理、库存管控至订单处理、物流配送和信息反馈等一条龙供应链服务。

3. 合资快递企业

中外合资国际快递企业的代表主要包括：1986年中国对外贸易运输集团总公司与美国敦豪航空货运公司各投资50%，成立了中外运—敦豪国际航空快件有限公司；2006年联邦快递与天津大田集团有限公司合资成立了大田—联邦快递有限公司。

4. 外商独资快递企业

外商独资国际快递企业的代表主要包括：1988年Thomas National Transport（TNT）在中国设立的TNT快递公司；1988年联合包裹速递服务公司与中国对外贸易运输总公司签订了快件代理协议，各投资50%，成立了中外运—联合包裹速递有限公司，2005年联合包裹速递服务公司收购了中外运50%的股权，变成了一家外商全资企业。

（三）国际快递企业与国际物流企业的区别

国际快递企业是从国际物流行业中分离出来的，两者既有联系，又有区别。主要表现为三个方面：一是服务对象不同，快递企业服务的主要对象为个人，物流企业的服务对象主要是企业；二是运送对象不同，快递企业运送 50 千克以下的小件货物，物流企业运送大型货物；三是服务模式不同，快递企业由各个网点的快递员上门揽货，物流企业是接受客户的委托，指派集装箱卡车上门装运货物。

第四节　跨境电子商务支付服务企业

跨境电子商务支付企业是指根据所在国家法规具备相关资质的商业银行和第三方支付企业，在指定的经营范围内，通过在线支付系统为跨境电子商务交易当事人提供结售汇、收发汇等金融服务的机构。跨境电子商务支付企业根据跨境电子商务的贸易方式、对象和金额可以分为银行金融机构和非银行支付机构两大类。

一、银行金融机构

银行金融机构简称银行，是依法成立的经营货币信贷业务的独立法人组织。为跨境贸易电子商务提供外汇收付与结售汇等业务的金融机构是商业银行。

（一）银行金融机构的资质

根据海关总署于 2018 年 4 月 13 日发布的《关于规范跨境电子商务支付企业登记管理》的相关规定，提供跨境电子商务支付服务的银行机构应当向海关办理注册登记或信息登记手续，并提交由监管部门颁发的“金融许可证”复印件。

（二）商业银行的类型

商业银行根据性质不同可以分为以下三种类型：

1. 国有商业银行

国有商业银行是指由国家直接管控的中国银行、工商银行、农业银行、建设银行和交通银行五大金融机构。以中国银行为例，其经营范围包括外汇存款、外汇贷款、外汇汇款、外币兑换、信用证、托收、外汇票据的承兑和贴现、结汇、售汇、外汇信用卡发行等业务，并推出了电子银行。电子银行是整合国内和海外、个人与企业服务的先进的系统处理平台，为企业搭建安全便捷的账户管理、资金汇划和投资服务通道。

2. 股份制商业银行

股份制商业银行是以集股经营的方式自愿结合的一种企业组织形式。全国性股份制商业银行有招商银行、中信银行、中国光大银行、华夏银行、中国民生银行、兴业银行、广发银行、平安银行、上海浦东发展银行等。以招商银行为例，其经营范围主要是外汇存款、外汇贷款、外汇汇款、外汇兑换、国际结算、结汇、售汇等业务，通过“跨境商贸通”为企业提供跨境支付结算、汇兑交易等金融服务，包括汇出汇款、汇入汇款、网上国际信用证、网上汇出汇款、网上汇入汇款、网上即期结汇、网上外汇买卖等业务。“跨境商贸通”是全流程跨境金融在线服务平台，支持电脑 PC 端、手机端等多终端切换使用，能随时随地办理跨境支付业务。

3. 外资商业银行

外资银行是指在中国境内由外国独资创办的银行。外资银行有汇丰银行（中国）有限公司、渣打银行（中国）有限公司、花旗银行（中国）有限公司、苏格兰皇家银行（中国）有限公司和三菱东京日联银行（中国）有限公司等。这些外资商业银行在全球所属各家银行之间，通过人民币跨境支付系统开展清算业务，满足企业和个人的人民币支付结算的需求。

二、非银行支付机构

非银行支付机构是指依法取得中国人民银行颁发的支付业务许可证和跨境支付业务许可证，获准办理互联网支付业务，包括货币汇兑和互联网支付等服务，经国家外汇管理局核准，并在海关办理注册登记或信息登记手续的法人组织。其主要有以下两种类型：

（一）第三方支付企业

第三方支付企业又称第三方支付平台，是指依法获准办理互联网支付业务，并独立于商户和银行为境内外的消费者提供支付金融服务的法人组织。国内外具有较大影响的第三方支付企业有以下 13 家：

1. 国内第三方支付企业

（1）支付宝

支付宝（中国）网络技术有限公司简称支付宝，成立于 2004 年，获得首批支付业务许可证和跨境支付业务许可证，与国内外 180 多家银行以及 VISA、MasterCard 国际信用卡组织等机构建立战略合作关系，经营互联网支付、移动电话支付、银行卡收单、预付卡发行与受理（仅限于线上实名支付账户充值）等服务，并于 2019 年获得首批国家认证，2020 年 1 月全球用户超过 10 亿人，是世界上最有影响力的第三方支付平台之一。

（2）财付通

深圳财付通科技有限公司简称财付通，成立于 2005 年，获得首批支付业务许可证和跨境支付业务许可证，与美国运通合作开展网购跨境支付业务，与境外 20 个国家或地区的上百家商户确定了合作关系，经营范围包括电子商务、电子支付、支付结算、在线数据处理与交易业务和互联网信息服务业务等，提供在线交易支付和收款服务，全球用户超过了 2 亿人，在国内第三方支付平台中仅次于支付宝。

（3）汇付天下

汇付天下股份有限公司简称汇付天下，成立于 2006 年，获得首批支付业务许可证和跨境支付业务许可证，国内外合作机构达 392 家，经营范围包括为银行卡支付、结算业务提供技术平台，网上提供信息服务等，能够满足小微商户和垂直行业的支付服务、账户服务、资金管理、预测式营销、数字化运营等业务需求。2019 年，汇付天下跨境及国际业务完成交易量 501 亿元，同比增长 148%，在国内第三方支付平台中位列第三。

(4) 通联支付

通联支付网络服务股份有限公司简称通联支付，成立于 2008 年，获得首批支付业务许可证和跨境支付业务许可证，经营互联网支付、固定电话支付、银行卡收单、预付卡受理等业务服务，为企业和个人的支付、转账等业务提供技术平台，2017 年荣登胡润中国新金融 50 强。

(5) 快钱

快钱支付清算信息有限公司简称快钱，成立于 2004 年，获得首批支付业务许可证和跨境支付业务许可证，全球有 400 余万商业合作伙伴，对接 100 多家金融机构，经营互联网支付、移动电话支付、银行卡收单等服务。快钱已覆盖逾 4 亿个人用户，在国内第三方支付企业中位列第五。

(6) 易宝支付

易宝支付有限公司简称易宝支付，成立于 2003 年，获得首批支付业务许可证和跨境支付业务许可证，有 100 余万商业合作伙伴，对接 100 多家金融机构，经营范围包括互联网支付、移动电话支付、货币汇兑、银行卡收单和贸易进出口等。

(7) 连连支付

连连银通电子支付有限公司简称连连支付，成立于 2003 年，2011 年获支付许可证，2015 年获批“跨境外汇支付业务试点批复”，2019 年获批“支付机构外汇业务名录登记”，具备第三方支付及跨境支付服务资质，提供移动支付、跨境支付、欧洲 5 国 VAT 直缴等业务，目前已支持全球数十家电商平台，覆盖全球 100 多个国家和地区。

2. 国外第三方支付企业

(1) PayPal

PayPal 是美国在线支付服务商，成立于 1998 年，是全球领先的在线支付工具，提供转账、付款或收款服务，适用于信用卡、借记卡和电子支票等支付方式，支持 100 多个币种，覆盖全球 85%的买家，用户超过 2.5 亿人，并于 2019 年进入中国支付服务市场，成为首家外资机构，入选“2019 福布斯全球数字经济 100 强”(位列第 33 位)，入选 Interbrand 发布的全球品牌百强榜(排名第 72 位)。

(2) SOFORT

Sofortbanking 简称 SOFORT，是德国在线支付服务商，成立于 2005 年，支持德国、奥地利、比利时、荷兰、瑞士、波兰、英国、意大利等 16 个国家的银行在线转账支付，拥有超过 3 万家商家用户，是欧洲地区最主要的在线跨境支付平台。

(3) POLi

Polipayments 简称 POLi，是澳大利亚在线支付公司，成立于 2004 年，支持澳大利亚和新西兰 21 家银行，适用欧元和美元，是澳大利亚、新西兰的商家和消费者最常用的在线支付平台，年交易额已经超过 10 亿美元。

(4) MOL

MOL Global 简称 MOL，是马来西亚在线商品和服务电子支付平台，覆盖全球 13

个国家约 100 万个销售点，接受 94 家国外银行在线支付和信用卡业务，在马来西亚、泰国、土耳其、菲律宾、巴西、印尼和越南等国家都占有相当大的市场份额，是东南亚最大的电子支付平台之一，2018 年被新加坡游戏硬件制造商雷蛇(Razer)全资收购。

(5) QIWI

QIWI Wallet 简称 QIWI，是俄罗斯最大的第三方支付平台，成立于 2007 年，覆盖欧洲、亚洲、非洲和美洲 22 个国家的跨境支付业务，支持美元、卢布、欧元、哈萨克斯坦坚戈四种货币，预付卡受理、电子货币交易、银行转账等业务能一键完成，并于 2013 年在纳斯达克成功上市。

(6) CashU

CashU 成立于 2002 年，隶属于阿拉伯门户网站 Maktoob，2009 年被雅虎收购，主要经营在线购物、游戏支付、电信、IT 服务和外汇交易等业务，涵盖全球 28 个国家，支持各国货币支付，深受埃及、阿联酋、沙特、利比亚、科威特等阿拉伯国家的欢迎，目前也被中东和独联体广大网民所使用。

(二) 国际汇款公司

国际汇款公司是指在国外依法设立的，提供汇款、取款服务的金融机构。国际汇款公司不是以汇款公司的身份直接提供汇款服务，而是通过中国代理银行在指定系统传输汇款信息至收款人所在地的代理银行，收款人在得到汇款人的电话通知后到当地代理银行进行取款。在国内具有较大影响的国际汇款公司主要有以下 3 家：

1. 西联国际汇款有限公司

西联国际汇款有限公司简称西联，成立于 1995 年，是全球最大的汇款机构，拥有全球最先进的电子汇兑金融系统，在 200 多个国家和地区有代理网店，我国的建设银行、农业银行、光大银行、浦发银行等多家银行是西联国际汇款公司的合作伙伴。

2. 速汇金国际有限公司

速汇金国际有限公司简称速汇金，是全球第二大汇款机构，覆盖全球 190 多个国家和地区，设立 20 多万个网点，与我国中国银行、工商银行、交通银行、中信银行、建设银行、银联电子支付建立合作伙伴关系，在全国 26 个省份开展全球汇款、汇票和支付等服务，2017 年被阿里巴巴旗下蚂蚁金服收购。

3. 加拿大特快汇款有限公司

加拿大特快汇款有限公司简称特快汇款，成立于 2003 年，拥有最先进的全中文电子汇兑系统，在英国、阿联酋和中国香港等国家和地区均有营业网点，成为当地华人汇款的首选。

阅读思考

新增市场主体逆势增长成为创业创新活力的重要标志

据《2020 中国企业发展数据年报》数据显示，我国新增注册市场主体 2 735.4 万家，同比增长12.8%。截至2021年2月，目前我国共有在业/存续的市场主体1.44亿家，其中企业4 457.2万家、个体工商户9 604.6万家。从企业注册量的地区分布来看，江苏、广西、福建、海南四省依次分别排列前四位；从注册业态分布来看，电商直播、跨境电商比较突出，电商直播相关注册企业同比增长879%，跨境电商相关注册企业同比增长62%。据商务部网站数据显示，2021年1-4月新增对外贸易经营者备案61 655家。新增市场主体规模成为创业创新活力的重要标志。

根据本章跨境电子商务市场主体相关内容的学习，结合上述新增市场主体的规模和特点，请你分析国家提出“大众创业，万众创新”，对促进社会经济发展、实现国富民强的积极意义。

思考与实践

一、思考题

1. 简述跨境电子商务市场主体的类型及其含义。
2. 简述跨境电子商务交易企业“多证合一”证照申领的流程及其内容。
3. 简述第三方跨境电子商务平台企业的内涵及其资质。
4. 简述适合B2B的国际货物运输服务企业的类型。
5. 简述中国邮政企业开展跨境寄送服务的概况。
6. 简述国际快递企业与国际物流企业的区别。
7. 简述跨境电子商务支付服务企业的含义及其类型。
8. 简述非银行支付机构的含义及其类型。
9. 简述国际汇款公司的含义以及在国内具有较大影响的国际汇款公司。
10. 简述第三方支付企业的含义以及在国内外具有较大影响的我国企业。

二、实务题

1. 编制亚马逊网络电子商务公司简报

登录亚马逊网络电子商务公司官网，根据简报要求查找相关信息，并分别进行填写，增强对跨境电子商务第三方平台企业的认识。

亚马逊网络电子商务公司简报

小组名称：　　组员姓名：　　完成日期：

公司创立信息	
公司发展历程	
公司经营主业	
公司获得荣誉	

2. 编制跨境电子商务企业商业模式简报

请选择一家国内跨境电子商务平台，登录其官网，了解该企业商业模式，并根据简报的要求填写相关信息，增强对商业模式的认识。

____________ 跨境电子商务商业模式简报

小组名称：　　　　组员姓名：　　　　完成日期：

公司简况	
商业模式	
盈利模式	

第四章　跨境电子商务平台

学习目标

- 了解跨境电子商务自营网站的功能及备案申请
- 熟悉第三方跨境电子商务平台盈利模式的内容
- 明确第三方跨境电子商务平台经营者的义务
- 掌握跨境电子商务网店的装修和营销方式与手段
- 具备对自营电子商务网站和第三方跨境电子商务平台的认知

随着全球经济一体化的深入发展，计算机、互联网、大数据、人工智能等技术在国际贸易领域中的应用，各国间的货物买卖出现了线上、线下两种交易形式，其中通过跨境电子商务平台进行在线交易已经越来越被外贸企业重视，有的企业创建跨境电子商务自营网站，有的企业入驻第三方跨境电子商务平台开设店铺，开展线上营销，寻找更多的商机。

第一节　跨境电子商务自营网站

跨境电子商务自营网站简称自营网站，是指外贸企业委托专业公司基于计算机、互联网、大数据和人工智能等技术搭建闭环交易系统的营销型网站。跨境电子商务自营网站具有全球化、交互化和个性化特点，主要适合 B2B 交易模式。外贸企业可以通过自营网站在线发布商品交易信息，即时交易磋商，达成一致意见后订立电子合同。

一、跨境电子商务自营网站设计

（一）自营网站设计的要求

自营网站是外贸企业向全球推广品牌、展示产品及服务的重要窗口，也是寻求交易机会的重要途径。自营网站应根据企业的市场定位、经营理念、商品特色、境外买家访问习惯等进行设计，做到网站风格别致、导航栏清晰合理、功能齐全有效，能让境外买家获得良好的体验。

（二）自营网站设计的内容

自营网站设计是一个系统方案，主要内容包括以下四个方面：

1. 确定网站的独立域名

域名是自营网站的门牌号码和办公地址，注册域名是外贸企业在互联网上唯一的标识。域名分为以下四种类型：

(1) 顶级域名

顶级域名由两部分构成：一是国家顶级域名，如中国“cn”、美国“us”等；二是国际顶级域名，包括工商企业的“. com/. top”、网络提供商的“. net”、非营利组织的“. org”等。

(2) 二级域名

二级域名是指顶级域名之下的域名。国家顶级域名下的二级域名是注册企业类别符号，如 com/top/edu/gov/net；国际顶级域名下的二级域名是域名注册人的网上名称，如 ibm/yahoo/microsoft。

(3) 三级域名

三级域名包含 26 个英文大小写字母、0-9 位数字和半角的连接符“-”，最多可以注册 63 个字符。

(4) 国家代码

国家代码是由两个字母组成的国家顶级域名。

通常境外买家喜欢登录顶级域名的网站，外贸企业选择一个由英文单词或者英文单词首字母组合的顶级域名，这样不仅能吸引境外买家的关注，还有利于其快速记忆，从而增加自营网站的访问率。

2. 确定服务器及地址

(1) 选择服务器

自营网站的服务器有两种类型：一是虚拟主机，是用于存放网页的地方，相当于公司的办公场所，操作简单，提供自动化管理工具，可以支持一般流量的网站；二是虚拟专用服务器(Virtual Private Server，VPS)，一台服务器可以分割成多个虚拟专用服务器，需要自己安装服务器控制板和其他一些设置。两者的区别是：虚拟主机好比租的房屋，房东配置了家具、家电，租房者只需要合理放置自己的东西即可，加个独立 IP 地址就成了固定住址；VPS 好比买的房屋，加个独立 IP 地址就是该房屋中的房间号，并需要自己对房间进行装修，配置家具。

(2) 选择服务器地址

自营网站的服务对象是全球商家客户，网站最好选择国外不限空间和容量的服务器，可以自动升级，确保网站的开启速度。同时，国外服务器无须备案，可以直接开通使用，而且对境外买家的访问速度也比较快。

3. 确定自营网站的功能

自营网站设计应包括五个方面的功能：一是在网页载体上通过文字、图表、动画和视频等形式，向全球买家发布商品销售信息，全面地展示商品的特色和功能，列明交易条件；二是网站设置洽谈与签约的专门工具，如在线语音、留言服务，在线签约平台等；三是网站支持文字、视频、音频和图像等内容检索，在搜索引擎上搜索相关关键词，能让境外买家快速准确地找到目标信息；四是网站设置货物托运、货运保险、仓储配送、支付结算等功能，提供便捷的一体化服务；五是网站能接受境外买家的各种咨询，能通过人工智能技术进行即时答疑与互动，为客户提供精准的解答或具体的建议。一个互动性强、客户体验好的自营网站，不仅能提高网站的权重和排名，促进商品销售，还可以通过境外买家对网站访问与搜索行为的分析，调整外贸企业的营销策略，提升销售业绩。

4. 确定自营网站的风格

自营网站的风格着重体现在四个方面：一是网站应根据商品的类型、特征、功能和使用场景选择适宜的颜色，进行个性化的布局，起到良好的烘托效应；二是网站主页标题要选择合适的关键词，达到快速推广和排名的目的，并配有展示企业或商品的特色与优势的文字和图片；三是网站内页的主栏和子栏中加上与商品特色对应的标题，层次清晰，突出内涵，并设计一个评论框，起到正面引导境外买家购物的作用；四是网站主页的关键词要体现商业模式，网站内页的关键词要围绕内部页面的主题进行设置，有利于搜索引擎的排位。

二、跨境电子商务自营网站发布

自营网站发布有以下四个步骤：

（一）自营网站域名注册

自营网站域名注册应遵循先申请先注册的原则，其注册有两个环节：一是提交申请，申请人先登录域名注册电子商务独立网站，输入外贸企业的域名，如果页面显示查询结果为“未注册”状态，方可进行申请，并发送身份证、营业执照等电子申请材料；二是域名注册审核，网站系统自动对申请材料进行审核，如果域名符合《中国互联网络域名管理办法》的要求，域名注册信息通过国家权威部门的数据验证，申请资料与“WHOIS查询”系统中的注册信息相匹配的，即可通过审核。

（二）自营网站备案

办理自营网站备案手续有四个环节：一是在线申请，申请人登录信息产业主管部门网上工作平台，点击“网站备案”，在网站备案界面中点击“备案申请”，在“经营性网站备案申请书”界面中输入自营网站名称、域名、IP地址、管理负责人、ISP提供商、服务器所在地地址、联系办法等相关信息，完成后点击“提交”，并打印；二是提交材料，申请人向属地工商行政主管部门发送加盖网站所属企业公章的“经营性网站备案申请书”“营业执照”“域名注册证”和“ICP许可证”影印件；三是受理备案，工商行政主管部门在线接受自营网站申请材料，并进行全面审核，确认内容齐全、符合形式的，予以受理备案；四是颁发备案证书，工商行政主管部门对符合备案申请的网站进行公告，公告期满无异议的，向申请人发放网站备案电子证书和经营性网站备案电子标识。申请人应当将经营性网站备案电子标识安装在自营网站首页的右下方，并将其链接到网站备案电子证书和属地工商行政管理部门“经营性网站备案信息”数据库，以供公众查询。

(三) 网页制作

自营网站由多个网页组成,包括首页、子页面等。首页在网站中具有重要地位,结构应当简洁,颜色以暖色调为主,标题要突出重点,内容应简明扼要,图片需清晰,当浏览者打开网站时能产生喜爱之情。子页面采用引导式的,要与内容结合紧密,每一页都要有"返回首页"的链接。

(四) 自营网站发布

自营网站在发布前需要对网站的链接、功能和图片显示等内容进行测试,然后将域名的 DNS 解析到网站空间的 IP 地址上,再通过 FTP 软件将所有网站文件从测试服务器传到正式服务器中,即可正式对外发布。

三、跨境电子商务自营网站的作用

自营网站从 2006 年兴起,由于敦煌网、亚马逊和速卖通等跨境电子商务第三方平台的诞生,外贸企业渐渐认识到在第三方平台上可以以更低的成本获取更多的流量,加上网站开发与运营成本降低,尤其是具有品牌的自营网站获得了良好的口碑,产生了良好的经济效益,带动了自营网站建设的兴起。建设自营网站有以下三个方面的作用:

(一) 增强商品营销力度

自营网站营销模式是为不同关境的买家与卖家提供在线交易平台,通过大数据和人工智能技术记录浏览者的信息,可以直接在线与买家进行交流,提供专业化、多元化、个性化的全方位服务。同时,自营网站还能记录与买家的交易信息,有利于其开展精准营销。

(二) 降低营销经营成本

自营网站经营模式是基于互联网所开展的虚拟商务活动,处于不同关境的商家的计算机只要支持 TCP/IP 协议,就可以连接互联网,浏览网站商品交易服务信息,在线进行洽谈与交易,签订电子合同。虚拟商务活动的特征是以信息流代替实物流,如网页商品展示取代了传统外贸企业外销商品展示厅,电子合同与电子单证取代了纸质合同与纸质单证,电子信息在线发送取代了纸质信息线下传递。对外贸企业来说,营销经营成本的降低是十分明显的。

(三) 树立企业品牌形象

外贸企业通过自营网站宣传企业文化、经营理念,可以快速提升商家客户对跨境电子商务卖家的美誉度,并通过专业化、多元化、个性化的全方位优质服务,使得跨境电子商务买家获得良好的体验,从而形成对外贸企业的认可度。美誉度和认可度是企业品牌形象的基础,也是对外贸企业的一种赋能。

第二节　第三方跨境电子商务平台

第三方跨境电子商务平台是独立于跨境电子商务买家与卖家之外的,为跨境贸易、批发、零售境内外卖家或买家提供在线交易服务的载体。其适合中小微外贸企业小额 B2B 与 B2C，以及个体商户之间的 C2C 等交易模式。

一、第三方跨境电子商务平台概述

(一) 第三方跨境电子商务平台的特征

第三方跨境电子商务平台具有三个方面的特征：一是集成性，依托通信技术、计算机技术和网络技术在虚拟网络平台上集聚境内外商家的供需信息，实现数据信息共享，增强交易信息的透明度，提高交易成功率；二是安全性，在商品信息发布、交易磋商、确认订单、货款支付、物流配送等交易服务的过程中，通过大数据、区块链和人工智能等技术的应用，最大限度地防范交易风险的产生；三是独立性，不参与跨境贸易当事人之间的交易活动，仅提供相关性服务，为交易搭建桥梁，确保交易公平公正。

(二) 第三方跨境电子商务平台的功能

在跨境电子商务活动中，第三方跨境电子商务平台具有以下三种主要功能：

1. 营销推广服务

营销推广服务功能表现为四个方面：一是提供付费或免费的店铺，通过页面设计展示跨境卖家的经营理念、商品与服务特色，提升宣传力度；二是提供 BANNER 广告、弹出广告、漂浮广告和软文营销等工具进行促销，促进商品推广；三是提供搜索引擎工具，让产品获得更多的曝光率，带来更多的优质买家；四是提供引流工具，店铺产品将在类目/关键词搜索列表结果页及店铺列表页突出显示，增强吸引力，提高店铺流量。

2. 咨询情报服务

咨询情报服务功能主要有两个方面：一是设立海外展示中心，通过市场商情、进出口信息发布等功能模块，快速对接跨境电子商务买家，实现贸易最大化；二是提供店铺经营核心数据，并进行商铺解析，监控店铺发展，预测市场变化趋势，挖掘行业潜力。

3. 在线交易服务

在线一站式服务主要包括商品展示、商品交易、货款支付、货物配送、外语翻译、金融服务等内容，能够轻松、便捷地完成每笔交易。

(三) 第三方跨境电子商务平台的作用

第三方跨境电子商务平台的作用主要表现为三个方面：一是能降低经营成本，跨境电子商务卖家通过第三方跨境电子商务平台进行销售，能以销定产、以产定供，最大限度地控制库存，降低企业的经营管理成本；二是能增加商机，跨境电子商务卖家通过第三方跨境电子商务平台发布商品信息，不受时空的限制，还可以利用平台提供的搜索引擎优化等工具进行推广，比传统国际贸易渠道更畅通、更有效，成交概率也就更大；三是能推进中小微外贸企业进入国际市场，第三方跨境电子商务平台降低了国际贸易门槛，不再像传统国际贸易业务那样难做，吸引了众多中小微外贸企业参与国际贸易。

（四）第三方跨境电子商务平台的赢利方式

第三方跨境电子商务平台的主要收入来源有五个部分：一是年费，向注册平台的跨境电子商务卖家收取，并提供基本服务；二是广告费，提供不同的广告服务，并收取不等的广告费；三是增值服务费，提供企业认证、独立域名、行业数据分析报告、搜索引擎优化等增值服务项目，并收取相应的服务费用；四是佣金，按逐笔交易额的2%-7%收取费用，跨境电子商务卖家不再支付年费；五是按效果付费，根据跨境电子商务买家实际有效的询盘来收取费用，卖家不再支付年费。

（五）第三方跨境电子商务平台评级榜位排名

根据我国电子商务专业消费调解平台“电诉宝”用户维权案例库的数据显示，2019年第三方跨境电子商务平台消费评级榜位排名，依次为海淘1号、考拉海购、小红书、丰趣海淘、亚马逊中国、洋码头、寺库、86mall、海狐海淘、Feelunique、聚美优品、莎莎网、Wish、海淘免税店、别样海外购、德国w家、天猫国际、西集网、海豚家、德国BA保镖商城。

二、第三方跨境电子商务平台的选择

（一）第三方跨境电子商务平台的类型

第三方跨境电子商务平台主要分为以下两大类型：

1. 垂直类和水平类

垂直类第三方跨境电子商务平台是指为同行业内的上下游商家提供交易，其特点是专业性强、目标客户明确，如中国服装网、全球五金网、环球塑化网、中国鞋网、中国化工网等。水平类第三方跨境电子商务平台是指为多个行业的商品品类提供交易服务，如敦煌网、速卖通、亚马逊等。

2. 自营类和开放类

自营类跨境电子商务平台是指外贸企业自建闭环交易系统的独立网站，其特点是适合大额贸易的B2B交易模式。开放类跨境电子商务平台是指为跨境电子商务卖家与买家提供小额贸易、批发、零售在线交易服务的第三方跨境电子商务平台。

（二）第三方跨境电子商务平台选择的依据

中小微外贸企业由于资金、技术和人员条件的限制，往往通过第三方跨境电子商务平台开展跨境电子商务交易。选择第三方跨境电子商务平台的依据主要有五个维度：一是根据本企业的经营目标、市场定位和目标客户选择不同国家或地区的B2B或B2C开放类跨境电子商务平台；二是根据硬件技术、安全性能和交易服务功能，选择一站式服务的开放类跨境电子商务平台；三是根据建站时间、企业文化、客户规模、流量大小，选择具有全球品牌的开放类跨境电子商务平台；四是根据研发能力、创新能力，选择能不断适应市场变化的开放类跨境电子商务平台；五是根据商业模式、运营特点和主要交易商品的品类，选择适合本企业产品的开放类跨境电子商务平台。

三、第三方跨境电子商务平台网店装修

网店是以第三方跨境电子商务平台为载体，由首页和详情页构成，经过个性化的装修成为跨境电子商务买家、卖家展示销售商品、浏览商品信息、选购商品的虚拟店铺。网店装修主要有以下两个方面：

(一) 网店首页设计

首页是店铺的门面，由店标、店招、促销区、展示区和信息区构成。店标是店铺的标志，用图案标志展示店铺的经营理念，通常放在店铺左上角；店招设在店铺的上方，是店铺的招牌、网店的名称，有统一的要求；展示区主要通过图片或视频展现商品品类、单品及款式；促销区是用于发布当下或近期的产品促销信息；店铺信息区主要介绍企业的经营理念、经营内容和经营特色。首页的设计要显示个性化经营的要素，凸显店铺的名称，产品展示应当图文并茂，首页色彩搭配要与店铺主题相符。一个具有色彩感、艺术感和个性化特质的首页，能为跨境电子商务买家带来美的享受，具有较强的吸引力，从而也能树立企业良好的品牌形象，增加交易的信任感。

(二) 网店详情页编辑

详情页是对首页展示区中每个商品展开详细介绍的主图与文字组合的页面，起到良好的导购作用，是网站流量和订单的入口。

1. 详情页设计的依据

详情页设计应当关注“四个度”：一是增加对跨境电子商务卖家的信任，信任度是交易是否成功的重要前提；二是引导跨境电子商务买家对销售商品有一定的认知，认知度是交易是否成功的关键因素；三是感知到跨境电子商务卖家提供服务的多元化，便捷度是交易是否成功的基本因素；四是激发跨境电子商务买家对销售商品购买的热情，热情度是交易是否成功的转变因素。“四个度”是不可分割的有机统一体，只有这样，商品详情页的作用才能发挥，并能有效提升交易的概率。

2. 详情页设计的元素

商品详情页的设计要围绕购物心理活动的路径展开，涉及四个方面的内容：一是品牌元素，展示企业的信誉水平、认证资质、服务评价等相关信息；二是商品元素，展示商品名称、商品组图、品质规格、数量价格、工艺功效、使用场景等信息；三是服务元素，提供售前咨询、运输配送、支付方式、售后服务等相关内容；四是促销元素，包括促销信息、促销标签、优惠信息、返利、奖励和赠品等手段。

四、第三方跨境电子商务平台经营者的义务

(一) 经营者的类型

通过第三方跨境电子商务平台开展交易的经营者有以下两种类型：

1. 平台经营者

平台经营者是指具备相应的经营资质，在指定的经营范围内按照特定的服务和交

易规范，凭借拥有的电商平台为中小商家、个体商家提供商品交易或服务的第三方跨境电子商务平台企业，如境内的敦煌禾光信息技术有限公司、境外的亚马逊等。

2. 平台内经营者

平台内经营者是指入驻第三方跨境电子商务平台，并通过该平台销售商品或者提供服务的经营者，包括境内外的批发商、零售商、贸易公司、个体商家、国际物流公司、国际货运代理公司、支付机构等企业。

(二) 经营者的义务

1. 平台经营者的义务

平台经营者的主要义务有以下七个方面：

(1) 制定平台交易规则

平台经营者应当遵循公开、公平和公正的原则制定平台服务协议和交易规则，在首页显著位置标明链接，如果需要对其进行修改，必须公开征求意见，并将修改内容在实施前 7 日予以公示。如果平台内经营者不接受修改内容，且要求退出平台的，平台经营者应当予以许可，并按照修改前的服务协议和交易规则承担相关责任。

(2) 规范管理平台内经营者

规范平台内经营者管理的内容有三个方面：一是对申请注册经营者提交的注册材料进行审核，核准后进行登记，建立其档案，于每年定期进行核验，并根据市场监督管理部门的相关规定，报送平台内经营者的身份等相关信息；二是应当建立、健全信用评价制度，公示信用评价规则，为买家提供对平台内经营者服务的评价途径，不得删除其评价信息；三是应当根据税收征收管理相关法规的规定，向税务部门报送平台内经营者的身份信息和有关纳税信息，并向不需要办理市场主体登记的个体商家提示依法办理税务登记。

(3) 提供各项诚信服务

平台经营者应当根据商品或服务的价格、销量和信用，以多种方式向买家显示商品或者服务的搜索结果，对竞价排名的商品或服务应标明“广告”字样，并根据平台服务协议、交易规则为平台内经营者提供仓储、物流、支付结算等服务。

(4) 监管交易行为

平台经营者对平台内经营者的交易实施监管的情形有三个方面：一是商品交易与服务信息是否存在违法行为，如果发现存在违反法律法规的现象，应当予以处置，并向有关主管部门报告；二是商品交易与服务信息是否存在侵害知识产权的现象，当收到侵害商标权、专利权、著作权的通知和相关证据时，应及时采取删除、屏蔽、断开链接、终止交易和服务等必要措施，并将该通知转送平台内相关经营者；三是商品交易与服务信息是否存在不当的市场竞争，如果是利用技术优势、对相关行业的控制能力等因素而形成的市场支配地位，应当采取必要的处置措施，并向有关主管部门报告。

(5) 规范用户管理信息

平台经营者收集或使用用户个人信息，应当遵守相关法律法规对个人信息保护的规定，如果有关主管部门根据法律法规的相关规定要求平台经营者提供有关电子商务数据信息的，应当予以提供。

(6) 保障电子商务交易安全

平台经营者应当采取必要的技术措施以确保平台的稳定运行，制定网络安全事件应急预案，保证网络安全，并防范网络违法犯罪活动，保障电子商务安全交易。

(7) 承担连带法律责任

平台经营者对平台内经营者销售的商品或提供的服务不符合保障人身与财产安全要求，或有其他侵害买家合法权益的行为，如果未能及时采取必要措施的，依法承担连带法律责任。如果对销售食品、健康用品或相应服务的平台内经营者资质未尽到审核义务的，或对买家未尽到安全保障义务的，对由此造成的损害依法承担相应的责任。

2. 平台内销售商的义务

销售商是以出售或其他任何方式向第三方提供商品的企业与个体商家，除了依法纳税以外，还要承担以下三个方面的义务：

(1) 制定进货查验制度

我国《产品质量法》规定："销售者应建立并执行进货检查验收制度，验明产品合格证明和其他标识。"销售商应当根据我国相关法律法规的规定，依据采购合同对进货产品的合格证明和标识进行查验。产品合格证明是生产者出具的，用于证明出厂产品的质量经过检验并符合相应要求的标志，包括产品合格证和合格印章等内容；其他标识主要包括企业名称、产品名称、规格或型号、所含主要成分的名称及含量、生产及失效日期、中文产品说明或警示标志等。如果是没有合格证明或标识不符合法律规定要求的产品，销售商可以要求供货商更换或退货。

(2) 实施产品质量安全措施

我国《产品质量法》规定："销售者应当采取措施，保证销售产品的质量。"销售商应当增强产品质量意识，加强公司内部质量管理，根据产品的不同特点完善产品质量安全技术和设备等措施，确保产品的质量。

(3) 不得销售法律禁止的产品

我国《产品质量法》禁止销售的产品主要有以下两种情形：一是以次充好的产品，规定销售产品"不得掺杂、掺假，不得以假充真、以次充好，不得以不合格产品冒充合格产品"。二是"销售者不得销售国家明令淘汰并停止销售的产品和失效、变质的产品"。国家明令淘汰的产品是指国家主管部门通过公告等形式确定淘汰的某项产品或某个型号的产品；失效产品是指产品失去了原本应当具有的效用；变质产品是指产品发生了本质性的物理或化学的内在变化，失去了产品应当具备的使用价值。销售以次充好或法律禁止的产品是一种违法行为，不仅造成买家的财产损失，还可能危及消费者的人身安全。

3. 平台内服务商的义务

服务商是指向第三方提供各种服务的企业与个体商家，除了依法纳税以外，还要承担下列四项义务：

（1）提供真实的服务信息

服务商向购买服务者提供的服务信息应当真实、全面，不得做虚假或引人误解的宣传，对购买服务者提出的各种服务咨询应当做出客观和明确的解答。

（2）出具电子服务单据

服务商应当按照国家有关规定或商业惯例在为购买服务者服务时出具电子发票等服务单据，如果需要收取押金的，应当明示押金退还方式及程序，不得对押金退还设置不合理的条件。电子发票是证明服务提供者与购买者之间的交易关系，是有效的法律凭据，也是解决争议、明确相应责任的重要依据。

（3）确保约定的服务质量

服务商应当根据《消费者权益保护法》的规定以及与购买服务者的约定提供服务，确保服务的实际质量与合同约定的质量相符。

（4）保证人身与财产的安全

服务商向购买服务者提供的服务必须保障人身和财产安全，对可能危及人身、财产安全的服务应当向购买服务者做出真实的说明、明确的警示以及防止危害发生的方法。

阅读思考

不允许外国企业一边吃着中国的饭，一边砸着中国的碗

2020年，美国等一些西方国家以新疆存在“强迫劳动”问题，频频出手打压新疆棉产业，限制新疆产品出口。2021年3月，H&M集团在其官网声称新疆存在“强迫劳动”问题，拒绝使用新疆棉花产品。该声明受到了中国电商平台和网民的坚决反对，产生了一系列抵制现象，淘宝、京东、拼多多等电商平台纷纷下架H&M相关产品，不少网民拒绝购买H&M相关产品。我国外交部发言人赵立坚表示，所谓新疆存在“强迫劳动”，是个别别有用心的所谓学者和机构蓄意编造和散布的弥天大谎，中国市场始终为各国企业在华投资创造良好环境，也希望有关外国企业不要沦为某些政治势力的工具，更不要挑战中国民意。我国外交部发言人主持例行记者会时也表示，现在中国老百姓不允许一些外国企业一边吃着中国的饭，一边砸着中国的碗。

请根据本章跨境电子商务平台经营者义务的学习，结合本案例分析国内跨境电子商务平台纷纷下架H&M相关产品的行为。

思考与实践

一、思考题

1. 简述自营网站设计的风格。
2. 简述自营网站设计的功能。
3. 简述办理自营网站备案手续。
4. 简述第三方跨境电子商务平台的作用。
5. 简述第三方跨境电子商务平台的赢利方式。
6. 简述第三方跨境电子商务平台选择的依据。
7. 简述第三方跨境电子商务平台详情页设计的依据。
8. 简述第三方跨境电子商务平台经营者的主要义务。
9. 简述平台经营者对平台内经营者实施监管的基本内容。
10. 简述平台经营者对平台内经营者管理的基本内容。

二、实务题

1. 编制第三方跨境电子商务平台简报

登录百度搜索网站，选择国内一家第三方跨境电子商务平台，了解该网站的基本信息、市场定位和主要功能，并根据简报的要求填写相关的内容，提高对第三方跨境电子商务平台的基本认知。

____________ 第三方跨境电子商务平台简报	
小组名称：　　组员姓名：　　完成日期：	
基本信息	网站名称、地址、ICP许可证号、网站备案电子证书号、网站备案电子标识：
市场定位	经营理念、商品特色、网站风格：
主要功能	网站主要功能列举：

2. 编制第三方跨境电子商务平台网店简报

登录百度搜索网站，选择第三方跨境电子商务平台中的一家网店，根据简报的要求了解相关信息，并根据要求进行填写，提高对网店的感性认知。

______ 第三方跨境电子商务平台网店简报

小组名称： 组员姓名： 完成日期：

平台信息	网站名称、地址、ICP许可证号、网站备案电子证书号、网站备案电子标识：
首页信息	店标、店招、促销区、展示区和信息区：
详情页内容	列举其中一个品牌商品名称、规格或款式、标准、成分和价格等信息：

第五章　跨境电子商务营销

学习目标

- 了解市场营销、网络营销和跨境电子商务营销的含义及其特征
- 熟悉网络营销产生的条件以及与传统营销、跨境电商营销的异同
- 掌握开展跨境电子商务营销的主要环节、要求与内容
- 明确跨境电子商务营销的方式、手段和策略的主要关系
- 具备选择跨境电子商务营销的方式、手段和策略的基本能力

第一节　跨境电子商务营销概述

跨境电子商务营销是跨境电子商务运营的基本内核，旨在变化莫测的国际市场环境中，根据企业的经营目标，针对目标用户群体进行商品销售，确定合理价格，选择适当的营销方式，提高销售业绩，从而提升经营效益。对跨境电子商务企业来说，市场是营销活动的领域，网站是营销活动的载体，推广是营销活动的手段，策划是营销活动的灵魂，将这些要素进行有机组合，能有效提升企业在国际市场中的竞争力。

一、市场营销概述

(一) 市场营销的内涵

1. 市场营销的界定

市场营销的界定有宏观与微观两种之说：宏观市场营销又称为市场营销学，是反映社会经济活动，研究企业市场营销行为的学科；微观市场营销是指根据目标顾客的需要生产适销对路的产品，满足目标顾客的需求，从而实现企业经营目标的一种经济活动过程。

2. 市场营销与市场销售的区别

市场营销是基于战略思考，以创造力为中心，注重系统性建设，关注客户需求的满足，目的是让产品好卖；市场销售是基于战术思考，以销售力为中心，注重销售的技巧与方法，关心的是现有商品销售和销售目标的实现，目的是让产品卖好。

(二) 市场营销学的产生

随着社会市场经济的发展，市场营销学经历了以下三个阶段的演变：

1. 以生产为导向的营销理论

该阶段所处的历史背景是主要资本主义国家经过工业革命，生产力得到了迅速提

高，出现了需大于供的卖方市场，其特征是“生产什么，就能卖什么”。具体表现为两个方面：一是生产企业实行以产定销；二是商业企业集中力量抓货源，忽略市场营销的作用。如20世纪20年代之前的美国汽车大王亨利·福特宣称：“不管顾客需要什么颜色的汽车，我只有一种黑色的。”

2. 以产品为导向的营销理论

该阶段的特征是以产品指导销售。用户最喜欢高质量、多功能和具有某种特色的产品，导致生产企业不断改进生产技术。具体表现为两个方面：一是生产企业重视高值产品的生产，追求短期利益；二是商业部门只重视采购高性能产品，不重视市场推广。如美国最著名的钟表制造商爱尔琴钟表公司专注于名贵手表的生产，销售额不断上升，但是20世纪50年代之后市场青睐廉价且新颖的手表，从而导致市场占有率呈现下降的趋势。

3. 以客户为导向的营销理论

该阶段所处的背景是社会生产力获得快速发展，电子通信技术不断提高，互联网产生，社会需求呈现多元化，以社会需求为出发点。具体表现为两个方面：一是生产企业重视用户需求，“顾客需要什么，就生产什么”；二是商业部门重视顾客需求产品的采购，“顾客需要什么，就卖什么”，并重视市场营销策略。

（三）市场营销的基本原则

1. 诚实守信的原则

诚实守信是市场应遵循的基本原则，也是企业经商的准则，“商以信为本，诚信走天下”。具体要求包括商品质量不做假、商品广告不虚假、商品价格明码实价、商品交易信守承诺等内容。

2. 义利兼顾的原则

利是目标，义是达到这一目标的准则。义利兼顾是处理好利己、利他关系的基本原则，企业在获利的同时要考虑是否兼顾国家、集体、个人三者利益，是否符合社会整体和长远的利益，要兼而有之。

3. 互惠互利的原则

互惠互利是企业在营销活动中进行交易的准则，企业不仅要合理评价自身的利益，还要合理评价相关者的利益，只有达到互利共赢，才能持续达成交易的愿景。

4. 理性和谐的原则

理性是一种精神品质，其本质是追求正确的知、情、意的统一。秉持理性态度的企业要摒弃唯利是图的功利主义思想，以平等原则待人处世，倡导严以律己，坚持自我反省。在市场营销活动中，理性就是运用知识手段科学分析市场环境，准确预测未来市场发展变化状况，杜绝不正当的市场竞争，秉持理性的态度，社会就会更加和谐有序。

（四）市场营销的特点

1. 计划性

市场营销不仅有较长期的经营战略规划，还有具体实施战略规划的营销计划与方案，宗旨是有效地吸引顾客，维持用户，在市场竞争中立于不败之地。

2. 组织性

营销计划与方案必须有一个强有力的营销组织来执行，这个组织是根据营销计划、方案的实施目标进行组建，通过对组织人员实施筛选、培训、激励和评估等一系列措施，确保营销组织结构的合理性和高效性。

3. 控制性

营销计划与方案的实施是一个营销活动的过程，需要制定年度计划、企业盈利和营销战略，形成营销控制系统，确保市场营销目标的实现。

(五) 市场营销环境

1. 市场营销环境的分类

市场营销环境是指一切影响与制约企业市场营销决策实施的内部条件和外部环境的总和。市场营销环境根据影响的对象不同，分为以下两类：

(1) 宏观市场营销环境

宏观市场营销环境是指影响企业营销能力和效率的外部生态系统，包括政治、经济、法律、科学技术、社会文化、人口和自然环境等因素。其中，政治环境是指企业市场营销活动的外部政治形势、国家方针政策及其变化，包括政治制度和方针、政府的稳定性、特殊经济政策；经济环境是指企业营销活动的外部社会经济条件，包括消费者的收入水平、消费者支出模式和消费结构、消费者储蓄和信贷、经济发展水平、经济体制地区和行业发展状况、城市化程度等多种因素；法律环境是指国家或地方政府颁布的各项法规、法令和条例等；科学技术环境是指科学技术的进步以及新技术手段的应用对社会进步所产生的作用；社会文化环境是指在一种社会形态下已形成的信念、价值观念、宗教信仰、道德规范、审美观念以及世代相传的风俗习惯等被社会所公认的各种行为规范；人口环境是指人口的数量、分布、年龄和性别结构等情况；自然环境是指由水土、地域、气候等自然事物所形成的环境。

(2) 微观市场营销环境

微观市场营销环境是指直接影响企业营销能力和效率的各种因素的总和，包括企业自身、供应商、营销中介、消费者、竞争者及社会公众等因素。其中，企业自身是指本企业的组织机制，包括企业决策管理部门、中层职能管理部门和基础执行部门及其人员配置等；供应商是指向企业及其竞争者提供生产经营所需资源的企业或个人；营销中介是指协助企业促销、销售和配销其产品给最终购买者的企业或个人，包括中间商、实体分配机构、营销服务机构和财务中间机构；消费者是指为达到个人消费使用目的而购买各种产品与服务的个人使用者；竞争者是指那些与本企业提供的产品或服务相似，且目标顾客也相似的其他经济主体；社会公众是指企业营销活动中与企业营销活动发生关系的各种群体的总称。

宏观市场营销环境与微观市场营销环境不是并立关系，而是宏观市场营销环境制约着微观市场营销环境。

2. 市场营销环境的特征

从市场营销活动来分析，市场营销环境具有以下三个主要特征：

(1) 客观性

市场营销活动是在特定的社会、市场环境中开展，这种环境不以营销者的意志为转移，具有强制性与不可控制性的特点。

(2) 差异性

市场营销活动是在不同国家或地区之间进行的，各国之间不仅存在着政治、经济、法律、社会文化、人口等环境因素的差异，还存在着企业、消费者等因素的不同，即便是在相同的环境下，对企业和消费者的影响也是不一样的。

(3) 多样性

市场营销环境是由多个不同属性的环境因素组成的，各个环境因素之间尽管存在着各种差异，但也存在着相互影响、相互制约的规律。在市场营销活动中，可能受某一环境因素的影响，也可能会面临多个环境因素的共同制约，从而导致营销市场的多变性。

3. 市场营销环境的影响

分析营销环境影响的目的是通过对环境因素变化的观察来把握企业经营方向，寻找新的市场机会，预测可能带来的威胁，从而调整营销策略以适应营销环境的变化。具体内容如下：

(1) 市场机会

市场机会是指客观上已经存在或即将形成的，尚未被人们认识的，而未能满足需求的潜在市场。市场机会对企业生存和发展具有重要作用，判定是否存在潜在市场，需要深入调查研究，准确地把握市场规律，预测市场发展趋势，才能抓住市场机会，从而推进企业的发展。

(2) 环境威胁

环境威胁是指市场环境中出现不利于企业经营的因素，并对企业市场营销形成挑战的趋势。环境威胁对企业生存和发展同样具有至关重要的作用，随着经济全球化的深入发展，互联网、大数据、人工智能等先进技术的应用，企业面临的宏观环境、微观环境将不断发生新的变化，极有可能带来威胁，在环境威胁面前需要根据环境变化和资源能力调整营销策略，避免环境变化所构成的威胁，或将环境威胁减少到最低程度。

案例分享

云南红葡萄酒市场营销环境

云南红葡萄产业集团是由云南高原葡萄酒有限公司、云南红酒业有限公司、云南高原葡萄种苗公司、云南高原葡萄种植公司、云南葡萄研究发展中心、云南高原品种策划有限公司、云南恒升酒业有限公司、云南通恒生物资源开发有限公司等数家公司构成的产业集团。1997年6月云南高原葡萄酒有限公司成立,当时中国红酒市场竞争日趋激烈,国内外葡萄酒品牌此起彼伏,群雄割据。该集团分析了国际市场营销环境并进行布局:在种植上,利用了云南独特的自然环境;在酿造上,引进了法国最先进的酿造工艺;在营销上,采取了事件营销、新闻营销和终端营销等方式;在政策上,获得了云南省政府重点扶持。经过多年的努力,世界上最早成熟的酿酒葡萄在云南,世界上最早上市的葡萄酒在云南,世界上海拔最高、纬度最低的优质葡萄园在云南,塑造了云南红的原产地形象,并通过《春城晚报》、地方电视台进行轰炸式的广告宣传,利用社会上有影响的新闻媒体传播葡萄酒品牌,在全球红酒市场上占有一席地位。

二、网络营销概述

(一) 网络营销产生的条件

网络营销是基于互联网和社会关系网络连接企业、用户及公众,向用户与公众传递有价值的信息和服务,为实现企业营销目标所进行的规划、实施及运营管理活动。网络营销的产生既有客观条件,也有主观动机,可概括为以下三个方面:

1. 理论方面

20世纪70年代,以客户为导向的营销理论逐渐成为市场的主流,并被企业所认识,被市场所证明,其是网络营销产生的理论基础。

2. 技术方面

网络营销的技术主要包括计算机硬件与软件技术和通信网、基础网、增值网、互联网等网络软件技术以及基础通信技术、终端设施等,到了20世纪90年代这些技术已经非常成熟,其是网络营销产生的技术条件。

3. 市场方面

随着全球经济一体化的深入发展,国家、地区之间的市场竞争日趋激烈,企业需寻找一个更合适、更有效的网络营销模式,拓展市场占有份额,提升经济效益,推动企业的发展,其是网络营销产生的市场因素。

(二) 网络营销的特点

基于网络营销的定义,网络营销呈现以下五个方面的特点:

1. 全球化

全球任何一个国家或地区企业的计算机,都能通过TCP/IP协议连接到互联网,发布商品销售或采购商品等信息,并不受空间限制地进行双向交流,进行洽谈与交易。

2. 虚拟化

网络营销是以网站为载体,以互联网为媒介,通过计算机与通信技术对商品销售信息进行数字化处理,以文字、图片、视频等电子文件传送代替实物展示或移动。

3. 平等化

网络营销活动过程中的卖家或买家,不管其中一方是企业还是个人,无论企业规模大小、个人经济实力强弱，都在平等的基础上进行相关信息的交流和商品交易。

4. 低值化

网络营销是基于互联网技术，而全球绝大多数的互联网服务都是免费提供的，仅对个别服务收取低价费用，对企业或个人来说，在线销售或在线采购成本几乎可以忽略不计。

5. 个性化

网络营销有软文营销、直播营销、邮件营销等多种方式，并趋向于多元化，能不断满足企业或个人的不同需求。

（三）网络营销与传统营销的异同

1. 相同点

网络营销是在传统营销的基础上产生的，两者具有四个方面的共性：一是两者都是营销活动；二是两者都把满足消费者需求作为一切活动的出发点；三是两者都需要达到企业的既定目标；四是两者对消费者需求的满足不仅停留在现实需求上，还包括潜在需求方面。

2. 不同点

网络营销是基于互联网技术，传统营销是依靠橱窗、平面广告等手段，两者相比具有以下五个方面的差异：

（1）时空方面

网络营销传播的范围广、速度快，并不受时空的限制；传统营销会受到时间限制和营销区域的限制。

（2）销售方面

网络营销可以采用文字、图片、视频等电子形式进行立体化、交互式的传播，并适用于任何产品的销售；传统营销是以文字、橱窗、平面广告等实物手段进行产品推销，难以做到对产品的全面展示，不仅对推销商品有所局限，还由于是单向的传播方式，顾客对产品的了解也是局部性的。

（3）价格方面

网络营销传播不受时空的限制，受众面广，价格定位更具合理性；传统营销受众面窄，同一种商品在不同区域的价格变化较大。

（4）竞争方面

网络营销是企业在网络虚拟空间进行商品销售，所有企业都站在同一条起跑线上，竞争手段是企业店铺的流量，好比“快鱼吃慢鱼”；传统营销是在现实的市场中进行面对面的竞争，企业之间的竞争是资金、技术、规模等，大企业就具有竞争的优势，好比“大鱼吃小鱼”。

（5）经营方面

网络营销的经营理念是以顾客为中心，依托互联网、大数据、人工智能等先进技术而形成精准营销的优势，能减少库存量，或实现零库存，降低了运营成本，提高了企业经济效益；传统营销是采用分销网状式的销售模式，相比之下，库存货物量大，周转成本高，企业运营效率低下。

三、跨境电子商务营销概述

（一）跨境电子商务营销的含义

跨境电子商务营销是指通过跨境电子商务平台的虚拟经营场所针对境外目标客户群在线发布商品销售信息，吸引境外买家购买，满足其需求的经销活动。跨境电子商务营销的理论基础是市场营销，技术手段是互联网、大数据、人工智能等技术，因此跨境电子商务营销也具有传统市场营销和网络营销的基本特征。

（二）跨境电子商务营销与网络营销的异同

1. 相同点

跨境电子商务营销属于网络营销的范畴，不仅具有网络营销的特征，而且在营销方式及技术手段上也基本相同。

2. 不同点

跨境电子商务营销与网络营销的区别表现为以下两个方面：一是关境不同，跨境电子商务营销是境内与境外两个不同国家或地区之间的"线上国际贸易"，而网络营销是我国境内同一个地区或不同地区之间的"线上国内贸易"；二是范围不同，跨境电子商务营销仅限于产品营销，而网络营销除了产品营销以外，还提供不同行业领域的各类服务，如酒店的客房、航空公司的机票销售等。

（三）跨境电子商务营销的开展

开展跨境电子商务营销主要有以下三个环节：

1. 进行跨境电子商务市场调研

（1）市场调研的目的

跨境电子商务市场调研是指运用科学方法系统客观地收集和分析有关市场营销信息，为市场预测和营销决策提供客观的依据。跨境电子商务市场调研的目的包括三个方面：一是了解市场环境，包括政策环境、经济环境和社会文化环境等；二是掌握市场基本状况，包括市场规范、总体需求量、同行业的市场分布占有率等；三是寻找市场机遇，包括市场需求变化趋势、竞争对手产品的市场占有率、竞争对手的优劣势、产品的卖点、潜在的客户群体等。

（2）市场调研的环节

跨境电子商务市场调研环节分为两个阶段：一是信息收集，为调研与分析提供数据；二是调研报告撰写，是对信息数据进行分析、归类和总结，并写出调研报告，作为企业市场营销决策的基本依据。

2. 编制营销计划与方案

跨境电子商务企业根据企业的经营目标，以市场调研报告为基本依据，结合自身的优劣势制定营销策略，并结合年度工作目标编制年度跨境电子商务营销计划和营销实施方案。年度营销计划通常包括上年度或上阶段的各个部门营销情况描述与分析、本年度的营销工作目标与任务分配、市场营销策略与说明、各类资源配备与要求等。营销工作目标与任务分配可以按时间段、国家或地区、电子商务平台、产品类别、产品销售等方式进行分解。

3. 执行营销计划

年度营销计划对跨境电子商务企业全年的营销活动起指导作用，而年度营销计划的执行关系到企业的发展和前途。要确保营销计划的执行，必须做到"四个保障"，并适时地进行动态调整：一是制度保障，健全销售业务管理制度和绩效考核制度等；二是流程保障，优化推广流程和订单处理流程等；三是权限保障，明确各部门的职责范围与要求；四是资源保障，完善人员和物资等资源的配备。

第二节　跨境电子商务营销方式与手段

跨境电子商务营销方式是指根据企业经营目标和营销策略，在营销过程中所采用的各种在线推广形式。跨境电子商务营销手段是指基于企业营销策略，通过各种适宜的在线推广方式达到预期的销售目标。营销方式与营销手段是一个有机整体，相互依存、互为作用。

一、跨境电子商务营销方式

跨境电子商务营销方式可从以下两个不同视角进行分类：

(一) 在线营销与体验式营销

在线营销与体验式营销是基于对消费者服务的理念进行划分的，具体内容如下：

1. 在线营销

在线营销是指以互联网技术、通信技术为基础，以计算机网络为媒介而进行虚拟电子产品的营销活动，包括电子邮件营销、移动互联网营销、网络直播等形式。

2. 体验式营销

体验式营销是指企业通过线上线下的店铺进行产品推广，实现消费者购物体验的营销活动。企业可以在线营销，消费者在线完成订单后，到线下实体店进行购物体验，如跨境电子商务平台"跨境通"O2O 体验店；企业还可以进行线下营销。

案例分享

"日本广场"O2O 体验店

GL-Plaza Japan 与进口电商平台"跨境通"合作，于 2015 年 9 月在上海港国际客运中心码头开设了"日本广场"O2O 体验店，展示从日本直接发往上海保税仓库的商品。消费者既可以在“跨境通”平台上下单，或在O2O体验店内扫一扫商品标签上的二维码，在移动端下单，还可以凭订购单让店员在PC端下单，然后可以在店内享受良好的购物体验。

(二) 直销与分销

直销与分销是基于不同的经销渠道划分的，具体内容如下：

1. 直销

直销是指由生产企业推销员直接将本公司生产的产品，通过线上线下店铺的不同场景直接向境内或境外买家进行面对面推广的营销方式，如O2O体验店、电视直销、网络直播等形式。直销不仅能减少产品流通环节，降低销售成本，而且能加快企业资金周转。

2. 分销

分销是指生产企业通过国内或国外代理商，利用其线上线下的店铺或网店等营销渠道，将产品向境内或境外买家进行推广的营销方式，如电视营销、移动营销等形式。对生产企业来说，分销比直销多了一个“中间”环节，虽然增加了企业的运营成本，但能扩大经营规模，提高市场占有份额，从而提升企业的经济效益。

二、跨境电子商务营销策略

跨境电子商务营销主要有以下六种策略：

(一) 绿色营销

1. 绿色营销的含义

绿色营销是指企业在营销过程中向消费者提供无污染的、有利于节约资源的和符合社会绿色管理要求的产品，满足市场的特定需求，从而扩大销售规模的营销策略。

2. 绿色营销策略的内涵

绿色营销策略是一种能辨识、预期和符合消费的社会需求，可为企业经营带来一定利润的策略。企业实施绿色营销，符合全球绝大多数国家或地区立法对绿色产品的要求，能在跨境电子商务营销活动中提升竞争优势，不断获取更多的市场机会，占有更大的全球市场份额，从而提升企业的经营效益。

3. 绿色营销策略的应用

绿色营销是在传统营销策略的基础上融入了环保意识，可以通过电子邮件推广、新闻推广、软文推广等形式对绿色产品进行宣传，树立企业良好形象，还可以通过广告与视频等营销手段介绍绿色产品的功能，提升买家的购买欲。

案例分享

沃尔玛绿色营销策略透视

目前，沃尔玛在全球建立了十多个跨境电子商务网站，拥有1万多家连锁店，从2005年起将绿色环保理念融入营销策略中，推广绿色产品，打造绿色供应链，节能减排，是跨境零售行业的标杆。在树立绿色营销理念方面，举办一系列以绿色节能为主题的活动，为沃尔玛树立了良好的绿色形象；在推广绿色产品方面，不添加对人体有害的添加剂；在打造绿色供应链方面，要求所有的供应商必须提供所在地环保标志认证，承诺开发绿色产品，实行绿色采购，发展绿色配送中心；在节能减排方面，采用LED灯，在客流量少的地方装感应灯，减少用电量。

(二) 对立营销

1. 对立营销的含义

对立营销是指企业在向市场推广产品前确定每个竞争阶段的对立者，包括产品、品牌、企业或商家等对象，并根据其现状制定有针对性的营销策略，阶段性地打击竞争对手，或者进行差异化的竞争，从而达到企业阶段性营销目标的策略。

2. 对立营销策略的方法

对立营销策略制定的方法通常有三个层面：一是根据企业市场定位选择目标市场；二是根据目标市场同类商品竞争的现状确定一个或多个对立者，并对其进行分析；三是根据企业内部的资源匹配、技术和管理等综合优势制定对立营销策略体系，包括对立产品策略、对立渠道策略、对立价格策略、对立促销策略和对立服务策略等内容。

3. 对立营销策略的应用

企业进行对立营销时，可以选择软文推广、视频营销、网络直播等适宜的手段对产品的品质、功能、包装、价格、促销和服务等营销要素进行全方位的宣传，提升整合营销力度，凭借产品、价格和服务等方面的综合优势，扩大阶段性的销售规模。

(三) 事件营销

1. 事件营销的含义

事件营销是指企业利用具有新闻价值的事件，通过有计划的策划与组织，让这一事件得以传播，吸引媒体、社会团体和消费者的关注，从而达到广告效应的营销策略。

2. 事件营销策略的内涵

事件营销策略具有新闻与广告效应，可以利用社会关注的事件或热点话题，按照新闻规律结合企业产品经销目标，策划具有新闻价值的事件和新闻热点进行造势，并开展各类营销活动，满足受众的窥视欲和好奇心，从而促进产品的销售。

3. 事件营销策略的应用

事件营销策略可以集聚公共关系、形象传播、客户关系的作用，通过新闻营销、视频营销等形式进行发布，为新产品、品牌产品和其他产品进行推广，能有效地提升企业和产品的品牌度，提高企业和产品的市场竞争力，从而达到扩大产品销售规模的目的。

案例分享

“斯巴达勇士”事件营销

2015年7月22日中午，一群由外国模特扮演的“斯巴达勇士”手拿某甜品店的产品和LOGO在北京建外SO-HO、大望路万达广场附近、国贸地铁站、三里屯等多地出现，引来众多路人的围观、拍照或者合影，场面一度十分火爆。朝阳警方接到群众报警后，立即派出警力赴现场处置。当日傍晚，“斯巴达勇士”在天桥被朝阳警察摁倒在地，这让“斯巴达勇士”事件瞬间登上了头条，新闻转载曝光量呈五位数增长。经查，“斯巴达勇士”是为某款食品做商业促销活动，因对周边秩序造成影响，民警依法予以制止，并对部分人员进行控制。客观上分析，虽然“斯巴达勇士”为某款食品进行促销的活动火了，但是违反了企业应当遵守公共秩序的社会责任。

（四）饥饿营销

1. 饥饿营销的含义

饥饿营销是指商品提供者有意调低产量，以期调控供求关系、制造供不应求的假象，以维护商品较高售价和利润率的营销策略。

2. 饥饿营销策略的内涵

制定饥饿营销策略，选择适应大众并具有良好品牌的商品，开展线上线下的宣传造势活动或控制销量，提升对产品购物的期待，促使消费者心理变化。

3. 饥饿营销策略的应用

饥饿营销策略通常是在市场竞争不充分、产品综合竞争力较强等情形下实施的，通过调节供求关系，采用限制供货量等手段来提高产品的附加价值，运用整合营销等方法制造供不应求的现象，从而达到赚取较大利润的目的。

案例分享

小米公司的饥饿营销策略

小米公司创立于2010年，2011年推出第一代小米手机，利用微博、微电影、网站评价进行密集性宣传，将小米打造成品牌，然后采取饥饿营销策略，确定每周定期限量销售。

2011年12月18日进行第一次在线销售，5分钟内售完30万台手机，疯狂的网民抢购不到手机，只能在下一周进行抢购，并形成了一批小米手机粉丝，到该年年底已经销售了719万台；2013年推出了小米3，还是采取每周限购的策略，仍然瞬间售罄，年销量增长至1 870万台；2014年推出小米4，还是进行限购，年销量突破6 000万台，荣耀登上中国手机销量首位的宝座。

(五) 病毒营销

1. 病毒营销的含义

病毒营销是指企业提供有价值的商品信息,通过公众的人际网络或群体之间的口碑传递,像病毒式地快速传播至更多的受众,从而达到宣传目的的营销策略。

2. 病毒营销策略的方法

制定病毒营销策略的方法主要有三个:一是制造病毒;二是传播病毒,选择易于传递、转帖、下载、复制的在线传播渠道进行传播;三是通过网站后台等监控设备进行数据监测,并灵活调整传播的渠道和适宜对象,提升消费者的购买意愿。

3. 病毒营销策略的应用

病毒营销策略已经成为跨境电子商务企业常用的营销方式,可采用网站推广、品牌推广、论坛推广、电子邮件推广、SNS 推广、微信推广等手段,引起众多消费者的持续关注,从而达到扩大产品销售的目的。

案例分享

骑车绝技走天涯病毒营销

骑车绝技走天涯视频广告呈现的内容:一个玩自行车障碍的男孩,在学习炫酷车技的过程中经历一次次的失败,但是他无畏磕碰,最终以完美的自行车特技穿梭在城市中。观看者们为障碍男孩的坚持所感动,这是病毒视频以情煽动人的绝技。

(六) 联合营销

1. 联合营销的含义

联合营销是指两个或两个以上的企业通过协同营销,实现资源优势互补,共同挖掘潜在的市场机会,提升企业与产品的品牌度,增强市场竞争能力的营销策略。

2. 联合营销策略的内涵

联合营销策略是构建企业之间战略性的合作关系,通过互利互惠、优势互补、强强联手,运用整合营销方式等手段拓展市场。

3. 联合营销策略的应用

联合营销策略可以通过选择合作对象,确定合作形式,签订合作协议,基于互利互惠、优势互补的原则,发挥强强联手的优势,提高竞争力,促进产品销售,从而扩大企业经营规模。

案例分享

中国进出口商品交易会营销模式

截止到 2020 年 6 月,中国进出口商品交易会已经举办了 127 届,其中前 98 届主要采用线下展区对接的形式与境外买家洽谈贸易，事先或事后进行黄页营销和邮件推广。第 99 届至第 125 届交易会是在以线下展区对接为主的基础上，出现了“网上广交会”和“在线广交会”等新模式，即便在交易会闭幕后仍可通过其开展交易。第 126 届是一届数字化智慧交易会，加强了线上与线下的融合度。第 127 届开启了“云”端交易会，境内参展企业事先通过电子邮件对老客户进行了邀约，会展期间通过图文、视频和 3D 等形式上传展品，有些企业以 VR 形式呈现产品展厅，有些企业对生产车间、样板间、生产流程和企业全景进行实时直播，吸引了全球采购商在“云”端上观展，并通过在线洽谈系统发起预约洽谈，进行即时沟通，发出意向订单。

三、跨境电子商务营销手段

跨境电子商务营销手段主要有以下六种：

（一）电子邮件推广

电子邮件推广是指基于互联网通信技术，在用户事先许可的前提下通过电子邮件向目标用户群发送新品、促销等商业信息的在线营销手段。

1. 电子邮件推广的特点

电子邮件推广具有四个方面的特点：一是范围广，电子邮件基于互联网技术，只要有买家的电子邮件地址，就可以向全球目标用户群进行商品广告信息的推送；二是应用面宽，适合各行各业的在线营销；三是效果好，采用邮件群发软件，每天单机能向目标用户群快速发送数百万封电子广告邮件，不仅针对性强，又能较长时间地保存，反馈率高，效果明显；四是成本低，发送电子邮件是免费的，仅仅是人工成本，相比传统手段的推广费用要低得多。

2. 电子邮件推广的步骤

电子邮件推广主要有五个步骤：一是明确电子邮件推广的目标，确定目标顾客群，把握黄金客户；二是制定营销方案，根据目标用户群的特征进行分类，采用合适的邮件推广策略，不要采取狂轰滥炸的手段；三是设计邮件，格式要清楚，主题要明确，内容要言简意赅、图文并茂；四是及时回复邮件，通常限于一个工作日之内回复，如果遇到复杂的问题，需要一段时间才能准确答复，也应当及时回复并说明情况；五是更新邮件列表，邮件列表一般包括邮件主题、邮件列表名称、目录与内容提要、邮件正文、退出列表方式等要素，并根据电子邮件营销的实际情况及时调整列表。

（二）搜索引擎优化推广

搜索引擎优化推广（SEO）是通过搜索引擎的排名规律，对网站结构、网页信息进行合理优化，使得其更符合搜索引擎的索引规则，提高在百度和谷歌（Google）等搜索引擎中的排名，获取大量的访问量，从而为企业带来更多的线上客户的营销手段。搜索引擎优化推广包括关键词优化、网站内部优化、网站外部链接策略等方式。

1. 搜索引擎优化推广的特点

搜索引擎优化推广具有三个方面的特点：一是成本较低，优化的是自然排名，与高额的竞价费用相比，成本较低；二是效果较慢，优化是一个长期积累的结果，周期较长，不会马上呈现出效果；三是效果持久，即使停止广告位，用户搜索关键字页面，排名依然优先，效果被储存了下来。

2. 搜索引擎优化推广的步骤

搜索引擎优化推广有五个步骤：一是分析推广内容的竞争度，查询一下搜索引擎相关信息量，是不是高热度词汇，分析有些词汇虽然信息量不高，但其含金量较高；二是选择推广产品所属行业中排名靠前的网站；三是确定关键词，分析竞争对象、企业自身优劣、关键词与网站相关性等因素，选择比较适合的关键词；四是优化网站，对页面、网站链接等进行修改；五是提交网站，把经过优化的网站提交到搜索引擎上，使其收录，这样才能被网民检索到。

案例分享

谷歌(Google)搜索引擎推广

谷歌由拉里·佩奇和谢尔盖·布林共同于1998年在美国创建。谷歌搜索引擎推广覆盖200多个国家和地区，占全球搜索总量的4/5，并拥有世界领先的反恶意点击技术，提高目标客户转化率。其主要优势有四个方面：一是确定目标受众，企业广告只显示给正在查看或搜索相关产品或服务的用户；二是点击付费，当用户点击进入企业页面时收费；三是广告能定位到谷歌广告联盟中的特定用户；四是便捷性，提供43种语言，还可以根据经纬度来决定放置广告的地方。

(三) 软文推广

软文，简言之就是文字广告，是通过标题、情景描述、博文、精华帖等形式吸引买家眼球的在线营销手段。

1. 软文推广的特点

软文推广具有三个特点：一是覆盖范围广，软文通常是通过互联网自媒体进行传播，受众群体广、受益者众多；二是接受度高，软文能发挥文字的魅力，可以在宣传信息中嵌入流行词，或借助相关热点、事件吸引目标顾客群体主动关注，用细腻亲切的叙述投其所好；三是受众精准，匹配各行业的头部媒体资源，精准投放，直达用户。

2. 软文推广的步骤

软文推广有三个步骤：首先是设计软文，基于产品的功能、价值和消费理念，借助事件或热点进行制作，通过故事、新闻等形式产生爆点，能吸引受众的关注；其次是明确推广目标，对目标顾客群的不同特征进行分类，选择适用或潜在的客户群；最后是确定营销手段，根据软文推广的目的选择电子邮件、新闻媒体、视频营销、网络直播等适宜的推广手段。

（四）百度推广

百度推广是指向企业提供的按效果付费的网络营销服务，其包括标题、内容描述和网址信息的推广。

1. 百度推广的特点

百度推广具有三个方面的特点：一是推广范围大，企业可借助强大的百度搜索页和 60 万家联盟网站，向亿万网民和企业推广商品销售信息，覆盖面极其宽广；二是应用范围宽，适合各行各业的在线信息推广，没有限制；三是实施精准投放，借助大数据、用户需求定向和智能投放等技术将信息准确推送至目标用户，快速提升企业与产品品牌的影响力。

2. 百度推广的步骤

百度推广有三个步骤：一是申请开立，企业加入百度推广，需要建立一个网站，或者在其他企业平台上建立网页，提交营业执照、ICP 备案、行业资质等材料，通过资质审核后签订合同，缴纳首次开户费用，获取百度推广账户；二是确定推广信息，企业制作由关键词或创意构成的推广方案；三是发布推广信息，企业登录百度推广平台，输入关键词或发送广告，进行推广。

（五）视频营销

视频营销是指基于视频互联网网站，以内容为核心、创意为导向，利用精细策划的视频内容实现产品营销与品牌传播的推广方式。视频营销有电视广告、网络视频、宣传片、微电影等形式，具有品牌化、网络化和广告内容化的特征。

1. 视频营销的特点

视频营销是“视频”与“互联网”结合，具有两个方面的特点：一是直观性、生动性和全面性，通过电视广告、网络视频等方式进行推广，不仅可以形式多样，还可以发掘营销内容的亮点，进行尽情创意，能产生较强的感染力，从而能有效吸引潜在买家进入店铺；二是便捷性、精准性和低成本，通过互联网进行视频推广，不仅传播速度快、互动性强，而且能实现精准传播，提高成交的概率，降低推广成本。

2. 视频营销的步骤

视频营销有三个步骤：一是根据企业经营目标和客户群，选择视频网站，如 YouTube 等；二是确定推广产品，设计视频推广方案，并制作视频；三是登录视频网站，输入合适的关键字，发送视频广告，通过产品介绍、产品使用和产品评价等形式来提升客户对产品和品牌的认可度，从而达成产品的交易。

案例分享

依云矿泉水视频推广

法国依云矿泉水视频广告呈现的内容：一个小伙子好好地冲着浪，迎面瞧见一个半大点的婴儿立在滑板上冲浪，吓得他立马跌进了海里。等他被拖上岸，睁开眼，发现救他的人是两个婴儿宝宝，而且整个海滩全都是婴儿。直到最后，镜头里终于出现了整整一排的依云矿泉水，小伙子若有所思……意思就是喝了依云水，你就能像婴儿一样年轻。该视频最终创造了亿万级别的点击量神话，创下在线广告的官方吉尼斯世界纪录。

（六）网络直播营销

网络直播营销是指以电子商务平台、内容平台、社交平台等直播营销平台为载体，通过网络视频，主播对产品的性能、款式、材料和质量等内容进行宣传，能让收视的买家以最快、最直接的方式了解产品，并产生意向订单的促销方式。网络直播有 PC 端与移动端两种直播平台，可以在外贸生产企业、国际贸易公司、进出口商品交易会等场地或直播间进行播放，也可以通过连接网络直播营销平台进行，能有效提升购买转化率。

1. 网络直播营销的特点

网络直播营销除了具有互联网的特征以外，还有以下三个方面的特点：一是直观展示，网络直播使用图像、声音、文字等多种传播符号，具有同步的时效，商品展示与销售信息实时发布能给受众一种身临其境的感觉，进而增加其关注度；二是多元互动，观看直播的受众能在线与主播进行实时互动，也可由主播与多个受众进行实时互动，进而达到有效的沟通，增加成功交易的概率；三是立体化体验，随着 VR、大数据和人工智能技术的应用，交互体验方式呈现多样性，受众的参与感得到提升。

2. 网络直播营销的步骤

在现场架设独立的信号采集设备（音频＋视频），导入导播端（导播设备或平台），再通过网络上传至服务器，发布至网址供人观看。

案例分享

批 批 网

批批网成立于 2015 年，是广州市批来批往信息科技有限公司旗下的一个将视频直播和服装结合的 B2B 电商平台。2016 年该平台开设在线直播功能，2017 年新增小视频功能，2018 年新增直播频道和直播间小视频录制，2019 年新增逛逛频道，并上线了售后订单系统。目前，该平台已有 15 000 多家批发商入驻，实现在线实时互动，转化率较高，单日订单均达到 9 万多单，并提供批量包邮、批量打单、合并发货、数据分析和客户管理等服务，是服装批发领域的直播代言人。

阅读思考

华为鸿蒙操作系统正式发布

2019 年 5 月 16 日美国商务部禁止美国企业向华为出售相关技术和产品，通过断供打压我国高科技企业。5 月 20 日美国谷歌公司宣布暂停与华为的业务合作，并将华为从最新的安卓系统合作名单中除名。于是，华为宣布将研发十年的自有芯片“备胎”鸿蒙操作系统转正，并于 2021 年 6 月正式发布。

请结合本章宏观市场营销环境相关内容的学习，分析华为企业研发鸿蒙操作系统的战略思想及其积极的意义。

思考与实践

一、思考题

1. 简述市场营销与市场销售的区别。
2. 简述市场营销的基本原则。
3. 简述网络营销的主要特点。
4. 简述跨境电子商务营销与网络营销的异同。
5. 简述市场营销环境的分类及其内容。
6. 简述网络直播营销的特点。
7. 简述网络营销与传统营销的异同。
8. 简述视频营销的步骤。
9. 简述开展跨境电子商务营销的主要环节及其内容。
10. 简述跨境电子商务营销方式、手段和策略。

二、实务题

1. 编制传统营销和网络营销案例分析报告

登录百度网站，搜索传统营销和网络营销案例，并根据分析报告的要求填写相关内容，提高对传统营销与网络营销的认知。

传统营销和网络营销案例分析报告	
小组名称：　组员姓名：	完成日期：
传统营销案例	案例表述、主要特征分析：

（续表）

网络营销案例	案例表述、主要特征分析：

2. 编制《网络直播营销行为规范》阅读简报

登录百度网站，搜索中国广告协会于2020年6月24日发布的《网络直播营销行为规范》，了解商家、平台和主播行为规范，并根据阅读简报的内容和要求进行填写，提高对网络直播营销行为的认知。

《网络直播营销行为规范》阅读简报

小组名称： 组员姓名： 完成日期：

商家行为规范	主要内容：
主播行为规范	主要内容：
平台行为规范	主要内容：

第六章　跨境电子商务货物运输方式

学习目标

- 了解跨境贸易电子商务货物运输的种类及其业务流程
- 熟悉邮政国际大包与邮政国际小包的种类及其服务的基本环节
- 掌握中欧专线、中澳专线、中东专线和中俄专线的主要区别
- 明确邮政包裹、物流专线和国际快递物流服务的主要区别
- 具备选择跨境电子商务货物运输方式的基本能力

第一节　跨境贸易电子商务货物运输

跨境贸易电子商务货物运输适用于B2B交易方式，分属不同关境的大企业卖家，通过跨境电子商务平台进行洽谈，成交后在线上完成进出口货物订舱、出入境货物报关报检申报，在线下将货物运到指定的目的地。这种货物运输主要包括国际海洋货物运输、国际航空货物运输、国际铁路货物运输和多式联运等方式，由发货人（跨境电子商务买家或卖家）委托国际货运代理公司向承运人（国际货物运输公司）订舱，按照约定的货物运输包装装入运输工具，从装运地运往目的地，并将货物交付给收货人（跨境电子商务卖家或买家）。

一、跨境贸易电子商务货物运输包装

跨境贸易电子商务货物运输包装方式分为以下两大类：

(一) 集合运输包装

集合运输包装又称为组合包装，是指将一定数量的产品或包装件组合在一起，形成一个运输单元的包装方式。其主要有以下三类：

1. 集装箱

集装箱又称货柜，是用钢板等金属材料制成的长方形容器，可以反复周转使用的一种辅助设备。国际标准化组织推荐的集装箱有三个系列十三种规格，其中使用较多的有20英尺和40英尺两种。20英尺与40英尺普通柜集装箱、40英尺与45英尺高柜集装箱的尺寸、载货重量与配货体积的内容如下（见表6-1）：

表 6-1　　集装箱配货重量与体积一览表

柜型	规格	长×宽×高(m)	配载重量	配载体积
普通柜	20′G	内：5.898×2.342×2.385	17.5 吨	26 立方米
		外：6.058×2.438×2.591		
	40′G	内：12.032×2.352×2.385	22 吨	54 立方米
		外：12.192×2.438×2.591		
高柜	40′HC	内：12.032×2.352×2.69	22 吨	68 立方米
		外：12.192×2.438×2.896		
	45′HC	内：13.556×2.352×2.698	29 吨	86 立方米
		外：13.716×2.438×2.896		

2. 集装包

集装包是指用合成纤维或复合材料编织的抽口式大包，可装 1 吨至 1.5 吨重量的货物。集装包两边有 4 个吊带，适于装载已经包装好的多件商品。

3. 托盘

托盘是指用于集装货物堆放的垫板，供铲车将其连同所载的货物铲起，进行装卸和运送的木质或塑料平台装置，可承载 1 吨至 1.5 吨重量的货物。

(二) 单件运输包装

单件运输包装是指货物在运输过程中作为一个计件单位的包装方式。主要有以下三种：

1. 箱

根据不同商品的特性和运输要求，可选用纸箱和木箱等包装方式。纸箱采用瓦楞纸板材质，其中五层瓦楞纸板、七层瓦楞纸板制作的大中型纸箱可用于体积较大或较重的货物运输包装。木箱通常采用木质轻软，易干燥、干缩率小，强度中等的松木，适用于重货的运输包装，出境时需要提供木质包装熏蒸证明。

2. 包

包是指常用于羊毛、棉花、生丝、布匹等易抗压的货物包装，经机压打包压缩体积后，再用棉质、麻质等材料进行包裹，外用塑料带捆装成件的包装方式。

3. 桶

桶是指用于液体、半液体和粉状等货物的包装方式。根据不同的材质，其主要有塑料桶、木桶和铁桶等。

二、跨境贸易电子商务货物运输交接

在国际海洋货物运输、国际航空货物运输和国际铁路货物运输中，除了散货以外，通常采用集装箱运输包装进行托运，并按照约定方式进行交接。

(一) 整箱交接术语

1. 整箱

整箱是指发货人按照集装箱规定的配载的重量(毛重)或配载体积(包装)进行装箱的方式。通常整箱的装货是在海关监管系统的监督下由发货人将货物装入集装箱内,再由指定的人对集装箱进行铅封。

2. 集装箱堆场

集装箱堆场简称堆场(CY),是指交接、存储和保管集装箱的场所,包括实箱和空箱,通常在集装箱的码头、机场、车站内或其周边的地点。

(二) 整箱交接方式

承运人采用整箱货交接方式的,交付时只要集装箱铅封完整,就履行了承运的责任,即便箱内货物有异样,也不承担相应的赔偿。整箱货运输交接方式有以下四种:

1. 门到门

门到门(Door/Door)是指国际货运代理公司或国际物流公司与发货人签订托运协议后,指派集装箱卡车到货主工厂或指定仓库(门)进行装货和铅封,通关后装入运输工具,由目的地运输代理接货,并送达收货人的公司或仓库(门)的一种整箱交接方式。

2. 门到场

门到场(Door/CY)是指国际货运代理公司或国际物流公司与发货人签订托运协议后,指派集装箱卡车到货主工厂或指定仓库(门)进行装货和铅封,通关后装入运输工具,目的地运输代理在运输工具到达后卸货至集装箱堆场(场),并在堆场交付给收货人的一种整箱交接方式。

3. 场到门

场到门(CY/Door)是指国际货运代理公司或国际物流公司与发货人签订托运协议后,在集装箱堆场接受托运货物,经海关查验放行后装入运输工具,到达目的地后由运输代理接货,并送达收货人的公司或仓库(门)的一种整箱交接方式。

4. 场到场

场到场(CY/CY)是指国际货运代理公司或国际物流公司与发货人签订托运协议后,在集装箱堆场接受托运货物,经海关查验放行后装入运输工具,到达目的地后由运输代理卸货至集装箱堆场(场),并在堆场交付给收货人的一种整箱交接方式。

三、跨境贸易电子商务货物运输方式

(一) 国际海洋货物运输服务

国际海洋货物运输服务是指国际货运代理公司在线接受发货人的托运委托业务后向船公司订舱,进出口货物通关后装船,通过大型船舶在装运港与目的地港之间指定航线上进行跨境运输的一种方式。

1. 国际海洋货物运输服务方式

国际海洋货物运输服务方式有以下两种:

(1) 班轮运输服务

班轮运输服务是指按照固定的航行时间表，沿着固定的航线，停靠固定的港口，并收取运费的一种船舶运输方式。班轮运输承运货物的品种和数量都比较灵活，只要有舱位，均可接受货物装运，船方负责货物的装卸，装卸费用包括在运费之中。

(2) 租船运输服务

租船运输服务是指租船人向船东租用船舶从事运输货物的一种营运方式。租船运输服务分为两种方式：一是定程租船服务，是指由船舶所有人负责提供船舶，在指定港口之间进行一个航次或数个航次，承运指定货物的租船运输方式；二是定期租船服务，是指由船舶所有人将船舶出租给承租人，供其使用一定时期的租船运输方式。租船运输适用于大宗货物或某些特种货物的运输，运费比班轮运价低。

2. 国际海洋集装箱货物运输服务流程

国际海洋集装箱出口货物班轮运输门到门服务环节及其主要内容(见图 6-1)如下：

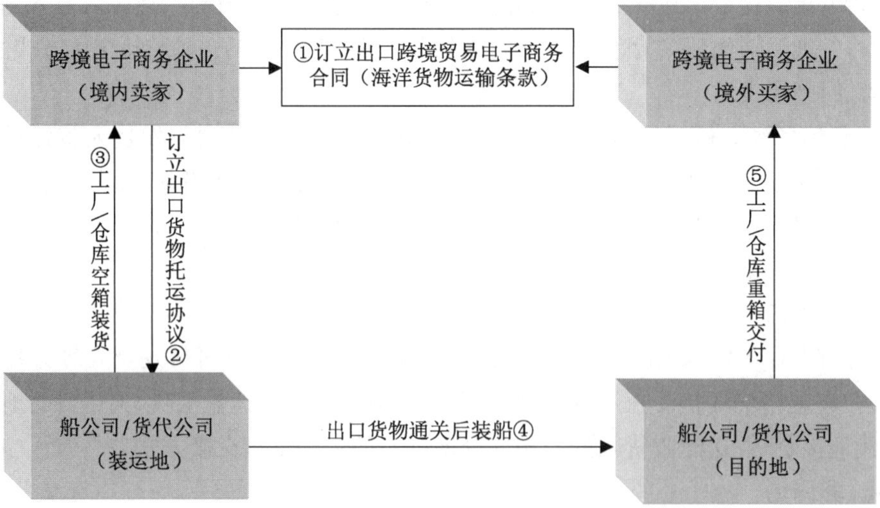

图 6-1 集装箱出口货物海运班轮运输门到门服务流程

(1) 订立出口跨境贸易合同

跨境电子商务卖家与跨境电子商务买家签订出口跨境贸易电子商务合同，订立合同条款，确定海洋货物运输方式、装运港与目的地港的名称以及装运期限。

(2) 办理海洋货物托运

跨境电子商务卖家(托运人)通过电子商务平台选择国际货运代理公司，签订出口货物托运协议，提交托运单据，并委托其办理托运手续。国际货运代理公司受理托运人的托运业务后，以代理人身份代表货主向国际船务代理公司办理货物订舱手续，缮制托运单并提交必备的单证。

(3) 进行提箱与装箱

国际货运代理公司收到国际船务代理公司发送的订舱信息后，向发货人发送装箱信息，在约定的时间安排集装箱卡车司机到码头提取空箱，到托运人指定工厂或仓库装货，拖运重箱进场。

(4) 办理出口货物通关

国际货运代理公司在线办理出口货物报关报检手续，海关放行后装船，载货集装箱船舶按照指定航线从装运港口驶向目的地港口。

(5) 办理进口货物通关

目的地港代理向海关办理进口货物报关报检手续，清关后提箱并送达托运人工厂或指定地点。

(二) 国际航空货物运输服务

国际航空货物运输服务是指国际货运代理公司在线接受发货人的托运委托业务后向航空公司订舱，进出口货物通关后装机，通过货机或客机在装运机场与目的地机场之间指定航线上进行跨境运输的一种方式。

1. 国际航空货物运输经营方式

国际航空货物运输有以下两种经营方式：

(1) 班机运输

班机运输是指按照固定的飞行时间、飞行航线载运货物，并收取运费的一种航空运输方式。班机运输通常采用客货混合型飞机和专用货机，适用于运送急需物品、鲜活商品和节令性商品。

(2) 包机运输

包机是指包租整架飞机或由几个发货人联合包租一架飞机承运货物的一种航空运输方式。包机运输对货物的限制条件比班机少，且运费比班机货物运输要低。

2. 国际航空集装箱货物运输服务方式

(1) 出口国际航空集装箱货物运输服务

出口国际航空集装箱货物运输服务采用整箱运输，选择门到门、门到场、场到门、场到场的交接方式，在机场内或其周边的集装箱堆场办理交接手续，通关后装机，并从启运地机场飞往目的地机场。

(2) 进口国际航空集装箱货物运输服务

进口国际航空集装箱货物场到门服务环节及其主要内容(见图 6-2)如下：

① 订立进口跨境贸易电子商务合同

跨境电子商务买家与跨境电子商务卖家签订进口跨境贸易电子商务合同，订立合同中的各项条款，确定航空货物运输方式以及启运地机场、目的地机场、装运期限。

② 办理航空货物托运

跨境电子商务买家(托运人)通过电子商务平台选择国际货运代理公司，签订航空货物托运协议，明确进口货物的名称、数量和价值以及启运地机场、目的地机场、装运期限等相关信息。

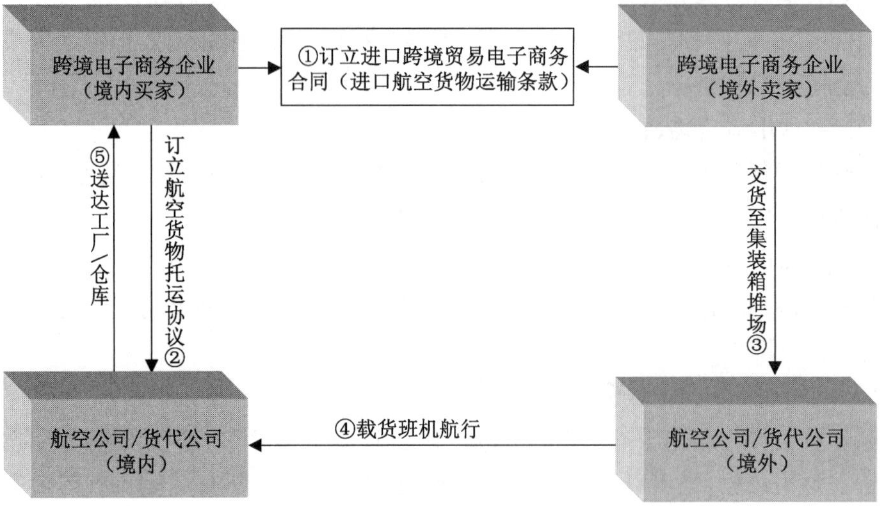

图 6-2　国际航空集装箱货物场到门交接方式流程

③ 办理进口货物通关

跨境电子商务卖家根据进口跨境贸易合同交货时间完成备货，将货物交货至集装箱堆场后办理通关手续，等待装机。

④ 办理订舱手续

境内国际货运代理公司根据托运协议的相关信息和约定向航空公司办理订舱手续，货物装机后，承运班机按照指定航线从启运地机场驶向目的地机场。

⑤ 提箱交付

境内国际货运代理公司在线收到载货班机到达信息后，向目的地机场海关办理进口货物报关报检手续，通关后提箱，并送达跨境电子商务买家工厂或仓库等指定地点进行交货。

3. 国际航空货物运输与国际海洋货物运输的区别

国际航空货物运输与国际海洋货物运输有以下四个方面的区别：

（1）承运的货物不同

国际航空货物运输受到飞行器机舱空间的限制，不适用于超高、超大的货物，如成套的大型机器设备等，且运载量有限；国际海洋货物运输对货物的适应性强，其运载量是国际航空货物运输的数十倍以上。

（2）运输的时间不同

国际航空货物运输的速度最快，交货时间短，安全准时；国际海洋货物运输的速度最慢，交货时间长且不稳定。

（3）运输的成本不同

国际航空货物运输的运费及其他费用，与其他运输方式相比是最高的；国际海洋货物运输的运费与其他费用，与其他运输方式相比是最低的。

(4) 运输的风险不同

国际航空货物运输由于飞行速度快，相对平稳安全，货损货差率较低；国际海洋货物运输速度慢，受自然气候影响大，货损货差率较高。

案例分享

国际航空班机出口集装箱货物运输业务

中国国际货运航空有限公司是中国国际航空股份有限公司与中国香港国泰航空有限公司合资项目，简称国货航，以北京、上海为枢纽，先后开通了从上海始发，通往欧洲法兰克福、阿姆斯特丹、萨拉戈萨，北美纽约、芝加哥、洛杉矶、达拉斯，日本东京、大阪等地的货机航班，全球空运航线达426条，全球通航点达191个，还在全球各地拥有1 500余条全球地面卡车航线作为货机和客机网络的补充，使货物快速通达全球各地。

近日，国货航网站客户专员受上海贤达跨境电商有限公司的委托，将一批女式服装通过国际航空运输方式发往日本东京买家富士商社，并与其签订了航空代理服务协议。国货航根据代理服务协议的规定，安排了10辆集装箱卡车到集装箱堆场提取空箱，并前往委托人指定地点装箱提货，运到机场海关监管区域，办理出口货物报关手续，经核验放行后等待装机。国货航向委托人收取航空运费及相关费用后签发航空分运单。集装箱货物到达日本东京成田机场后，国货航代办入境货物通关手续，海关放行后运送至收货人富士商社。

(三) 国际铁路货物运输服务

国际铁路货物运输服务是指国际货运代理公司在线接受发货人的托运委托业务后向铁路车站办理进出口货物国际铁路联运手续，代办进出口货物报关报检的申报，清关后装车，由一国铁路车站运向另一国铁路车站的一种跨境运输方式。

1. 国际铁路货物运输运营方式

国际铁路货物运输运营方式有以下三种：

(1) 国际铁路货物联运

国际铁路货物联运是指在两个或两个以上国家的铁路运输中，使用一份运送票据，并以连带责任办理货物的全程运输，在由一国铁路部门向另一国铁路部门移交货物时，无须收、发货人参加的一种运输方式。目前，国际铁路货物联运有两种方式：一是货协国之间运输，是指签署了《国际铁路货物联运协定》(简称国际货协)成员国之间的货物运输；二是货协国与货约国之间运输，是指货协国与《国际铁路货物运送公约》(简称国际货约)成员国之间的货物运输。

(2) 对中国香港地区铁路货物运输

对中国香港地区铁路货物运输是由国内段铁路运输和香港段铁路运输两段所组

成。首先由发货人按《国内铁路货物运送规程》的规定，由始发站运至深圳北站，向深圳外运公司交货（不卸车），完成国内段运输；然后由深圳外运公司代发货人向中国香港有关货运代理公司办理香港段运输。

（3）对中国澳门地区铁路货物运输

对中国澳门地区铁路货物运输是由国内段铁路和澳门段铁路两票运输所组成。首先由发货人按《国内铁路货物运送规程》的规定，由始发站运至广州站，交付广东省外运公司，完成国内段运输；然后由广东省外运公司办理中转并将货物运至澳门，再由澳门南光集团运输部负责接货并转交收货人。

2. 国际铁路货物联运服务流程

国际铁路集装箱货物联运场到场服务环节及其主要内容（见图 6-3）如下：

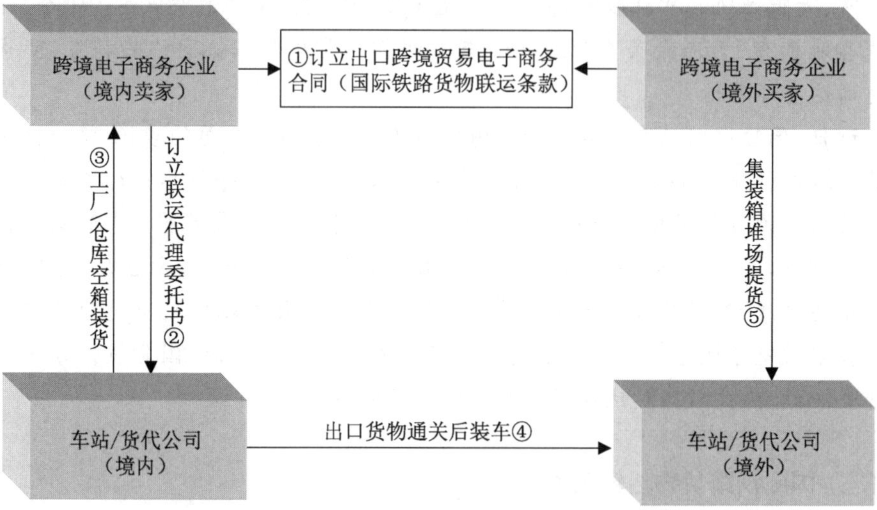

图 6-3　国际铁路集装箱货物联运场到场服务流程

（1）订立出口跨境贸易电子商务合同

跨境电子商务卖家与跨境电子商务买家签订出口跨境贸易电子商务合同，订立合同中的各项条款，确定国际铁路货物联运方式以及始发站、目的地站和装运期限。

（2）办理国际铁路联运托运

跨境电子商务卖家（托运人）通过电子商务平台选择国际货运代理公司，签订国际铁路联运出口代理委托书，填写出口货物的名称、数量和价值以及始发站、目的地站和装运期限等相关信息，并提交铁路货物运输服务订单等有关托运单据，委托其办理国际铁路集装箱货物联运。国际货运代理公司接受委托后确认货物是否符合相关国家的运输规定，并结合车皮计划向铁路发运站（承运人）办理托运手续。

（3）送货至集装箱堆场

铁路发运站根据铁路货物运输服务订单的内容上报中国国家铁路集团有限公司，根据下达的运输计划，在国际货协运单上注明装车日期及货位，通知国际货运代理公司发货时间。国际货运代理公司在约定的发货时间内将重箱运送至车站集装箱堆场，并就出口货物报关报检事宜进行在线申报，清关后送达铁路发运站指定地点，等待装车。

(4) 在国境站交接货物

国际货运代理公司在装车后向铁路发运站支付运费及费用，获取国际货协运单，由交通主管部门安排铁路发运站在两国国境站凭铅封交接出口集装箱货物，通知境外段代理接货。

(5) 办理提货手续

进口集装箱货物到达目的地车站后，由代理送达该车站集装箱堆场，并通知收货人提货。

3. 国际铁路货物联运与国际海洋货物运输、国际航空货物运输的区别

国际铁路货物联运与国际海洋货物运输、国际航空货物运输的区别主要有以下四个方面：

(1) 承运货物限制不同

国际铁路货物联运受到车皮空间的限制，不适用于超高、超大的货物，且运载量有限，与国际海洋货物运输相比，适应性较差、运载量较小，但比国际航空货物运输适应性要强。

(2) 运输时间不同

国际铁路货物联运与国际海洋货物运输相比，其速度较快，交货时间较短，安全准时，但是与国际航空货物运输相比，无论是运输速度，还是准时性等方面，都要慢和差。

(3) 运输风险不同

国际铁路货物联运与国际海洋货物运输相比，受气候条件的影响较小，货损货差率较低。但是与国际航空货物运输相比，受自然环境的影响较大，货损货差率较高。

(4) 运输费用不同

国际铁路货物联运费用总额比国际海洋货物运输费用高，比国际航空货物运输费用低，处于中等价位水平。

案例分享

国际铁路出口集装箱货物联运业务

泽川国际货运代理有限公司(以下简称货代公司)是一级货代，主要经营中国—中亚五国、中国—俄罗斯、中国—蒙古、中国—其他俄语区国家铁路整箱、拼箱、多式联运等综合物流服务，是哈萨克斯坦国家铁路、乌兹别克斯坦国家铁路、俄罗斯国家铁路、蒙古国家铁路在中国的代理，主要放货点为连云港、深圳、广州、佛山、上海、天津、宁波、厦门和青岛等地，提供中国范围内一站式进出口货物运输代理服务。

近日，该货代公司网站客户专员接到哈尔滨跨境电商有限公司的委托，将一批女式服装通过国际铁路联运方式运到俄罗斯车站，并与其签订了国际铁路联运出口代理委托书。货代公司根据委托书的相关规定安排了15个集装箱卡车到集装箱堆场提取空箱，前往哈尔滨跨境电商有限公司装箱提货，将货物装上指定的货运列车，运往满洲里国境车站，并在国境车站办理了出口女式服装报关报检手续，经海关查验放行后进行铅封，将集装箱换装至俄罗斯列车，运送至目的地俄罗斯车站。货代公司在俄罗斯的代理接货，办理入境货物报关手续，清关后送至收货人，完成“门到门”的联运服务。

（四）国际物流货物运输服务

国际物流货物运输服务主要包括跨境物流服务、跨境物流专线服务等模式。

1. 跨境物流服务

跨境物流服务是指国际物流公司或国际货运代理公司接受客户的委托，在经营范围内提供海运、空运、陆运和多式联运进出口货物的运输，包括揽货、订舱、仓储、中转、集装箱拼装拆箱以及代理报关报检等服务。跨境物流服务流程及其操作内容如图6-4所示。

图6-4 跨境物流服务操作流程

(1) 揽货

跨境电子商务卖家在跨境电子商务平台下订单后，国际物流公司获取订单，并在选择跨境物流方式后上门取货，或由卖家自行送货至公司物流中心，根据不同国家进行分类，将小批量的托运货物集中入仓。

(2) 订舱

国际物流公司根据不同的运输方式与目的地国家，向船公司、航空公司办理订舱手续，或向铁路车站办理车皮预订手续。

(3) 拼箱

国际物流公司在落实舱位或车皮后，根据不同的运输方式与目的地国家，将小批量货物进行拼装，并向口岸海关办理拼箱出口货物报关报检手续。

(4) 配送

出口货物通关后，国际物流公司将拼箱送至集装箱堆场，装入运输工具后通知目的地分公司或代理向入境口岸海关办理报关报检手续，清关后进行拆箱，并配送至各收货人。

2. 跨境物流专线服务

跨境物流专线是指通过海运、空运、陆运或两种运输方式的结合，实现点到点、门到门的跨境运输线路。跨境物流专线服务是指国际物流公司或国际货运代理公司用货车将揽到的出口货物运送到有跨境物流专线的车站、机场、港口等地，办理出境货物通关手续，将货物直接运到境外目的地，再通过当地的物流分公司或代理进行配送的集中发货模式。跨境物流专线主要包括中欧专线、中澳专线、中东专线和中俄专线，基本概况如下：

(1) 中欧专线

中欧专线是指通过航空货物运输方式，以法国为中转起点，凭借邮政便捷的清关系统，将包裹运送至 26 个主要欧洲国家的专线服务，单票货物申报价值超过 300 欧元。

(2) 中澳专线

中澳专线是指包裹通过航空货物运输方式到达中国台湾，由台湾 GDA 公司将包裹运输至澳大利亚，经当地的 Aramex 快递公司派送至收件人，单票货物申报价值不能超过 1 500 美元。

(3) 中东专线

中东专线是指包裹通过航空货物运输方式到中国香港中转，再通过当地 Aramex 快递公司在 3-6 个工作日投递到中东国家的收件人，单票货物申报价值不能超过 1 500 美元。跨境物流专线价格比商业快递低，比邮政小包高，速度不仅快于邮政小包，而且丢包率也较低。

(4) 中俄专线

中俄专线是指包裹通过国际铁路联运方式到达俄罗斯境内，交由俄罗斯邮政派送，凭借邮政系统运送至俄罗斯全境，派送时间在 26 个工作日内。

中欧专线、中澳专线、中东专线和中俄专线对重量与体积的限制、清单须填写的信息、关税支付和退件规定等具体内容(见表 6-2)如下：

表 6-2　跨境物流专线服务业务规定一览表

线名	重量与体积	清单内容	关税	退件
中欧专线	单票包裹重量：30 kg以内 最大尺寸：周长<300 cm {最长边 + 2 ×（宽 + 高)}，最长边<175 cm； 最小尺寸：23.5 cm×9.5 cm×1 cm	客户代码、交货日期、产品名称、货物类型、袋数号码、是否带电、票数、重量	收件人支付包裹入境关税或增值税	投递不成功则退件，并收取费用
中澳专线	单票包裹重量：30 kg以内 最大尺寸：≤120 cm×50 cm×50 cm	实际品名、物品用途、材质成分、数量	“同上”	投递不成功，则保留 14 天后退件，并收取费用

（续表）

线名	重量与体积	清单内容	关税	退件
中东专线	体积重量：长 cm×宽 cm×高 cm/5 000，包裹实际重量与体积重量从高计收	"同上"	"同上"	"同上"
中俄专线	单票包裹重量：2 kg 至 30 kg 最大尺寸：单边长≤150 cm；长+宽+高≤300 cm	收件人姓名、收件人地址、物品描述，用英文或俄文写	"同上"	接到退件通知时选择弃件或退回，其中退回需支付费用

案例分享

深圳安洋达国际货运代理公司跨境物流专线业务

深圳安洋达国际货运代理有限公司简称安洋达货代，是经商务部批准的国际货运代理企业，成立于 2014 年，经营范围是陆路、航空、海运国际货运代理，代理报关、报检，货物及技术进出口。主营国际空运、国际海运、国际专线、仓储、国际小包、国际快递（DHL、UPS、FedEx、EMS）等业务，并凭借现代物流管理模式，在全球设有较为完善的货运服务网络，为客户提供门到门的服务。

近日，安洋达货代网站客户专员接到深圳玩具进出口公司的委托，通过中欧专线向法国儿童贸易公司运输 25 个集装箱玩具商品，并与其签订了代理委托书。该公司根据委托书的规定，安排集装箱卡车司机到集装箱堆场提取空箱，前往委托人指定地点装箱提货，并办理出口报关手续。出口货物经海关查验放行后，装入中欧专线列车直达法国巴黎车站。安洋达货代在法国巴黎的代理接货，办理入境货物报关手续，清关后直接交给法国儿童贸易公司收货人。

第二节　跨境零售电子商务物流

跨境零售电子商务物流服务是由发件人选择邮政局、国际物流公司、国际快递公司等企业，由其上门揽货或自行邮寄，通过邮政国际大包、邮政国际小包、EMS 全球邮政特快专递和国际快递等将货物送达收件人的交接方式。

一、跨境零售电子商务物流货物包装

跨境零售电子商务物流货物包装主要分为以下两大类：

(一) 包装箱

包装箱根据不同材质可以分为两种形式：一是纸箱，是指采用双层瓦楞纸板或三层瓦楞纸板制作的，适用于邮政国际大包、邮政国际小包、国际快递，体积较小或重量较轻的货物包装；二是泡沫箱，是指采用泡沫塑料制成的包装容器，适用于易碎品或3C等产品的包装，具有重量轻、耐冲击和成本低等特点。

(二) 包装袋

包装袋依据不同功能可以分为四种类型：一是塑料防水袋，适用于需防潮防水货物的包装，将货物放入袋后进行封口；二是真空压缩袋，适用于衣物等棉质货物的包装，放入货物后抽出袋内的气体，可以缩小包装的体积；三是充气袋，适用于易碎品、需防震货物的包装，货物放入袋后进行充气，具有抗震保护的作用；四是纸袋，适用于纸质材料类的文件或扁平类的物品包装。

二、跨境零售电子商务物流货物交接

(一) 拼箱交接术语

1. 拼箱

拼箱(LCL)是指集装箱货运站根据发货人的托运货物的性质、体积或重量、目的地进行分类，把同类货物、同一目的地的货物拼装在一个集装箱的装箱方式。

2. 集装箱货运站

集装箱货运站简称货运站(CFS)，是指为承接不足装一个集装箱的货物进行拼装，或将拼装货物集装箱进行拆箱的场所，是发货人、收货人、承运人或代理交接货物的场所。

(二) 拼箱交接方式

1. 门到站

门到站(Door/CFS)是指国际物流公司、国际货运代理公司与发货人签订托运协议后，指派集装箱卡车司机到货主工厂或指定仓库(门)进行装货、铅封，通关后装入船舶、飞机等运输工具，由目的地运输代理负责卸至指定的集装箱货运站(站)，拆箱后将货物交付给不同收货人的一种交接方式。

2. 场到站

场到站(CY/CFS)是指国际物流公司、国际货运代理公司与发货人签订托运协议后，在集装箱堆场(场)接受托运货物，经海关查验放行后装入船舶、飞机等运输工具，到达目的地后由运输代理负责卸至集装箱货运站(站)并进行拆箱，由收货人在该站进行提货的一种交接方式。

3. 站到门

站到门(CFS/Door)是指发货人将货物运送到集装箱货运站(站)，由该站进行拼箱，经海关查验放行后装入船舶、飞机等运输工具，到达目的地后由运输代理接货，并送达指定收货人的公司或仓库(门)的一种交接方式。

4. 站到站

站到站(CFS/CFS)是指发货人将货物运送到集装箱货运站(站),由该站负责拼箱,经海关查验放行后装入船舶、飞机等运输工具,到达目的地后由运输代理负责卸至集装箱货运站(站),拆箱后交付不同收货人的一种交接方式。

三、跨境零售电子商务物流方式

(一) 中国邮政国际包裹

中国邮政国际包裹是中国邮政集团公司为境内用户向境外传递信函、文件、票据、货样等各类资料与物品的一项国际邮政业务。中国邮政国际包裹在200多个国家的邮政、海关、航空等部门均享有优先处理权,提供包装、报关、保险和跟踪查询等一系列服务。其有以下两大类型:

1. 中国大陆邮政国际大包

(1) 中国大陆邮政国际大包的类型

中国大陆邮政国际大包有三种类型:一是中国邮政航空大包,又称中国邮政大包,适合于重量和体积较大的包裹,全程为航空运输,从起运机场直飞目的地机场,交货时间快(欧美国家10-15天),但费用相对较高;二是中国邮政空运水路大包,是采用空运与海运相结合的运输方式,在有航班的国家使用航空运输,在无航班的国家使用水路运输,适用于目的地为欧美、澳大利亚、东南亚国家和地区的轻抛大型包裹的邮寄,费用比中国邮政航空大包低,时间比其慢(欧美国家15-25天);三是中国邮政水陆大包,采用海运与陆运相结合的运输方式,交货时间长(欧美国家1-2月),但费用超低,适用于走货量大的非特急的包裹。

(2) 中国大陆邮政国际大包的重量和体积

中国大陆邮政国际大包对重量和体积都有具体的规定。重量限制为2 kg至30 kg,部分国家不得超过20 kg,每票快件不能超过1件。最大体积限制:单边≤1.5米,长度+长度以外的最大横周≤3米;单边≤1.05米、长度+长度以外的最大横周≤2米。最小体积限制:边长不小于0.24米,宽不小于0.16米。

(3) 中国大陆邮政国际大包的赔偿

邮局对中国大陆邮政国际大包的赔偿责任有两种情形:一是保价包裹,如果该包裹在运输过程中丢失、损毁,则按货物保价金额给予赔偿,如果发生内件短少,按照保价额与邮件全部价值的比例对实际损失予以赔偿;二是非保价包裹,如果邮寄时未保价的包裹,发生丢失、损毁或内件短少,按照邮包实际损失价值予以赔偿,但最高不超过邮局规定的限额。

2. 中国大陆邮政国际小包

(1) 中国大陆邮政国际小包的类型

中国大陆邮政国际小包根据不同运输方式可以分为两种类型:一是中国邮政国际航空小包,又称中国邮政小包,是针对小件物品的空邮产品,可寄达全球各个邮政网点，费用比国际邮政特快专递（EMS）和UPS、DHL、FEDEX、TNT四大国际快递低，而稳定性、时效性和在线查询的精准性均比其差，不适合寄送昂贵的物品；二是中国邮政铁路运邮国际小包，简称铁路运邮国际小包，是中国邮政于2018年11月开通的，通过重庆、广州、深圳、东莞、义乌和杭州，搭载中欧班列抵达欧洲23个主要国家。铁路运邮国际小包所寄物品应当符合《铁路运邮禁限寄目录》及海关、铁路运输安检的有关规定，邮局审核后将邮件信息录入系统，可以根据运单号实时跟踪小包所到地点。

（2）中国大陆邮政国际小包的重量与体积

中国邮政国际小包的重量在2 kg以内，外包装长宽高之和小于90厘米，且最长边小于60厘米。

（3）中国大陆邮政国际小包的赔偿

挂号小包需要支付挂号费，提供网上跟踪查询，丢失后邮局给予一定赔偿，费用比平邮小包高。平邮小包没有邮寄凭据，不可追踪查询，丢失后邮局不予以赔偿，费用较低。

中国大陆邮政航空大包邮寄服务流程及其内容如图6-5所示。

图6-5 中国大陆邮政航空大包服务流程

（1）办理中国邮政航空大包邮寄手续

寄件人（境内卖家）邮寄的物品不得是国家明令禁止的进出境物品，选择瓦楞纸箱或泡沫箱包装，接受邮局开包检查，核准后在包裹封面上注明收/寄件人的姓名及地址，并填写包裹详情单一式三份，正确填写收/寄人的详细通信信息、内装物品名称、包裹价值和保价金额。

（2）办理中国邮政航空大包集中通关

邮政局将所有邮政国际包裹集中发送到属地邮政监管中心，按照不同的国家、城市或地区进行分拣，并装入集装包，办理出境通关手续，等候装机。

（3）办理中国邮政航空大包集中装机

机场航空货运站根据航班动态和可用载量进行配载，监装员安排搬运员负责邮政国际包裹的装机。

（4）完成中国邮政航空大包配送

邮政国际包裹到达目的地机场后，由当地国际货运代理公司或国际物流公司办理入境通关手续，完成不同客户的货物分拣，配送并交付给收货人。

(二) 中国香港邮政国际包裹

1. 中国香港邮政国际大包

中国香港邮政国际大包又称为香港邮政航空大包，是香港邮政开通的一项大包裹空邮服务，7-12 天可以送达全球 220 多个国家，并全程提供跟踪服务。香港邮政大包在中国内地可以通过其代理国际货运代理公司进行收货。

香港邮政航空大包对重量的限制，为 0.5 kg 至 30 kg。对体积最大的限制：长方形的周长≤(长+宽)×2，正方形周长=任何一条边×4；P 的长度≤1.05 m，长度+周长≤2 m，XP 的长度≤1.05 m，长度+周长≤3 m。对体积最小的限制：非卷状邮件的长度×宽度≥90 mm×140 mm；卷轴状邮件 2×直径+长度≥170 mm，最大尺度≥100 mm。

2. 中国香港邮政国际小包

中国香港邮政国际小包简称为香港邮政小包，是香港邮政开通的一项国际小包空邮服务，单件包裹重量在两千克以内，外包装长宽高之和小于 90 厘米，且最长边小于 60 厘米，经由深圳转到香港 AMC 航空公司，再运往全球各个国家。香港邮政小包分为平邮、挂号两种产品：平邮费每 10 克为 0.85 元，不提供跟踪查询服务；挂号费每 10 克为 1.05 元，每件另加 13 元挂号费，提供邮件跟踪查询服务。中国香港邮政国际小包服务流程如图 6-6 所示。

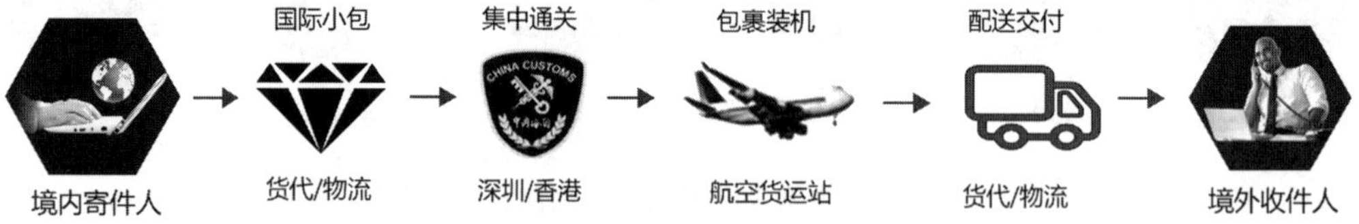

图 6-6　中国香港邮政小包服务流程

(1) 邮政国际小包揽货

从事香港邮政小包代理业务的国际货运代理公司或国际物流公司向寄件人(境内卖家)上门揽货，检查是否属于国家法律、邮政法规和海关条例禁止的物品及国际航空禁运物品，确认无误后粘贴收件人地址标签、验示标签、CN22 报关签条、挂号或平邮条码，由寄件人填写相关信息和申报价值，收取费用后带回公司仓库，并按照不同的国家、城市或地区进行分拣，装入集装总包后，运往深圳。

(2) 邮政国际小包通关

国际货运代理公司或国际物流公司办理集装总包出境通关，清关后入境香港，等候装机。机场航空货运站根据航班动态和可用载量进行排舱，监装员安排搬运员进行集装总包装机。

(3) 邮政国际小包配送

邮政国际小包到达目的地机场后，由当地代理办理集装总包入境通关手续，清关后对集装总包拆分，按照行政区域大小对不同客户的小包进行分拣，并配送至收件人。

（三）其他国家邮政国际小包

除了中国大陆与香港邮政国际小包以外，还有其他国家的邮政国际小包。其主要包括四种：一是新加坡邮政国际小包，简称为新加坡邮政小包，是新加坡邮政开通的一项国际小包空邮服务，为平邮、挂号两种产品，其中挂号产品提供邮件跟踪查询服务，物流覆盖全球有邮政的国家；二是瑞士邮政国际小包，简称瑞士国际小包，是瑞士邮政开通的一项国际小包空邮服务，为平邮、挂号两种产品，其中挂号产品提供邮件跟踪查询服务，物流覆盖全球有邮政的国家，寄送英国、德国、法国、瑞典、西班牙更为快捷；三是荷兰邮政国际小包，简称荷兰国际小包，是荷兰邮政开通的一项国际小包空邮服务，为平邮、挂号两种产品，其中挂号产品提供邮件跟踪查询服务，派送至全球有邮政的国家；四是比利时邮政国际小包，简称比利时国际小包，是比利时邮政推出的新型国际小包服务，分为特快小包和全球小包，享受欧盟海关提供的“低值小包海关绿色通道”专线型小包服务，主要覆盖欧盟 28 国。上述四种邮政国际小包对重量与体积、邮费与挂号费、物流方式与时效等内容都有具体的规定（见表 6-3）。

表 6-3　　四国邮政国际小包的具体要求一览表

类型	重量与体积限制	平邮、挂号	物流方式	时效
新加坡邮政国际小包	单件重量：20-2 000 克 方形货物尺码：长＋宽＋高≤90 cm，单边长度≤60 cm/表面尺码不得小于 9 cm×14 cm 卷轴状货物尺码：直径两倍加上长度≤104 cm，单边长度≤90 cm	平邮费用：0.95 元/10 克 挂号费用：0.95 元/10 克加 13 元挂号费	先集中空运至新加坡邮政处理中心，再按国别送达各国收件人处	东南亚 5-10 天 西欧 7-15 天 东欧 7-20 天 美国 7-15 天 加拿大 7-15 天 澳大利亚 7-15 天
瑞士邮政国际小包	单件重量：“同上” 方形货物尺码：“同上” 卷轴状货物尺码：“同上”	平邮费用：0.96 元/10 克 挂号费用：1.08 元/10 克加 13 元挂号费	先集中空运至瑞士邮政处理中心，再按国别送达各国收件人处	7-12 天
荷兰邮政国际小包	单件重量：“同上” 方形货物尺码：“同上” 卷轴状货物尺码：“同上”	平邮费用：“同上” 挂号费用：“同上”	先集中空运至瑞士邮政中心，再按国别送达各国	15-20 天
比利时邮政国际小包	单件重量：“同上” 方形货物尺码：“同上” 卷轴状货物尺码：“同上”	特快小包费用：“同上” 全球小包费用：“同上”	先集中空运至比利时邮政处理中心，再按国别送达欧盟 28 国收件人处	英、法、德、意、荷、西为 5-8 天；其他国家为 7-10 天

（四）国际快递物流服务

国际快递物流服务主要包括 EMS 全球邮政特快专递和国际快递两大类。

1. EMS全球邮政特快专递

EMS全球邮政特快专递简称EMS国际特快专递或邮政EMS，是指由各国邮政开办的，为用户传递国际紧急信函、文件资料、金融票据、商品货样等各类文件和物品的一项特殊邮政业务。在我国跨境电子商务活动中，卖家通常选择EMS国际特快专递服务，主要有中国EMS、中国香港EMS和新加坡EMS，其对重量与体积限制、清单内容、包装要求、时效、退件等都有相关的规定。具体内容如表6-4所示：

表6-4　　邮政EMS国际快递业务规定一览表

类型	重量与体积	清单内容	包装要求	时效/退件
中国EMS	单件限重：20 kg，内装易碎或流质物品为10 kg。 方形货物最大尺寸：长度不超过1 050 mm，长度和长度以外合计不超过2 000 mm。最小尺寸：至少有一个面的长度不小于215 mm，宽度不小于130 mm 卷轴状货物最大尺寸：直径的2倍和长度合计不超过1 040 mm，长度不超过900 mm。最小尺寸：长度不小于300 mm，直径不小于60 mm	用英语填写物品描述的详细信息	包裹正面的中间位置粘贴地址标签；对于易碎品，建议粘贴易碎品的标志	3-8个工作日/退件收费
中国香港EMS	单件限重：30 kg，内装易碎或流质物品为10 kg 物品最大尺寸：P标准位长度≤105 cm，长度+周长≤200 cm；XP标准位长度≤150 cm，长度+周长≤300 cm 物品最小尺寸：至少有一个面的长度不小于215 mm，宽度不小于130 mm	"同上"	"同上"	3-8个工作日/退件免费
新加坡EMS	单件限重：30 kg 2M体积限制为最长边不超过1.05米，最长边+(宽+高)×2不超过2米；3M体积限制为最长边不超过1.5米，最长边+(宽+高)×2不超过3米	"同上" 提供发票	"同上" 自封包装	4-10天/退件免费

2. 国际快递

国际快递是指利用企业全球快递网络，通过最便捷的运输方式，为境内外发件人与收件人提供文件、物品的门到门国际物流服务方式。在我国跨境电子商务活动中，卖家通常选择的国际快递服务主要包括中国大陆DHL(中外运敦豪)、中国香港DHL和中国大陆FedEx、中国香港FedEx以及中国大陆UPS、中国香港UPS。

(1) 中国DHL

中国DHL包括中国大陆DHL和中国香港DHL两种业务，其对重量与体积的要求、清单内容、包装要求、申报价值、附加费、时效、退件等方面都有相关的规定。具体内容如表6-5所示。

表 6-5 中国 DHL 国际快递业务规定一览表

类型	重量与体积	清单内容	包装要求	申报价值	附加费用	时效/退件
中国大陆DHL	单件限重：≤70 kg 体积限制：最长边≤120 cm	用英语填写物品描述的详细信息	包裹正面中间位置粘贴地址标签；对于易碎品，建议粘贴易碎品标志；不准用黄色胶带打包	文件不超过5美元；对于发往欧洲的包裹，不低于20美元	燃油附加费；偏远派送费；超重超长附加费；地址更正附加费	2－7个工作日/退件收费
中国香港DHL	“同上” 尼日利亚、安哥拉等国另有规定	“同上” 提供发票	包裹正面中间位置粘贴地址标签；对于易碎品，建议粘贴易碎品标志	“同上”	“同上”	2－7个工作日/退件收费

(2) 中国 FedEx

中国 FedEx 包括中国大陆 FedEx 和中国香港 FedEx 业务，其对重量、体积、清单、包装、申报价值、附加费、时效与退件等都有相关的规定。具体内容如表 6-6 所示。

表 6-6 中国 FedEx 国际快递业务规定一览表

类型	重量与体积	清单内容	包装要求	申报价值	附加费用	时效/退件
中国大陆FedEx	单件限重：≤68 kg 体积限制：≤274 cm^3；最长边＋其他两边长度的两倍≤330 cm	用中英文填写物品描述的详细信息	包裹正面中间位置粘贴地址标签；对于易碎品，建议粘贴易碎品标志；不准用黄色胶带打包	自行填写	偏远派送费；特殊处理费	北美3-4日、亚洲2-3日、西欧3-5日、中东4-6日、非洲4-6日/退件收费
中国香港FedEx	“同上”	“同上” 发票上注明商品编码	包裹正面中间位置粘贴地址标签；对于易碎品，建议粘贴易碎品标志	“同上”	燃油附加费；偏远派送费；超重附加费；更改包装费	“同上”

(3) 中国 UPS

中国 UPS 包括中国大陆 UPS 和中国香港 UPS 业务，其对重量与体积、清单内容、包装要求、申报价值、附加费用、时效、退件方面都有相关的规定。具体内容如表 6-7 所示。

表 6-7　　中国 UPS 国际快递业务规定一览表

类型	重量与体积	清单内容	包装要求	申报价值	附加费用	时效/退件
中国大陆 UPS	单件限重：红单为 0.5-100 kg；蓝单为 1-100 kg	用英语填写物品描述的详细信息	粘贴地址标签、验示标签、CN22 报关签条、挂号/平邮条码	自行填写	偏远派送费；处理费	北美 3-5 日、亚洲 2-3 日、西欧 3-5 日、中东 4-6 日/退件收费
中国香港 UPS	单件包裹最大长度为 270 cm，最大尺寸为长＋周长＝[（2×宽）＋（2×高）]＝330 cm	用中英文填写物品描述的详细信息	包裹正面中间位置粘贴地址标签	“同上”	燃油附加费；更改地址费；偏远派送费；超长超重及不规则费等	2-6 日/退件收费

3. 国际快递物流服务与邮政国际包裹物流服务的区别

国际快递物流与邮政国际包裹物流相比，主要有以下五个方面的不同之处：

（1）运输方式不同

国际快递物流服务主要包括航空运输、空海联运、空铁联运、空陆联运等运输方式，头程运输为空运；邮政国际包裹物流服务主要采用邮政航空、邮政空运水路、邮政水路陆运、邮政铁路运输方式，头程运输包括空运、水运或陆运。

（2）通关模式不同

国际快递物流服务在出入境通关方面不如邮政国际包裹物流方式便捷，因为其享有海关、航空优先处理权，而国际快递物流服务不具有相关优势。

（3）费用构成不同

国际快递物流服务的费用由运费、附加费、其他费用三部分构成，而邮政国际小包物流服务的费用由平邮费和挂号费两部分构成，比小包物流服务费用略高，也比邮政空运水路大包和邮政水路陆运大包的费用高。

（4）运输时间不同

由于国际快递物流服务的头程均为航空运输，与小包物流、邮政空运水路大包物流和邮政水路陆运大包物流相比，不仅运输准时，而且时速更快。

（5）货损货差不同

国际快递物流服务与邮政空运水路大包、邮政水路陆运大包、平邮小包相比，货损货差率要低。

四、跨境零售电子商务物流与跨境贸易电子商务货物运输的分析

（一）共性

跨境零售电子商务物流和跨境贸易电子商务货物运输都是国际物流服务的方式，

在运输服务的本质和规范方面都是相同的，即都是提供出入境货物或物品的运输服务，收取相关费用，提供约定的服务，并在过境时根据进出口国家的相关法律法规的规定办理出入境报关报检手续，经口岸海关查验核准放行后才能装运或接受货物。

（二）异性

跨境零售电子商务物流与跨境贸易电子商务货物运输在具体的经营内容、操作要求和服务费用等方面存在着较大差异，主要包括承运货物范围、包装要求、运输单据、服务费用、通关模式、运输时效等方面。具体内容如表 6-8 所示。

表 6-8　跨境零售电子商务物流与跨境贸易电子商务货物运输差异一览表

物流方式	承运货物范围	包装要求	运输单据	运费附加费	通关方式	时效(欧美)
邮政 EMS	信函、文件资料、金融票据、商品货样等	纸盒、泡沫箱、纸袋；单件限重 20 kg，体积有具体限制	EMS 单 地址标签 商业发票	价格 无附加费	代理	3-8 日
邮政国际包裹	日用品、礼品、工艺品、电子、办公文教、玩具、服装服饰、纺织皮革、鞋业等领域的商品	塑料袋、纸盒、泡沫箱、纸袋、纸箱（双层或三层瓦楞纸板）；大包单件限重 2 kg 至 30 kg，小包限重 20 克至 2 000 克，体积有具体限制	地址标签 验示标签 CN22 报关签条、挂号/平邮条码	平邮费 挂号费	代理	7-15 日/小包；10-15 日/空运大包；15-25 日/空+水大包
国际快递 DHL FedEx UPS	五金、仪器仪表、家居用品、厨卫、日用品、礼品、工艺品、家电、灯饰、数码、电子、印刷、办公文教、玩具、服装服饰、纺织皮革、鞋业等领域的商品	塑料袋、纸袋、纸盒、泡沫箱、纸箱（三层或五层瓦楞纸板）；单件限重 70 kg，体积有具体限制	包裹单 地址标签 商业发票	价格+附加费（燃油、超重超长、偏远派送、地址更正）	代理	3-5 日
跨境物流专线	同上	塑料袋、纸袋、纸盒、泡沫箱、纸箱（三层或五层瓦楞纸板）；单件限重 30 kg，体积有具体限制	地址标签 交接清单 商业发票	运费+附加费（偏远派送）	代理	5-8 日
国际海洋货物运输	机械、五金、环保、能源、仪器仪表、建材、家居用品、厨卫、日用品、礼品、工艺品、家电、灯饰、数码、电工、电子、通信、安防、汽车、印刷、纸业、化工、农业、食品、办公文教、玩具、服装等领域的商品	集装箱、托盘、木箱、集装包、包、桶、纸箱（五层或七层瓦楞纸板）；单件限重与单件体积限制无	商业发票 装箱单 海运提单 装运通知 提货单	运费+附加费（燃料、超重超长、直航、转船、绕航、选港等）	自理 代理	25-35 日

（续表）

物流方式	承运货物范围	包装要求	运输单据	运费附加费	通关方式	时效(欧美)
国际航空货物运输	同上	同上	商业发票 装箱单 航空运单 提货单	运费＋附加费(燃油)	同上	2-6 日
国际铁路联运	同上	同上	商业发票 装箱单 海运提单 装运通知 提货单	运费＋附加费(燃料、超长)	自理代理	4-50 日

资料来源：根据多家国际物流公司、国际货运代理公司、国际快递公司的产品整理而成。

(三) 优势

1. 企业集团化经营优势突出

企业集团化是指以母公司为基础，以产权关系为纽带，以优势产品为龙头，以骨干企业为核心，通过合资、合并、兼并、划转等途径，组成新的更大的企业群体。如 2016 年成立的中国远洋海运集团有限公司，是由中远海运物流有限公司、中海集团物流有限公司和中海船务代理有限公司重组整合而成，业务涵盖海运货代、陆运货代、空运货代和跨境电子商务物流等服务；再如 2002 年成立的中国航空集团公司，是由 8 家二级企业、130 多家企业形成的特大型航空运输集团企业，经营业务涵盖航空客货运及销售地面服务、航空物流、机场管理、传媒广告等相关产业。企业组成集团，实现生产要素的优化组合，通过签订集团内的协议把各企业联结成一个有机的整体，规模化经营，走向全球，形成新的规模优势。

2. 多元化经营业务优势明显

多元化经营业务是企业的一种管理经营模式，引导企业拓展前景好的新兴业务，通过实现企业内部资源整合，提高经济效率，提升企业综合实力。例如，2014 年成立的深圳安洋达国际货运代理有限公司，在主营业务国际空运、国际海运、国际专线、仓储的基础上，结合跨境电子商务市场的发展趋势，开拓新市场，增设国际小包、国际快递等服务。2019 年，排名前 10 的中国物流百强企业依次为顺丰速运(集团)有限公司(顺丰快递)、圆通速递有限公司(圆通快递)、申通快递有限公司(申通快递)、上海韵达货运有限公司(韵达快递)、中国邮政速递物流股份有限公司(中国邮政速递物流)、德邦物流股份有限公司(德邦物流)、中通快递股份有限公司(中通快递)、青岛日日顺物流有限公司(日日顺物流)、中外运—敦豪国际航空快件有限公司(DHL)和优比速包裹运送(广东)有限公司(UPS)。而中远海运集装箱运输有限公司(中远集运)、中国远洋运输(集团)总公司(中国远洋海运)、中铁物流集团有限公司(中铁物流)、中铁快运股份有限公司(中铁快运)、中海集装箱运输股份有限公司(中海集运)在 2019 年中国物流百强企业排名中，分别是第 39、第 47、第 50、第 58 和第 86 位。

3. 智能系统化管理优势显现

企业集团化经营和多元化经营是基于智能系统化管理。智能系统化管理是利用互联网通信技术、智能技术、大数据技术形成的各类智能系统化管理软件，对国际货运代理公司、国际物流公司、邮政局、国际快递公司的销售、货物、运输、仓储、监管、配送、客服、人力资源和财务等领域进行全方位的管理，通过制度标准化、措施具体化、决策程序化、执行规范化、业务流程化、控制过程化、绩效考核定量化和权责明确化的管理，规范了企业的决策与执行过程，起到了事前预防、事中监控、事后考核的积极作用，并凝聚了企业或部门的合作成果，拓宽了员工的国际化视野，推动了企业全球化的快速发展。

第三节 跨境电子商务仓储与配送

一、跨境电子商务仓储

(一) 跨境电子商务仓储的功能

跨境电子商务仓储是指通过仓库对采购的货物或交易的商品进行储存、保管、加工和出货等活动的总称。仓库是指具有储存设施，对物品进行集中、整理、保管、分拣、包装和发货等工作的场所。跨境电子商务仓储是为交易服务提供的物流活动，具有以下四大基本功能：

1. 存储功能

仓储货物主要有两大类：一是电子商务卖家采购的货物，通过存储能满足在线销售的需求；二是未进入流通领域的产品，为日常性销售、季节性销售和大节促销提供货源的储备，满足不同境外买家或消费者的需求。

2. 保管功能

仓储货物保管主要是指通过对货物的合理维护与保管，避免货物损坏、被偷窃或遗失，保持其完好的使用价值，通过仓库内存货的收、发、存管理，能起到有效的保管作用。

3. 加工功能

仓储货物加工主要是指在商品流通中不改变其使用价值的副加工，包括对整包货物的拆分、分包、包装等工作。

4. 协调功能

仓储协调主要是指仓储管理部门根据跨境电商市场中的买家和消费者的不同需求，能协调成交货物与出运之间的环节，能快速向境外卖家或消费者交付商品。

(二) 跨境电子商务仓储的类型

1. 基于仓库用途区分的类型

按照仓库用途可分为六类：一是采购货物仓库，主要是用于集中储存从供应商采购商品的场所；二是批发仓库，是指用于储存从采购供应仓库调进的商品或在当地采购用于在线批发供货的场所；三是零售仓库，主要是用于在线零售的短期储货的场所；四是中转仓库，主要是为货物运输中间环节存放待转运货物的场所；五是加工仓库，是指对仓储货物进行加工的场所；六是保税仓库，是指经海关批准设立的专门存放保税货物及其他未办结海关手续货物的场所。

2. 基于存储货物特性区分的类型

按照存储货物特性可分为五种类型：一是原料仓库，是指用来储存生产所需原材料的场所；二是产品仓库，是指存放还没有进入流通领域成品的场所；三是冷藏仓库，是指用来储藏对于储存温度有要求物品的场所；四是恒温仓库，是指储存对于储藏温度有要求货物的场所；五是危险品仓库，是指配置了特殊装备和相应消防手段，能对危险品起到一定防护作用的专用仓库。

3. 基于仓库构造区分的类型

按照仓库构造可分为三类：一是单层仓库，存储货物便捷；二是多层仓库，需要垂直输送设备以搬运货物；三是立体仓库，存放货物，需要采用与之配套的机械化、自动化设备。

案例分享

海烟物流中心自动化高架立体仓库

上海海烟物流中心自动化高架立体仓库是目前国内单体规模最大、运营系统最先进的自动化高架立体仓库之一。该公司下属各卷烟厂将生产后的卷烟送到海烟物流中心，由操作人员操作搬运车进入厢式货车，将整托盘货物的卷烟卸下货车，再由叉车送到自动化高架立体仓库入库口。自动化高架立体仓库是组合式的立体货架系统，分为卷烟存储、食品百货类存储和非烟商品电子标签拣选三大区域，其中卷烟存储区可存托盘货位 12 000 个，由 5 台堆垛机器人完成卷烟自动出入库作业。自动化高架立体仓库还采用四种不同的、自动化程度较高的拣选系统，整箱货物选取由机械手完成，大批量出库品种由 SENZANI 自动拣选系统处理，订单比较分散且数量小的品种由 A-Frame 高速拣选系统处理，其他品种使用电子标签拣选系统。

4. 基于仓库隶属关系区分的类型

按照仓库隶属关系可分为两类：一是自用仓库，是指企业建立的供自己使用的仓库，其被称为第一或第二方物流仓库；二是公用仓库，是指专业从事仓储经营的、独立于其他企业的仓库，其被称为第三方物流仓库。

5. 基于仓库所处关境区分的类型

按照仓库所处关境可分为两类：一是境内仓库，是指在一国或关境内的存储货物的场所，包括港口仓库、码头仓库等；二是海外仓库，是指境外建立的，为企业提供仓储、分拣、包装、派送、售后等项目服务的场所。

案例分享

厦门旺集信息科技有限公司海外仓

厦门旺集信息科技有限公司总部设于俄罗斯莫斯科，下设五家全资子公司，中国区域办公室位于厦门留学生创业园创业大厦，是第一家进入中国市场为跨境电商提供海外仓派送及俄罗斯 UMKA 电商平台的高科技公司，2014 年在莫斯科设有自营仓库，是中国第一家俄罗斯海外仓库，为中国对俄跨境电商提供海外仓储与配送服务，配送范围可覆盖俄罗斯全境，不受任何重量、体积限制，不受旺季航路不畅的影响。

(三) 跨境电子商务仓储的管理

1. 仓储管理的基本原则

仓储管理是指根据相关的管理原则和要求，应用物联网、大数据、人工智能等现代化技术对仓储货物进行精准管理，降低库存和流通成本，提高企业经济效益。仓储管理基本原则主要有以下三个方面：

(1) 效率原则

效率原则是指一切管理活动都追求高效率的行为准则。高效率的实现是管理艺术的体现，需要准确地核算、科学地组织、妥善地安排场所，以及合理配备设施与人员。仓储管理的效率集中体现为仓容利用率、货物周转率等方面的指标。

(2) 经济效益原则

企业经营管理要以提高企业经济效益作为主要目标，追求利润最大化。要实现利润最大化，需要做到经营收入最大化和经营成本最小化。仓储管理应围绕获得最大经济效益的目的进行组织和经营，并在获取最大经济效益的同时承担部分社会责任，在取得企业最大经济效益的同时兼顾社会效益。

(3) 优质服务原则

仓储经营企业要向社会提供优质的仓储服务，要根据不同的服务对象和要求进行管理，达到优质的仓储管理服务水平，吸引更多的用户，拓展更大的市场，提高企业经济效益。

2. 仓储管理的主要内容

仓储作业一般分为入库作业、在库作业、出库作业三大环节，其作业及管理内容如下：

(1) 入库作业管理

入库作业管理主要包括货物接运、货物入库验收、货物入库交接等工作内容。仓储部门要按照入库作业程序和要求，充分利用信息化资源，有效组织货物接运、货物入库验收及交接等工作，合理安排人力与物力等资源，认真履行入库作业工作的岗位职责。

（2）在库作业管理

在库作业管理主要包括仓库货区布局、货位管理、商品编码、商品堆码、盘点对账和质量检查等工作内容。仓储部门要按照在库作业的具体要求，合理组织人力与物力等资源，认真履行在库作业的各项工作。

（3）出库作业管理

出库作业管理主要包括出库单据审核、出库信息处理、拣货、发货检查、装车、发货信息处理等工作内容。仓储部门要按照出库作业的要求，坚持先进先出的原则，管理工作的重点是实际出库的商品名称、规格、数量和包装与出库单上的信息是否一致。

3. 仓储管理的制度

仓储管理的制度对于货物的管理、库位的周转、产品的安全等方面都具有十分重要的作用，是企业开展生产或销售的必要条件，主要包括仓库管理办法、商品进出库管理规定、储存管理办法和安全管理办法等相关管理文件。

（四）跨境电子商务仓储作业流程

跨境电子商务仓储作业是在一般物流仓储作业的基础上，通过信息化、智能化的在线管理开展的仓储作业内容。其作业流程有以下三大环节：

1. 入库作业环节

（1）货物接运

货物接运工作是指物流中心库管员根据物流信息平台发布的信息，对通过国际海洋运输、国际航空运输、国际铁路运输、国际公路运输、国际物流专线等方式到达港口、机场、车站等场所或由国际物流公司送达仓库的货物进行接运或接货，并在入库信息系统中输入接运或接收货物的发站与到站信息，还有货物名称、规格、等级和数量等具体内容。

（2）货物入库验收

货物入库验收工作是指物流中心库管员根据入库信息系统发布的验收货物的批次，依据货物入库的相关信息核查入库货物的名称、规格、等级和数量等内容是否相符，货物包装是否完好，并在入库信息系统中输入验收的情况。

（3）货物入库交接

货物入库交接工作是指物流中心库管员根据入库信息系统发布的交接货物的批次，依据货物入库验收的信息对符合入库要求的货物安排卸货，签收入库单，办理好各项交接工作，并在入库信息系统中输入交接的情况。

2. 在库作业环节

（1）货区布局

货区布局是指在一定库区内对仓库的数量、规模、地理位置和仓库设施、道路等进行的合理规划和布局。物流中心的货区布局要分区分类，根据不同的货物固定主道和支道的宽度，有利于货物的进出与周转，便于仓库作业信息化管理，提高仓库的使用效率。

（2）货位管理

货位管理工作是指物流中心依据一定的规则对仓库存放货物的货位进行合理地规划、编码、分配、使用、调整等工作。货位管理员要合理分配货场、货位、货架等编号，划定各类商品的储存范围，提高货位的有效使用率。

（3）商品编码

商品编码是指依据一定的规则，用一组阿拉伯数字标识商品的名称、类别、规格、质量、颜色和重量等表示商品的信息。商品编码管理就是要遵循唯一性原则，正确地给具体商品进行编码，以及对已编码的商品做好原始记录和档案。商品编码有利于货物的管理，已经广泛应用于零售、物流、电子商务、移动商务等领域。

（4）商品堆码

商品堆码是指根据商品性能、规格、形状、包装、体积、重量、库房高度、地面负荷、设备条件、季节变化等因素对货物进行堆垛。商品堆码法有堆垛法、散装法、货架堆码法等，堆码形式有平面形货垛、起脊形货垛、宝塔形货垛等，要做到安全、方便、节约。商品堆码可以有效地保护商品的使用价值，提高仓容的利用率。

（5）盘点作业

仓库盘点作业是依据入库清单对在库的物品进行账目上的清点工作。盘点对账不仅要做到账、货、卡一致，还要检查在库货物的品质和包装情况，如发现问题，要积极采取应对措施。

3. 出库作业环节

（1）审核商品出库凭证

物流中心库管员根据出库信息系统发布的出库货物的批次及商品名称、规格、数量和包装等相关信息，依据出库凭证进行审核，其内容主要包括印鉴手续是否齐全，所列仓库名称以及商品品名、规格、数量是否相符等。

（2）处理商品出库信息

物流中心库管员在商品出库后，将出库凭证所列品种、规格、数量等相关信息在出库信息系统中进行变更，确保库存信息的及时性和准确性。

（3）分拣配货

分拣配货主要有两种形式：一是人工分拣，由物流中心库管员根据出库的商品信息在各个货位上进行分拣，一边拣货，一边复核；二是自动分拣，自动化拣选系统根据要求对分拣设备下达指令，快速完成商品分拣。然后，被分拣的商品根据不同运输方式、线路和收货点，分单、集中被送到指定地点待运。物流中心库管员要根据出库信息系统发布的出库货物的批次及商品名称、规格、数量和包装等相关信息，做好分拣与分单、集中待运等相关工作。

（4）发货装车

物流中心库管员根据出库凭证所列品种、规格、数量进行复核，再向收货人或运输人员按单逐件点交，并监督其装车。装车后，由库管员在出库单上填写发货日并签名，收货人或运输人员确认出库单上的信息后签名。

出库作业管理要求做到“三个一致”：一是出库信息系统发布的商品信息要与出库凭证一致，二是出库信息系统发布的商品信息要与实际出库商品的信息一致，三是出库信息系统发布的商品信息要与实际出库商品的品质一致。

二、跨境电子商务配送

（一）跨境电子商务配送的功能

跨境电子商务配送是指根据电子商务平台下达的订单，依据约定的物流及交货方式，将货物从配送中心送达境外买家或消费者指定地点的物流活动。跨境电子商务配送有以下七大基本功能：

1. 集货

集货是指将分散的或小批量的物品集中起来，以便进行配送的作业。为了满足境外买家多品种、小批量的订货需要以及消费者在任何时间都能买到所需要的商品的要求，跨境电商卖家必须从众多的供应商那里大批量、少品种地进货，并存储于物流配送中心，以满足其需求。

2. 加工

在物流配送中心储存的货物，有的需要对其进行流通加工，以增加其附加值。加工是指按照配送客户的要求所进行的流通加工或者配送加工。通过流通加工或者配送加工，可以大大提高客户的满意程度。

3. 分拣

分拣是指根据境外买家或消费者的需求，将货物按品种、数量、包装及出入库先后顺序分门别类堆放的作业。通过分拣，物流配送人员能迅速、及时、准确无误地将商品送达客户指定的地点。

4. 配货

配货是指使用各种分拣设备和传输装置，根据电子配送单的信息和要求分拣物品，配备齐全后送到物流配送中心发货地点的作业。

5. 配载

配载是指当单个客户配送数量不能达到车辆的有效运载负荷时，根据相近路线的原则集中不同客户的配送货物进行搭配装载的作业。配载能充分利用运能，有效降低送货成本。

6. 配送

配送是指将配载的商品，在约定的期限内，送达电子配送单上指定客户处的作业。

7. 交付

交付是指根据电子配送单上指定的客户和商品信息，将完好无损的商品进行移交的作业。

(二) 跨境电子商务配送的特点

跨境电子商务配送包含商流与物流，是物流中的一种特殊形式。其主要特点如下：

1. 配送是中转型的送货

配送是以客户要求为出发点，是从物流站点向客户终端送货的一种特殊形式。其根据客户的需求，需要什么送什么，这就需要在中转环节筹备需要的配送货物，由此就烙上了中转的印记。

2. 配送是双体融合的送货

双体融合是指“配”和“送”的有机结合。配送不同于送货，不仅仅是送，还包括分拣、配货、配载环节，使配送货量集聚到一定的规模，从而实现“低成本、快速度”的送货。

3. 配送是现代化流通方式的送货

现代化物流配送中心不仅应用了大数据、物联网、人工智能等现代技术，各种识码、分拣、传输等设备实现了配送作业自动化，而且配送车辆使用了 GPS 导航系统，提高了配送的效率。

(三) 跨境电子商务配送的分类

1. 基于配送主体的分类

按照配送主体可分为四种类型：一是配送中心配送，是指专门为物流下游经销商、零售商等客户从事配送业务的部门；二是仓库配送，是指在仓库原有功能的前提下，增加配送功能的仓储部门；三是商店配送，是指根据线上店铺的需求配送货物的方式，比较机动灵活；四是制造企业配送，是指制造企业将产品直接配送到跨境贸易、跨境零售商等客户的企业。

2. 基于配送货量的分类

按照配送货量的种类、数量可分为三种类型：一是少品种、大批量配送，采用集装箱整箱运输方式发货；二是多品种、小批量配送，采用集装箱拼箱运输方式发货；三是单一成套商品配送，通常采用专用运输工具进行配送。

3. 基于配送方式的分类

按照配送方式可分为五种类型：一是定时配送，是指根据规定的配送时间、商品的种类、配载数量进行的配送方式；二是定量配送，是指根据规定的批量在指定的时间范围内进行的配送方式；三是定时、定量配送，是指根据规定的配送时间、配送数量进行的配送方式；四是定时、定线配送，是指根据规定的运行路线制定到达时间表，按运行时间表进行的配送方式；五是即时配送，是指根据客户提出的配送时间和数量随时进行的配送方式。

(四) 跨境电子商务配送的作业

跨境电子商务配送作业是指物流中心根据信息平台的商品出库信息，选择合适的运输方式，按照约定的期限将商品送达境外买家或消费者指定的地点。

1. 配送作业的内容

配送作业的内容包括两个部分：一是制订配送计划，根据配送的商品属性、商品数量、包装重量/体积、配送地点等因素进行全局筹划，制订配送计划，包括配送时间、配送车辆、配送路线等内容；二是实施配送计划，向有关部门下达分拣、配货、配载、装货、通关等商品出运任务。

2. 配送作业的特征

配送作业具有以下四个方面的特点：

（1）全球化

互联网技术为世界各国的跨境供应商、跨境贸易商、跨境零售商和跨境电商消费者提供了在线交易，无论是上游的供应商和贸易商，还是下游的零售商和消费者的交易行为，都需要通过配送来完成货物的交接。

（2）信息化

物流配送信息化是跨境电商物流配送的基本特征。其主要表现为物流信息化、商流信息化、资金流信息化，通过条码技术、大数据技术、电子数据交换技术等进行电子信息化的处理，使跨境电商配送的物流、商流、资金流形成了信息系统，加快了信息的处理过程。

（3）网络化

物流配送网络化通过物联网和信息化技术，使物流企业、物流设施、交通工具、交通枢纽形成了一个特定的网络区域，促进了物流配送向便捷化方向发展。

（4）自动化

物流配送自动化主要体现在条码、语音、射频自动识别系统、自动分拣系统、自动存取系统、自动导向系统和货物自动跟踪系统等领域中的应用，提高了商品的分拣、配载和运送等方面的效率。

3. 配送作业的作用

（1）完善物流系统

配送作为物流服务的一种形式，通过建立大型现代化的物流结点，完成了合理的仓库布局，实现了装卸机械化、仓储智能化、运输集装化，完善了物流产业链。

（2）提高末端物流运营效率

采用配送方式，可以根据不同商品用户的需求集中进行发货，代替以往分别向不同用户小批量的发货形式，从而提高末端物流的运营效率。

（3）降低库存货物量

配送能实现多批次、小批量地送货，用户只要根据需求安排好配送时间，就能降低库存货物的存量，甚至可以达到零库存的状态。

（4）简化交易次数

采用配送方式，能满足用户一次性购买就可以买到多种商品的需要，简化了交易次数及相应的手续，不仅减少了用户的工作量，还节省了事务开支。

(5) 增强供应力度

采用配送方式,配送中心可以依靠自己的优势多方面组织货源,并根据不同用户的要求进行大量货物的储备,确保供应,使用户免除短缺之忧。

三、海外仓物流服务

(一) 海外仓物流服务的含义

海外仓是指国际物流公司、国际货运代理公司等企业在境外通过租赁仓库或自建仓库的方式,用以储存货物或者向国内其他跨境电商企业提供海外仓储服务的场所,包括中心仓库和货站。海外仓物流服务是指跨境电商卖家事先将商品运到目的国海外仓进行备货,当跨境电商买家在线下单后,通过物流信息系统控制进行商品分拣、包装,并通过当地邮政或快递直接对商品进行配送的模式。海外仓备货一般适用于热销的商品,交货时间快,还能在当地处理退换货事宜,能给跨境电商买家带来良好的物流体验。

(二) 海外仓物流服务的流程

海外仓物流服务的流程及其主要内容如图 6-7 所示:

图 6-7 海外仓物流服务的流程

1. 办理货物托运

境内卖家通过跨境电商平台选择国际货运代理公司/国际物流公司,提交有关托运单据,办理货物海运、空运、陆运、多式联运等运输方式的托运手续。

2. 办理货物订舱/车皮

国际货运代理公司/国际物流公司接受托运业务后,根据运输方式、海外仓属地向船公司或航空公司办理订舱手续,或向铁路车站办理车皮预订手续。

3. 办理货物出境通关

国际货运代理公司/国际物流公司确认舱位或车皮信息后安排提取空箱,前往境内卖家指定地点装货,并根据托运协议规定的运输方式将重箱拖运到港口或机场或车站的集装箱堆场,向口岸海关办理出口货物报关手续,经海关查验放行后装船或装机或装车。

4. 办理海外仓入库

国际货运代理公司/国际物流公司的属地代理办理入境货物通关手续,清关后将重箱运送至海外仓中心仓库或货站,拆箱后按商品分类入库、上架,在收到境内卖家发货订单信息后,进行分拣,等待装车出货。

5. 安排货物配送

海外仓库管员委托当地邮政或快递公司进行商品配送，安排货物装车，送达境外买家，如果发生退货和换货事宜，及时进行妥善处理。

阅读思考

“一带一路”中欧班列“钢铁驼队”

中欧班列是按照固定车次、线路等条件开行，往来于中国与欧洲22个国家、151个城市之间的集装箱国际铁路联运班列。中欧班列从2011年3月开行以来，到2021年4月已累计开行3.8万列，运送货物340万标箱。其中，2020年开行12 400列，发送113.5万标箱，与“一带一路”沿线国家货物贸易额达1.4万亿美元，同比增长0.7%，占中国对外贸易总额的比重为29.1%；2021年1-4月，开行1 218列，运送货物11.7万标箱，同比分别增长24%、33%。2021年5月19日，中国外交部发言人赵立坚在主持例行记者会答记者问时表示，中欧班列是中国在亚欧大陆之间建起的新的“钢铁驼队”，为沿线国家和人民带来了福利。

请结合本章学习的相关内容，根据新冠疫情期间中欧班列为“一带一路”沿线国家运输防疫物资的实例，分析我国与世界各国携手抗击疫情，传递出守望相助、休戚与共的人类命运共同体理念。

思考与实践

一、思考题

1. 简述出口货物海运班轮运输门到门服务流程操作环节。
2. 简述国际航空集装箱进口货物运输场到门服务流程。
3. 简述国际航空货物运输与国际海洋货物运输的区别。
4. 简述国际铁路货物联运业务流程。
5. 简述跨境物流服务全流程操作环节。
6. 简述海外仓物流服务全流程操作环节。
7. 简述中国邮政航空大包境外邮寄服务全流程操作环节。
8. 简述中国香港邮政国际小包服务全流程操作环节。
9. 简述国际快递物流服务与邮政国际包裹物流服务的区别。
10. 简述跨境电子商务配送的基本功能及其作用。

二、实务题

1. 编制中欧班列主要线路站点简报

根据中欧班列线路站点简报的要求，登录百度搜索网站，查询相关信息，并进行填写，增强对中欧班列的认知。

中欧班列线路站点简报

小组名称：　　　　组员姓名：　　　　完成日期：

中欧班列 线路站点	填写下列线路始发站、出境地、途经国家或地区、运行时间： 重庆—杜伊斯堡： 成都—罗兹： 西安—华沙： 郑州—汉堡： 苏州—华沙： 武汉—波兰： 长沙—杜伊斯堡： 义乌—马德里： 兰州—汉堡： 保定—白俄罗斯明斯克： 唐山—比利时： 乌鲁木齐—杜伊斯堡： 合肥—德国汉堡：
中欧班列 主要优势	
实施“一带一路” 倡议的意义	

2. 编制跨境物流与跨境专线物流案例分析报告

登录百度网站，搜索并选择跨境物流、跨境专线物流两个典型业务实例，并根据分析报告的要求填写相关内容，增强对两者不同特征和异同的认识。

跨境物流与跨境专线物流案例分析简报

小组名称：　　组员姓名：　　完成日期：

跨境物流案例	案例表述、主要特征分析：
跨境专线物流案例	案例表述、主要特征分析：
跨境物流与跨境专线物流异同	共性： 区别：

第七章　跨境电子商务支付

学习目标

• 了解跨境支付工具、支付方式产生的阶段、特征和类型

• 熟悉跨境电子商务支付企业对支付业务管理的基本内容及要求

• 掌握跨境贸易电子商务与快递零售电子商务的结算方式、操作流程、操作内容及其要求

• 明确大数据、人工智能和区块链等技术对跨境电子商务支付工具与方式的推进作用

• 具备对跨境电子商务支付知识与技能的应用能力

第一节　跨境电子商务支付概述

一、跨境电子商务支付的内涵

(一) 支付的含义

支付是指发生在卖家与买家之间的货币交换，是交易或者提供服务等经济活动引起的货币债权转移，包括清算与结算的过程。

(二) 网络支付的含义

网络支付是指收款人或付款人通过计算机、移动终端等电子设备，依托公共网络信息系统远程发送支付指令，在收付款人之间转移货币资金的行为，包括货币汇兑、互联网支付、数字电子支付等。

(三) 跨境电子商务支付的含义

跨境电子商务支付是指两个国家或地区之间因货物贸易或服务贸易所发生的债权与债务，借助一定的结算工具和支付系统实现资金跨国或跨地区转移的行为。具体包括以下两种类型：

1. 金融机构跨境电子商务支付

金融机构跨境电子商务支付是指受境内外跨境电子商务买家的委托，通过SWIFT等金融系统完成与境内外卖家之间收付款业务的服务。

2. 非金融机构跨境电子商务支付

非金融机构跨境电子商务支付是指第三方支付机构通过与银行合作，为小额跨境

商品交易当事人提供互联网支付所涉及的外汇资金集中收付及相关结售汇服务。

二、跨境电子商务支付工具

(一) 支付工具的基本概念

1. 支付工具的含义

支付工具是指在清算与结算过程中用于资金清算和结算的载体,包括记录与授权传递支付指令、金融机构账户证件和用于清算与结算的资金凭证。

2. 电子支付工具的含义

电子支付工具是指基于互联网金融系统,通过计算机网络传输实现资金清算和结算功能的电子数据资金凭证。

3. 跨境电子商务支付工具的含义

跨境电子商务支付工具是指跨境电子商务清算与结算过程中用于资金清算和结算的电子数据资金凭证,包括记录与授权传递支付指令、金融机构账户证件和用于清算与结算的资金凭证,如电子票据。

(二) 支付工具的形态

支付工具的形态是随着人类科学技术的进步而不断演变,货币材质从“实”向“虚”进行了转变,货币技术从“低”到“高”发生了变化。其先后经历了以下三个不同的阶段:

1. 金属货币

随着社会生产力的发展,出现了剩余的劳动产品,原始人将这些剩余产品进行交换以满足各自所需,这种物物交换方式由于金属冶炼技术的产生和人们对金属价值的信任而逐渐被金属货币取代。

2. 纸质货币

随着印刷技术的产生,国家用纸印制货币,并逐渐取代了金属货币,成为流通支付的主要工具。纸质货币是由国家印制的、由国家信用作背书的法定货币,如美元、欧元、英镑、日元和人民币等纸币。

3. 电子货币

随着电子技术、计算机与互联网技术的发展,出现了电子货币。电子货币是以电子数据形式存储,并通过计算机网络以电子信息传递形式实现流通和支付功能的电子现金、电子信用卡、电子借记卡和第三方支付账户中的数据。

(三) 电子支付工具的类型

1. 电子商业汇票

电子商业汇票简称电子汇票,是指出票人以数据电文形式制作、签发的,通过银行或清算中心的电子商业汇票系统自动验证、确定,向付款人发出在见票或者在指定日期无条件支付确定金额给收款人或者持票人的数字化支付指令。电子商业汇票是纸质商业汇票的电子化,是电子转账付款的有价证券票据,性质没有改变。电子商业汇票签发者是跨境电商卖家,其可以通过银行公共密钥加密其账户号码,防止被欺诈。

2. 电子支票

电子支票是指由出票人以数据电文形式制作、签发的，通过银行或清算中心的电子支票系统即时向收款人支付确定金额的数字化支付指令。电子支票是纸质支票的电子化，是用于网络支付的一种工具。具体来说，买家付款人登录指定设备，生成一张电子支票，经过自动验证、确定后发送给卖家收款人；收款人在接受的电子支票上进行电子签名，用私有密钥进行加密，并发送给收款银行；收款银行对电子支票进行解密、认证，然后向收款人清算。

3. 银行卡

银行卡是指经中国人民银行主管部门批准，由银行、第三方支付机构和国际卡组织发行的具有消费信用、转账结算、存取现金等功能的信用支付工具。银行卡分为两种类型：一是借记卡，可以在网络转账或提款，卡内的金额按活期存款计付利息；二是信用卡，是发卡银行给予持卡人一定的信用额度，持卡人可在信用额度内先消费，后还款，享有免息缴款期。

中国银联发布的《中国银行卡产业发展报告(2019)》数据显示：银联卡全球受理网络覆盖全球174个国家和地区，超过5 370万家商户和286万台ATM，2018年银联网络转接交易金额占全球银行卡清算市场份额位列全球第一。央行发布的2019年支付体系运行总体情况数据显示：2019年银行共处理电子支付业务2 233.88亿笔，金额达2 607.04万亿元；2019年非银行支付机构发生网络支付业务7 199.98亿笔，金额达249.88万亿元，同比分别增长35.69%和20.10%。

4. 数字银行卡

数字银行卡是指经中国人民银行营业管理部批准，基于大数据、人工智能、人脸识别、电子签名等技术，集聚了借记卡和信用卡的功能的虚拟银行卡。数字银行卡通过银行虚拟发卡系统发行，其包括银行卡、卡券包、账单明细三个模块，设置个人信息、密码管理、扣款顺序、账户停用、我的客服等管理功能，可在网上申请，填写个人与身份证信息，通过人脸识别即可开通，也可在线点击“账户停用”，验证密码与人脸后就可销户，如“百度闪付卡”数字银行卡(见图7-1)。

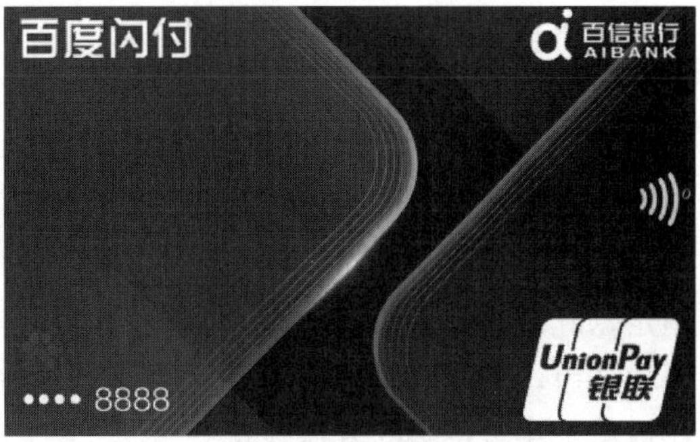

图7-1 数字信用卡网络实样

案例分享

全国首张“百度闪付卡”数字银行卡

经中国人民银行营业管理部批准，2020年8月由中国银联和百度公司、百信公司三方共同推出了我国首张"百度闪付卡"数字银行卡,通过百信银行的虚拟发卡系统正式发行。该卡以数字网络为载体,集聚了借记卡和信用卡的功能,在线申请时可获得五万元以下不等的信用额度。百度是国内最大的综合性内容和服务平台,拥有超过90%的中国网民,由此可实施更精准的服务,降低金融服务门槛,提高数字普惠金融服务水平。

5. 数字货币

随着大数据、人工智能和区块链等技术的产生与发展,出现了数字货币。数字货币是指基于节点网络与数字加密算法,通过互相验证的记账系统记录账户发生的所有交易的电子数据。

(1) 数字货币的类型

数字货币根据发行机构不同,可以分为两种类型:一是私人数字货币,是指由网络机构开发并发行与管理的,由计算机算法形成的数字符号,被特定虚拟社区的成员所接受和使用的一种电子货币,包括数字金币、密码货币等网络货币;二是央行数字货币,是指由央行发行与管理的,使用先进的加解密算法和分布式账本区块链技术创建的,能在特定区域流通的,通过手机进行移动支付的虚拟货币。

(2) 私人数字货币与法定数字货币的区别

私人数字货币与法定数字货币有以下七个方面的区别。

一是发行主体不同。私人数字货币是由网络机构开发的,由计算机算法形成的数字符号,并由其发行与管理;法定数字货币是使用先进的加解密算法和分布式账本区块链技术创建的,由央行发行与管理。

二是适用范围不同。私人数字货币通常在特定范围内用于购买一些虚拟的物品;法定数字货币可用于国内所有商品交易与服务的支付,还可用于国家进出口贸易或跨境电商协定国家之间的外汇结算。

三是发行数量不同。私人数字货币发行数量是依靠计算机程序自动实现,且总量恒定,如以比特币为代表的私人数字货币每10分钟产生一个区块,每个区块发行50个比特币,达到最高上限21万个后,每个区块的比特币产量减半;法定数字货币发行是取决于法定货币的发行数量。

四是货币价值不同。私人数字货币是以虚拟账户代表货币价值,不具有与法币对等价值,价值不稳;法定数字货币是以虚拟账户代表货币价值,具有与法币对等价值。

五是信用保障不同。私人数字货币不具有法偿性,信用程度低;法定数字货币是国家作信用背书,具有法偿性,信用程度高。

六是交易安全性不同。法定数字货币受到国家法律法规的保护,交易安全性高;私人数字货币只有行业规则约束,交易安全性较低。

七是运行环境不同。私人数字货币仅在互联网上运行;法定数字货币既可以在互联网上运行,也可以在线下操作,支付便捷性更强。

(3) 数字人民币

人民币是中国法定货币,由中国人民银行负责设计、印制和发行。当一国或地区接受了《国际货币基金协定》中关于货币自由兑换的规定,这些国家或地区的货币就被认定为自由兑换的货币。目前全球有 50 多个国家或地区经批准加入了《国际货币基金协定》,中国是《国际货币基金协定》缔约国之一,1980 年恢复了中国在该组织的合法席位。数字人民币是由中国人民银行发行的数字形式的法定货币,由指定运营机构参与运营并向公众兑换,以广义账户体系为基础,支持银行账户松耦合功能,与纸钞、硬币等价。

案例分享

中国人民银行数字货币电子支付

中国人民银行数字货币电子支付(DC/FP)是由央行于 2014 年成立的发行法定数字货币专门研究小组研制,在此基础上成立了中国人民银行数字货币研究所,并完成了央行数字货币的顶层设计、标准制定和测试等工作。2020 年 4 月 19 日,中国人民银行数字货币研究所相关负责人宣布数字人民币先行在深圳、苏州、雄安新区、成都及未来的冬奥场景进行内部封闭试点测试。2020 年 8 月 14 日,商务部在印发的《全面深化服务贸易创新发展试点总体方案》中提出在京津冀、长三角、粤港澳大湾区及中西部具备条件的试点地区开展数字人民币试点,包括 28 个省市。

目前全球已有六个国家的央行发行了数字货币,例如,2016 年塞内加尔的 eCFA 法定数字货币,2017 年乌拉圭的比索法定数字货币,2018 年委内瑞拉的 Petro 法定数字货币,2019 年突尼斯的 E-dinar 法定数字货币。2019 年,加拿大银行与新加坡金融管理局联手成功通过央行数字货币完成了跨境支付。

(四) 电子支付工具与传统支付工具的区别

电子支付工具与传统支付工具相比,具有以下三个方面的区别:

1. 运营环境不同

电子支付工具运营是基于一个开放的系统平台,包括互联网、外联网和支付操作管理软件以及相关配套设施;传统支付工具对运作载体则没有这么高的要求,采用一般的通信技术,在较为封闭的系统中运作。

2. 运作手段不同

电子支付工具是采用先进的信息技术来完成信息传输的,通过数字化的方式进行款项支付;传统支付工具则是通过现金的流转、票据的转让、银行汇兑等业务,都是由物理实体来完成款项支付的。

3. 支付费用不同

采用电子支付工具,只要在联网的计算机上,就能完成支付操作,即时到账,费用较低;采用传统支付工具,需要到银行、商家或指定机构办理,手续费用较高。

三、跨境电子商务支付方式

（一）跨境电子商务支付方式的内涵

1. 跨境电子商务支付方式的含义

跨境电子商务支付方式是指通过国际金融系统为跨境电子商务交易当事人提供委托收款业务服务，完成交易资金在境内外买家与卖家账户之间的转移。账户是用户开立的，用于记录预付交易资金余额、客户凭其发起支付指令、反映交易明细信息的电子簿记。

2. 跨境电子商务支付方式的要素

跨境电子商务支付方式具有六个要素：一是支付指令由谁发出；二是发出支付指令的终端或载体是什么；三是支付指令通过什么渠道传递；四是由谁处理支付指令；五是付款从哪个账户转出；六是货款转至哪个收款账户。

（二）跨境电子商务支付方式的类型

跨境电子商务支付方式是伴随着计算机、互联网、信息、大数据与智能等技术的发展而不断演变，有以下三种类型：

1. 电算化

1979 年至 1988 年，随着计算机技术与信息技术的发展和应用，在会计领域通过各种会计计算机软件对数据进行自动化处理，代替了人工记账、算账和报账，并对会计信息进行分析、预测和决策，提升了财务管理水平。

2. 电子化

1989 年至 1999 年，随着计算机信息技术的发展和应用，中国人民银行开始研制以卫星通信技术为主要传输手段的电子联行系统，用于银行内、本地跨行和异地跨行资金清算和资金划拨。1995 年工商银行建立了工行电子汇兑系统，1996 年中国银行建立了国内第一家网上银行、建设银行建立了资金清算系统，1997 年招商银行也开通了自己的网站，进入了电子支付时代。

3. 网络化

2000 年至今，随着互联网技术、大数据技术和智能技术的发展与应用，中国人民银行于 2004 年研制了支付结算管理系统，取代了电子联行系统，并在 2007 年至 2009 年期间研发了在线支票承兑结算系统、在线跨境币种支付结算系统、在线汇票支付系统。与此同时，也先后产生了移动支付、银行卡收单、跨境电子商务外汇收付、结售汇等非金融机构的支付方式。2017 年网络联通清算有限公司成立，为第三方支付机构提供了非银行支付机构网络支付清算平台，推动了网络支付业务的发展。

案例分享

网络联通清算有限公司

网络联通清算有限公司（NUCC）成立于 2017 年 8 月，是经央行批准的非银行支付机构网络支付清算平台的运营机构，在北京、上海、深圳建立了6个数据中心。非银行支付机构网络支付清算平台作为全国统一的清算系统，主要处理非银行支付机构发起的涉及银行账户的网络支付业务，实现非银行支付机构及商业银行一点接入，提供交易信息转接和资金清算服务，实现了网络支付资金清算的集中化、规范化、透明化运作，节约连接成本，提高清算效率，支撑行业创新，促进公平竞争，助力有效监控资金流向，保障客户资金安全。

（三）跨境电子商务支付结算系统

1. SWIFT结算系统

SWIFT是环球同业银行金融电信协会的英语简称，成立于1973年5月，总部设在比利时布鲁塞尔，职责是设计、建立和管理全球金融信息网络，以方便成员间进行国际金融信息的传输。SWIFT会员约有200多个国家或地区，中国于1983年加入。SWIFT结算系统是世界级金融电文网络，银行和其他金融机构通过其与同业交换电文，日处理量超过300万笔。目前，全球使用SWIFT系统的金融机构超过11 000多家，我国中国银行等80多家金融机构先后开通了SWIFT系统。SWIFT从2017年起推出"全球支付创新项目"，应用互联网、大数据、人工智能和区块链技术，加速了跨境报文传递，实现了"秒级"跨境支付。2019年，SWIFT在北京设立外商独资企业，加入中国支付清算协会，并与中国央行旗下跨境清算公司签署了合作意向书。

2. CIPS结算系统

CIPS是人民币跨境支付系统的英语简称，是人民币跨境支付清算业务批发类的支付系统。CIPS系统从2012年4月开始建设，2015年10月正式启动，2018年3月二期投产试运行，运营机构为跨境银行间支付清算有限责任公司，覆盖全球170多个国家和地区的3 000多家银行法人机构。CIPS系统上线运行后，中国人民银行先后颁布了《人民币跨境支付系统业务暂行规则》，CIPS系统运营机构先后制定并发布了《人民币跨境支付系统参与者服务协议》《人民币跨境支付系统业务操作指引》《人民币跨境支付系统运行规则》等，规定了运营机构、参与者的权利与义务以及主要业务流程及具体要求。

3. 俄罗斯国家结算系统

2015年4月，俄罗斯正式启用新创建的国家支付系统，将所有通过VISA和万事达卡交易的银行全部过渡至国家支付系统。该系统运营商（NSPC）从2016年开始向欧亚经济联盟白俄罗斯、哈萨克斯坦和亚美尼亚等成员国推广自己的银行卡，同时与万事达卡、日本JBC开展发行联合支付品牌银行卡的工作，联合卡与NSPC发行的支付卡一样可在俄境内使用，在境外可通过联合卡支付系统来受理。

四、跨境电子商务外汇支付业务管理

跨境电子商务外汇支付业务是指金融支付机构通过银行为商品或服务交易双方

提供跨境支付所涉及的外汇资金集中收付和相关购汇、结汇服务。

(一) 银行金融机构支付业务的管理

1. 跨境结算账户的设立和使用

结算账户是指银行为存款人开立的办理资金收付结算的人民币活期存款账户。银行将跨境结算账户分为两类：一是单位结算账户，是指存款人以单位名称开立的银行结算账户，其包括基本存款账户、一般存款账户、专用存款账户等；二是个人结算账户，是指存款人凭个人身份证件以自然人名称开立的银行结算账户。银行结算账户的设立和使用应当遵守法律、行政法规，不得利用银行结算账户进行偷逃税款、逃废债务、套取现金及其他违法犯罪活动，中国人民银行是银行结算账户的监督管理部门。

2. 跨境结算业务的管理

银行对跨境贸易电子商务结算业务管理的内容主要有以下两个方面：

(1) 客户管理

银行对客户管理的主要内容有四个方面：一是不得为“贸易外汇收支企业名录”外的企业直接办理贸易外汇收支业务，告知客户应在取得对外贸易经营权后到外汇主管机构办理“贸易外汇收支企业名录”登记手续；二是严格审核客户身份信息的真实性，并留存 5 年备查；三是与客户签订《货物贸易外汇收支业务办理确认书》，审核其提交的合同、协议或订单的真实性以及与贸易外汇收支的一致性；四是实施分类管理，根据外汇主管部门认定的 A、B、C 三类企业客户进行差别管理，其中对 A 类企业实施便利化管理，对 B 类企业实施电子数据核查管理，对 C 类企业实施事前逐笔登记管理。

(2) 收支业务管理

银行为客户办理收付汇和结售汇业务，其中结售汇业务应当在收到货币之日后第一个工作日内，根据银行汇率进行售汇。

(二) 非银行支付机构支付业务的管理

1. 支付机构的登记管理

2015 年 1 月 20 日，国家外汇管理局公布的《支付机构跨境外汇支付业务试点指导意见》第四条规定，支付机构办理“贸易外汇收支企业名录”登记后可开办跨境外汇支付业务，并对办理登记的具体要求予以规定。

(1) 办理登记的条件

办理“贸易外汇收支企业名录”登记的条件有四个方面：一是具有中国人民银行颁发的“支付业务许可证”，许可业务范围应包括互联网支付；二是近 2 年内无重大违反人民币及外汇管理规定的行为；三是有完备的组织机构、业务流程规定和风险管理制度；四是具备采集并保留交易信息数据的技术条件，并能保障交易的真实性和安全性。

(2) 办理登记的材料

支付机构向注册地外汇管理局办理“贸易外汇收支企业名录”登记时需要提供以下指定的材料：一是书面申请，载明申请人名称、注册地、注册资本、股权结构、组织机构代码、已开展的支付业务种类及范围、拟申请开展的跨境外汇支付业务种类及范围等；二是业务运营方案，包含业务办理流程、客户实名制管理、交易真实性审核、国际收支统计申报、数据采集报送、系统建设、系统与银行数据接口、系统应急预案、外汇备付金账户管理、与所开展业务相对应的风险控制、内部操作规程及合规管理等内容；三是支付业务许可证、企业法人营业执照等副本及复印件以及银行合作协议；四是外汇管理局要求提供的其他材料。

(3) 核准登记

外汇管理局分局对支付机构的申请材料进行审核，在 20 个工作日内对符合条件的支付机构出具正式书面文件，为开办货物贸易跨境外汇支付业务的支付机构办理“贸易外汇收支企业名录”登记，并抄报国家外汇管理局。如果支付机构的业务范围、外汇备付金开户行等发生变更，应凭新增业务的运营方案或银行合作协议等到注册地外汇管理局分局办理事前备案。

2. 跨境支付账户的管理

跨境支付账户是指跨境电商支付企业根据客户的真实意愿为其开立，并用于记录预付交易资金余额、反映交易明细信息的电子簿记。支付账户不得透支，不得出借、出租、出售，不得利用支付账户从事或者协助他人从事非法活动。

(1) 客户管理

跨境电子商务支付企业对客户管理的内容包括三个方面：一是要求参与跨境电子商务外汇支付业务的客户采取实名认证制，严格审核客户身份信息的真实性；二是要求跨境电子商务支付企业健全客户身份识别机制，核验跨境支付账户开户人信息与客户身份信息的一致性；三是要求跨境电子商务支付企业与客户签订服务协议，确定手续费等内容，服务范围包括货物贸易和经国家外汇管理局审核同意的服务贸易，不得开展无交易背景的跨境外汇支付业务。

跨境电子商务支付企业以其名义为客户在商业银行设立实名制账号，依据客户身份基本信息建立识别编码，并对支付账户实施分类管理：一是Ⅰ类支付账户管理，只需要通过外部渠道验证客户身份信息，账户余额就可以用于消费和转账，余额付款交易每月累计不超过 1 000 元；二是Ⅱ类支付账户管理，只要通过实名验证，账户余额就可以用于消费和转账，余额付款交易每月累计不超过 10 万元；三是Ⅲ类支付账户管理，只要通过实名验证，账户余额就可以用于消费和转账等，余额付款交易每月累计不超过 20 万元。

(2) 收汇与发汇管理

发汇是指非银行支付机构代理银行核查发汇人的相关证件和填写发汇单，通过指定的金融系统向收汇人银行发出汇付通知，委托其将款项解付给指定收汇人。收汇是指非银行支付机构接受解付的委托，核查收汇人相关证件和收汇单无误后在系统中进行解付操作，并将款项交付收汇人。

收汇与发汇的管理内容包括三个方面：一是支付机构应在规定时间提供通过银

行办理的逐笔购汇或结汇信息，银行还须按现行个人购汇法规规定录入个人结售汇管理信息；二是收发汇业务不得涉及受制裁的国家、区域、企业和违法的交易，包括钻石、成人用品、化工产品、受管制药物等高风险物品的交易；三是支付机构不得为非法交易活动提供服务，包括不符合国家进出口管理规定的货物与服务交易、不具有市场普遍认可对价的商品交易、存在风险隐患的无形商品交易、可能危害国家社会安全的经营活动和法律法规及中国人民银行、外汇管理局规章制度明确禁止的项目。

第二节　跨境贸易电子商务支付方式

跨境贸易电子商务支付方式是指跨境电商买家和卖家委托商业银行通过相关金融系统为其提供信用证结算、电汇和委托收款服务，完成跨境电子商务交易资金在买家与卖家之间的转移。跨境贸易电子商务支付方式是现代互联网、通信、大数据等技术与传统国际贸易结算的融合，实现了脉络网络化、信息电子化、信息处理智能化，其结算的本质没有发生变化。

一、跨境贸易电子商务支付方式的类型

跨境贸易电子商务支付方式主要有以下两种类型：

（一）现汇支付方式

现汇支付方式是指卖家与买家根据电子合同支付方式的约定，委托银行通过SWIFT系统逐笔完成境内外贸易商之间的现汇结算，包括跟单信用证、电汇和跟单托收等支付方式。

（二）记账支付方式

记账支付方式是指根据两国政府间“贸易和支付协定”，以本国政府名义分别在对方国家的中央银行或其指定的银行开立清算账户，承担协定项目交易货款的记账，一年结算一次，如出现账户差额，再进行在线清偿。

二、SWIFT跟单信用证支付业务

SWIFT跟单信用证支付方式适用于B2B大额交易，交易主体分别是上游的大中型外贸企业，下游是大中型外贸批发商或生产商，具有信用程度高、风险小、手续繁多、费用较高的特点。

（一）SWIFT跟单信用证的含义

SWIFT跟单信用证是指境内开证银行接受跨境电商卖家的委托，按照跟单信用证MT700/MT701报文格式，通过SWIFT系统开给境外卖家的电子信用证，境外议付银行凭信用证规定的电子单证进行议付的承诺文件。

（二）SWIFT跟单信用证支付业务

SWIFT即期付款跟单信用证业务操作环节及其内容如图7-2所示：

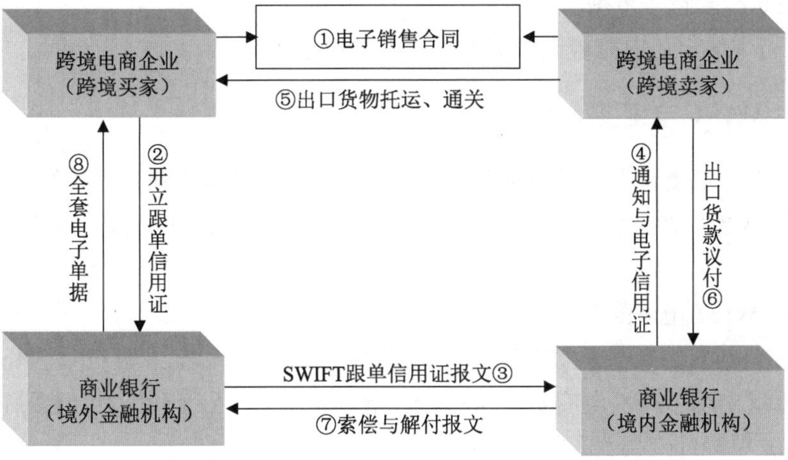

图 7-2　SWIFT 即期付款跟单信用证业务流程

1. 订立电子销售合同

跨境电商卖家与跨境电商买家签订电子销售合同，订立交易条款，明确 SWIFT 即期付款跟单信用证的支付方式，并规定买家开立信用证的时限。

2. 申请开立电子跟单信用证

跨境电商买家（开证申请人）根据电子销售合同规定的开证时限，登录所在国开户银行网站，在线办理开证手续。

3. 开出电子跟单信用证

开立信用证的银行（开证行）核准该项业务后，从跨境电商买家账户中扣除开证金额、开证保证金和开证费，通过 SWIFT 系统向跨境电商卖家开户银行（通知行）开出电子跟单信用证。

4. 发送电子信用证通知书

通知行在 SWIFT 系统接收到电子跟单信用证后，根据其指示和信息在线向跨境电商卖家发出电子信用证通知书，提出领证的具体要求。卖家收到通知后按要求在线确认相关信息，接受指定编号的电子跟单信用证。

5. 办理货物托运、通关手续

跨境电商卖家根据电子销售合同和电子信用证的要求，委托国际货运代理公司在线办理出口货物托运和报关报检手续，清关后获取电子运输单证。

6. 办理货款议付手续

跨境电商卖家根据电子跟单信用证和通知书的相关要求登录指定议付行（即通知行）网站，发送电子商业汇票、电子发票和电子运输单据等数字文件，办理议付手续，经其核准后扣除利息部分，将货款的余额转账至卖家账户。

7. 办理索偿与解付手续

议付行根据与开证行的相关协议，通过 SWIFT 系统发送全套议付单证进行索偿，开证行收到电子文件，在核准后从信用证保证金中进行解付。

8. 发送全套电子单据

开证行在解付后向跨境电商买家发送全套电子单据。

三、SWIFT 电汇支付业务

SWIFT 电汇支付方式适用于 B2B 小额交易，交易主体分别是上游的小微外贸企业，下游是小微外贸批发商。该支付方式具有结汇手续简便、时间短、风险小、费用高等特点。

(一) SWIFT 电汇的含义

SWIFT 电汇是指境内跨境电商买家(汇款人)委托境内银行(汇出行)通过 SWIFT 系统向境外跨境电商卖家(收款人)指定银行(汇入行)发出付款委托通知书，委托其将款项解付给收款人的支付方式。

(二) SWIFT 电汇的类型

1. 预付货款

预付货款是指跨境电商卖家(收款人)在收到跨境电商买家(汇款人)的全款电汇后，按照电子销售合同规定交货的结算形式。

2. 到付货款

到付货款是指跨境电商卖家(收款人)根据电子销售合同的规定办理出口货物运输后，将电子运输单据发送至跨境电商买家(汇款人)，再由其办理全款电汇的结算形式。

3. 复合付款

复合付款是指约定一定比例的预付货款(如 30%)与一定比例的到付货款(如 70%)的结算形式。

(三) SWIFT 复合电汇支付业务

SWIFT 复合电汇支付业务操作流程及其内容如图 7-3 所示：

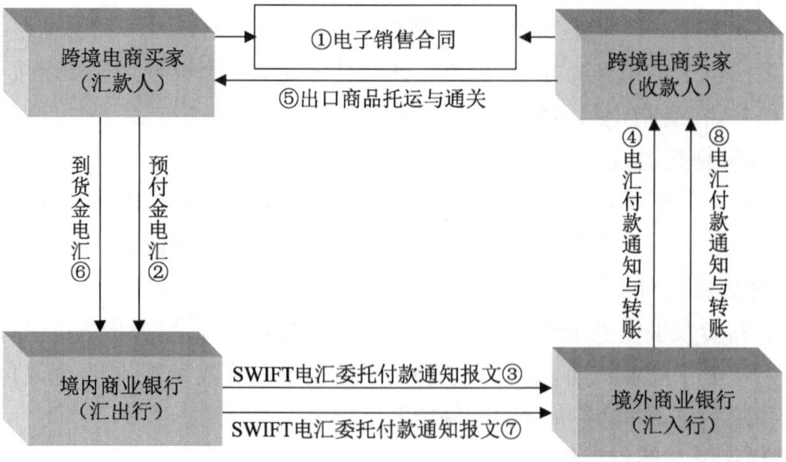

图 7-3 SWIFT 复合电汇支付业务流程

1. 订立电子销售合同

跨境电商卖家与跨境电商买家签订电子销售合同，订立交易条款，明确电汇支付方式（预付款30%、到付款70%）与付款时限。

2. 办理预付款电汇手续

跨境电商买家根据电子销售合同规定的付款时限，登录所在国开户银行（汇出行）的网站办理30%预付金汇款，在电子汇款申请书中输入收款人、汇款人、汇款金额、账号、用途等相关信息，确认后发送。

3. 发送电汇委托付款通知报文

汇出行在线收到该项委托业务后，从汇款人账户中划30%预付金，通过SWIFT系统向汇入行发送电汇委托付款通知报文。

4. 发送电汇付款通知书

汇入行在SWIFT系统接收到电汇委托付款通知报文后进行确认，根据相关指示和信息在线向收款人发出电汇付款通知书，并进行转账。

5. 办理货物托运、通关手续

跨境电商卖家收到预付金后按照电子销售合同的要求，委托国际货运代理公司在线办理出口货物托运和报关报检手续，清关后获取电子运输单据，并在线将其副本发送至跨境电商买家。

6. 办理到付款电汇手续

跨境电商买家收到副本电子运输单据后进行确认，然后向汇出行办理到付金额电汇手续。

7. 发送电汇委托付款通知报文

汇出行在线收到该项委托业务后，从汇款人账户中划70%预付金，通过SWIFT系统向汇入行发送电汇委托付款通知报文。

8. 发送电汇付款通知书

汇入行在SWIFT系统接收到电汇委托付款通知报文后进行确认，根据相关指示和信息在线向收款人发出电汇付款通知书，并转账70%金额货款。

四、SWIFT托收支付业务

跨境电商卖家为开拓国际市场，通常将国内新产品或过季商品或积压商品通过托收支付方式向海外推销。SWIFT托收支付方式适用于B2B交易形式，交易主体分别是上游的外贸企业，下游是外贸批发商或生产商。该支付方式具有手续简便、费用较低、结汇时间长、风险大等特点。

（一）SWIFT托收的含义

SWIFT托收是指跨境电商卖家（委托人）委托境内银行（托收行），由其通过SWIFT系统向境外银行（代收行）发出支付指令，要求跨境电商买家（付款人）进行付款的支付方式。

(二) SWIFT 托收的类型

1. 光票托收

光票托收是指跨境电商卖家制作电子汇票,委托境内银行(托收行)通过 SWIFT 系统向跨境电商买家索款的一种托收方式,通常用于小额货款的收取。

2. 跟单托收

跟单托收是指跨境电商卖家根据电子销售合同规定的时限、地点装运货物后,制作电子商业汇票并随附全套电子单证,委托境内银行通过 SWIFT 系统向代收行发出指令,要求跨境电商买家付清全部货款的一种托收方式。跟单托收根据付款时间不同有以下两种方式:

(1) 即期付款交单

即期付款交单是指跨境电商卖家根据电子销售合同规定的时限、地点装运货物后,制作电子即期汇票并随附全套电子单证,委托境内银行通过 SWIFT 系统向代收行发出委托收款的指令,即付款赎单的托收方式。

(2) 远期付款交单

远期付款交单是指跨境电商卖家根据电子销售合同规定的时限、地点装运货物后,制作电子远期汇票并随附全套电子单证,委托境内银行通过 SWIFT 系统向代收行发出委托收款的指令,即跨境电商买家对远期电子汇票承兑后进行付款赎单的托收方式。

(三) SWIFT 即期付款交单托收支付业务

SWIFT 即期付款交单托收业务操作环节及其内容如图 7-4 所示:

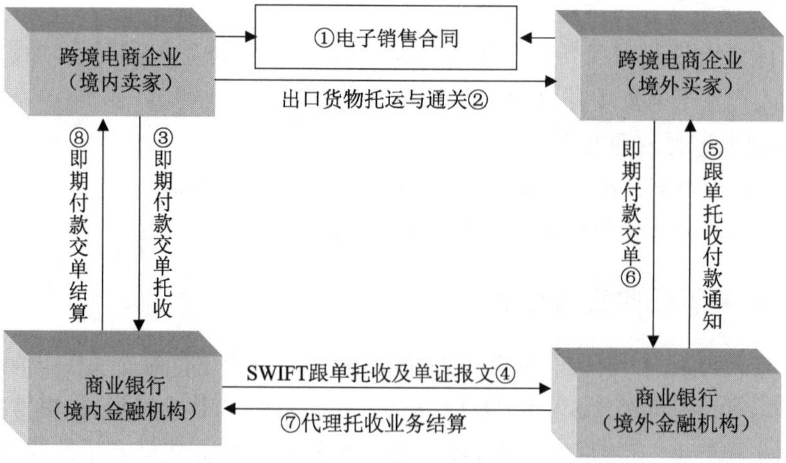

图 7-4 SWIFT 即期付款交单托收业务流程

1. 订立电子销售合同

跨境电商卖家与跨境电商买家签订电子销售合同,订立交易条款,明确即期付款交单托收支付方式。

2. 办理货物托运、通关手续

跨境电商卖家(委托人)根据电子销售合同的要求,委托国际货运代理公司在线办理出口货物托运和报关报检手续,清关后获取电子运输单证。

3. 委托即期付款托收业务

委托人登录所在国开户银行(托收行)的网站,办理即期付款托收业务手续。

4. 发送 SWIFT 跟单托收及单证报文

托收行接受该项托收业务后,通过 SWIFT 系统向跨境电商买家指定银行(代收行)发送 SWIFT 跟单托收及单证报文。

5. 发送跟单托收付款通知书

代收银行接收托收银行的委托指示后,根据其相关要求与信息在线向跨境电商买家(付款人)发送跟单托收付款通知书,提出付款交单的具体要求。

6. 办理付款赎单手续

付款人根据跟单托收付款通知书的要求,在线转账后收取全套电子单证。

7. 办理托收业务结算手续

代付银行根据与托收银行相关协议的规定,扣除代理费用后将余额款项与托收行结算。

8. 办理即期付款交单结算手续

托收银行向委托人在线发送托收结算通知,扣除代理费用后将余款转入委托人账户。

第三节　跨境零售电子商务支付方式

跨境零售电子商务支付方式是指非金融机构通过合作银行为小额跨境商品交易双方提供互联网支付所涉及的外汇资金集中收付及相关结售汇服务。跨境零售电子商务支付方式是针对交易额较小、交易量众多的小额进口货物 B2C、C2C 的交易方式。

一、跨境零售电子商务支付方式的类型

跨境零售电子商务主要有以下五种支付方式:

(一) 网上支付

网上支付是指基于互联网、大数据和人工智能等技术,借助银行所支持的某种数字金融工具,在消费者、金融机构、商家三者之间实现在线支付、现金流转、资金清算等业务。国内开展网上支付的平台主要包括支付宝、财付通、快钱、易宝支付、百付宝、网易宝、环迅支付等,国外开展网上支付的平台主要包括 PayPal 和 Cashpay 等企业,其各有优劣(见表 7-1)。

表 7-1　　国外第三方支付平台优劣一览表

企业名称	优势	劣势
PayPal	注册免费,适用信用卡、借记卡和电子支票等支付,资金周转快,循环结账;成功收款后支付交易费,实时欺诈防护;品牌效应强,符合买家保障条件	180天内可拒付,交易费略高,提现费用为每笔30美元
Cashpay	无开户费、使用费、提现手续费和附加费;提供更多支付网关选择,支持多币种提现,结算时间快;有专门的风险控制防欺诈系统,如出现欺诈,则100%赔付	刚进入中国市场,国内知名度不高
Payoneer	凭身份证即可完成账户在线注册,绑定美国和欧洲银行账户,通过与中国支付公司合作,完成线上外汇申报和结汇;对电汇设置单笔封顶价	单笔资金额度小
Sofortbanking	实时交易;不开通买家保护,可避免拒付;交易费用便宜,不超过3%;无保证金	交易币种限欧元
POLi Payments	无须注册,绑定多个信用卡和借记卡,进行实时交易,无拒付	限欧元和美元,不支持退款
MOL Global	实时交易;支持超过500种游戏及产品和服务;支持东南亚各国货币	不支持实物交易;交易费高
Qiwi wallet	无保证金;实时交易,付款订单没有24小时审核时限;不支持买家撤款;申请QVC支付虚拟卡免费	不支持中国手机号码注册
CashU	无保证金;实时交易,支持各国货币支付,无拒付;拥有最新的防欺诈和反洗钱系统	交易费高

(二) 汇款

汇款是指境内跨境电商买家通过国际汇款公司办理汇款申请,支付约定的手续费用,进行货款支付的方式。目前,在我国比较有影响的国际汇款公司包括西联国际汇款有限公司、国际速汇金有限公司和加拿大特快汇款有限公司等,其汇款业务各有优劣(见表7-2)。

表 7-2　　国际汇款公司比较

企业名称	适用范围	优势	劣势
西　联	单笔汇款1万美元	买家承担手续费;安全性好;到账速度快	买家和卖家需要在线下柜台操作;手续费较高;如未领取货款,买家可撤回
速汇金	单笔汇款1万美元,每天不超过2万美元	到账速度快;汇款费用相对较低;手续简单	汇款人须为个人;如为现钞汇款,需交纳手续费
加拿大特　快	单笔汇款1万美元,每天不超过2万美元	汇款速度快;手续简便	汇款人与收款人须为个人;如为现钞汇款,需交纳手续费

(三) 网上银行支付

网上银行支付简称网银支付，是指境内消费者开通所持银行卡的网银支付功能，在银行网银页面输入银行卡信息，验证支付密码后就可以完成在线支付货款的方式。

(四) 移动支付

移动支付是指以移动通信网络和银行金融服务系统为依托，以手机、PDA 等移动设备为支付手段，以智能卡和数字签名技术为安全保障，以电子信息作为货币形态完成支付行为的方式。

(五) 电子钱包

电子钱包是指装入电子现金、电子信用卡、在线货币和网络货币等电子货币，境内跨境电商买家通过全球 VISA cash 或 Mondes 等电子钱包服务系统，选择点击电子货币种类，即可完成汇款支付行为的方式。

二、西联汇款业务

(一) 西联汇款业务内容

西联国际汇款有限公司通过与境内外商业银行签订代理合作协议，由代理银行根据国家外汇管理办法的相关规定进行售汇与结汇，其中售汇是将人民币按照当日外汇牌价换成外币，结汇是将外币按照当日外汇牌价换成人民币。

(二) 西联汇款业务操作

西联汇款业务操作环节及内容如图 7-5 所示：

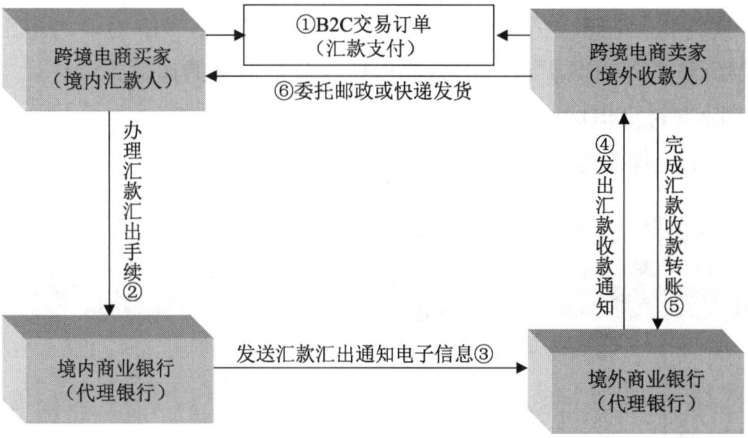

图 7-5 西联汇款业务流程

1. 发出跨境电商交易订单

跨境电商买家（消费者）在线发出购货订单，明确商品名称、货号、数量和支付方式等相关事项，告知本人国别、通信等基本信息。

2. 办理汇款汇出手续

跨境电商买家（消费者）在发出订单后，选择所在国家的西联代理银行，携带本人身份证件，在西联汇款发汇单上填写消费者的基本信息和跨境电商卖家的公司名称、公司账号和联系人等相关信息，选择“货物贸易其他支出”和通知收款人的方式，并将其交给柜台工作人员。银行工作人员核查发汇单的内容，收取售汇的金额，将西联汇款发汇单第一联和操作密码交给汇款人。然后，买家将操作密码通知卖家。

3. 发送汇款汇出通知电子信息

境内西联代理银行在西联汇款系统中向境外西联代理银行发出汇款汇出通知电子信息。

4. 发出汇款收款通知电子信息

境外西联代理银行在系统中接收汇出信息，根据相关指示和信息进行电话通知或按地址投放。

5. 完成汇款收款转账

境外西联代理银行发出汇款收款通知电子信息，核实收款人信息和操作密码后将款项转入跨境电商卖家公司账户之中，生成相关报表。

6. 委托邮政或快递发货

跨境电商卖家根据跨境电商买家的信息委托邮政或快递公司发货，邮政或快递公司在配送后向买家发出运单号，供买家查询。

三、国际支付宝支付担保服务

（一）国际支付宝担保服务内容

国际支付宝（Escrow Service）是由阿里巴巴与支付宝联合开发，为在线交易安全提供第三方支付担保服务，适用于 B2C 小额交易方式，支持信用卡与电汇等支付方式，以及 EMS、DHL、UPS、FedEx、TNT 和邮政航空包裹的运输方式。

（二）国际支付宝担保服务操作

国际支付宝担保服务操作环节及其内容如图 7-6 所示：

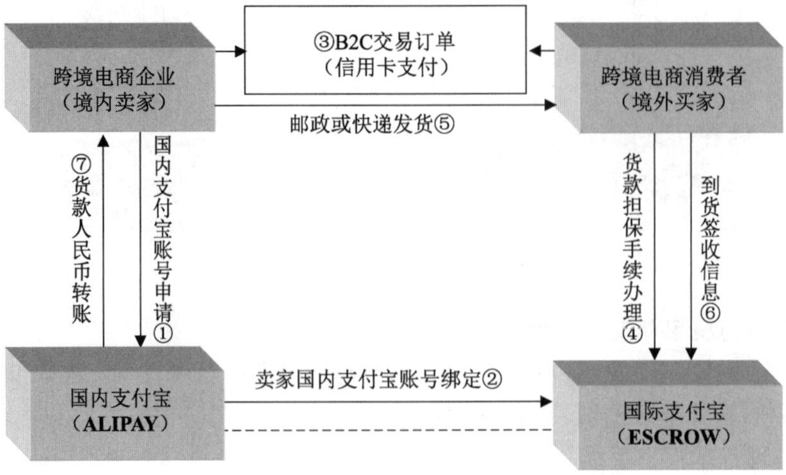

图 7-6　国际支付宝担保服务流程

1. 申请国内支付宝账号

平台会员卖家登录支付宝网站，申请国内支付宝账号，提供指定的申请材料。

2. 绑定国内支付宝账号

平台会员卖家登录“My Alibaba”(中国供应商会员)的后台，绑定国内支付宝账号，开通美元账户，自动形成国际支付宝，支持信用卡支付方式，管理收款账户。

3. 发出跨境电商交易订单

境外买家在线输入商品名称、数量、金额、信用卡支付方式和本人相关信息，发出购货订单。

4. 办理货款担保手续

境外买家发出订单后刷信用卡支付，将货款打入第三方担保平台国际支付宝监管账户中。

5. 委托邮政或快递发货

第三方担保平台国际支付宝向平台会员卖家发送发货通知，卖家根据通知要求通过邮政包裹或快递方式进行发货。

6. 收到到货签收信息

境外买家收到邮政包裹或快递配送的商品后签收，自动向第三方担保平台国际支付宝发出签收信息，其在收到买家签收信息后从监管美元账户货款中扣除手续费，并将余款转入卖家国际支付宝美元账户。

7. 转入人民币账户

国际支付宝自动按照当天美元汇率转换成人民币，并转入卖家国内支付宝或银行卡账户。

四、电子钱包网络支付业务

(一) 电子钱包网络支付业务的内容

电子钱包包括两个部分：一是软件，通常与银行账户或银行卡账户连接在一起，主要用于网上消费、账户管理；二是智能储值卡，持卡人预先在卡中存入电子现金、电子信用卡、数字货币等电子货币，交易时直接从储值账户中扣除交易金额。

(二) 电子钱包网络支付业务操作

电子钱包网络支付业务操作环节及内容如图 7-7 所示。

1. 申请开立银行账户

境内买家到境内银行申请开立电子钱包账户，提供指定的申请材料。

2. 安装电子钱包服务系统

境内买家获取电子钱包账户后，通过电子钱包应用软件安装到 VISA Cash 和 Mondex 等全球电子钱包服务系统上，利用电子钱包服务系统的功能输入自己的电子

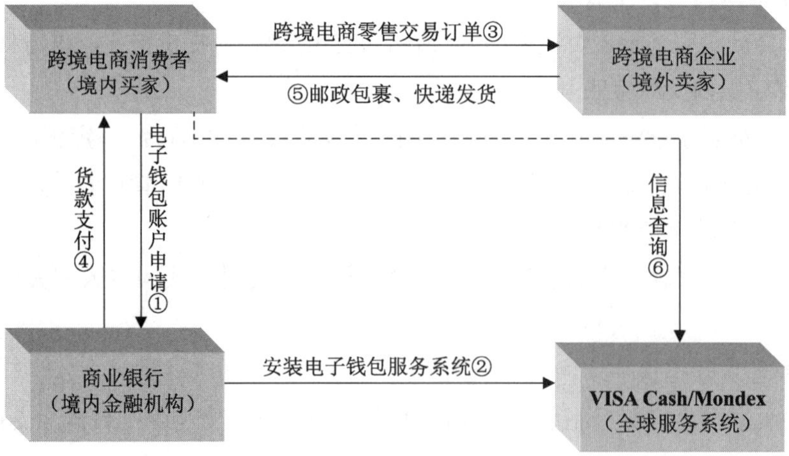

图 7-7　电子钱包网络支付业务流程

信用卡、电子货币等金融卡上的编号。

3. 确认跨境电商交易订单

境内买家在网上选定商品后，确认商品名称、数量、金额和支付方式，并下订单。

4. 办理货款支付

境内买家在支付货款时输入电子钱包账号，登录后选择对应的电子现金、电子信用卡（Visa 或 Master）、数字货币的图标，点击后即可完成电子支付。

5. 按照订单发货

境外卖家根据订单的相关信息，通过邮政包裹或快递等方式进行发货。

6. 查询购物信息

境内买家可以通过电子钱包服务系统电子交易记录器查询自己购物的信息，也可以通过电子钱包管理器，查看自己银行账号上的支付数据。

五、各国跨境零售电商支付现状

跨境零售电子商务大多利用第三方支付工具、信用卡和移动终端完成支付，金额较小，流程简便。在欧美等发达国家和地区，电子商务发展与支付技术相对成熟，信用卡支付与第三方支付具有较高的普及率，如美国的 VISA、Master Card、美国运通卡（American Express）、大来卡（Diners），成为跨境零售首选的支付方式。韩、日等发达国家的消费者，习惯于使用信用卡支付，使用手机进行网购与支付，还包括支付宝。在非洲、东南亚等国家或地区，信用卡支付、PayPal 等第三方支付工具使用率不高，货到付款是首选的跨境支付方式。在巴西消费者中，VISA、Master Card 普及率较高，像 PayPal 电子钱包、虚拟卡等使用率也较高。中国消费者偏好使用支付宝、微信支付等支付方式。

阅读思考

人民币走向国际化

截止到2021年3月，国际上已经有俄罗斯、伊朗、土耳其、委内瑞拉、沙特、阿联酋、巴基斯坦、菲律宾、越南、哈萨克斯坦、韩国、马来西亚、印度尼西亚、阿根廷、新加坡、英国、加拿大、德国等29个国家在国际贸易和投资中使用人民币结算。据环球银行金融电信协会(SWIFT)发布的最新数据显示，2020年6月人民币在全球支付货币排名中升至第五位。我国人民币跨境支付系统(CIPS)作为人民币跨境支付清算业务的批发类支付系统，已经覆盖了167个国家和地区的3 000多家银行法人机构，2019年处理业务188万笔，金额34万亿元，日均处理业务7 537笔，金额1 357亿元。

请结合本章学习的相关内容，分析人民币国际化对我国在世界政治经济中的积极影响。

思考与实践

一、思考题

1. 简述电子支付工具与传统支付工具的区别。
2. 简述跨境电子商务支付方式的要素。
3. 简述第三方支付机构对跨境零售电商的跨境收发汇业务。
4. 简述银行对第三方支付机构收发汇业务的管理。
5. 简述支付企业对客户管理的内容。
6. 简述支付企业对收发汇业务管理的内容。
7. 简述西联汇款业务操作环节及内容。
8. 简述国际支付宝担保服务业务操作环节及其内容。
9. 简述电子钱包网络支付业务操作环节及其内容。
10. 简述私人数字货币与法定数字货币的区别。

二、实务题

1. 编制中国人民银行数字货币简报

中国人民银行数字货币是人民币的电子版，也是我国法定数字货币，请根据简报的要求填写相关信息，增强对数字人民币的认知。

中国人民银行数字货币简报

小组名称：　　　　组员姓名：　　　　　　　　　　完成日期：

中国人民银行数字货币的性质	
中国人民银行数字货币的特征	
中国人民银行数字货币发行的意义	

2. 编制环球银行金融电信协会简报

登录百度搜索网站，查找环球银行金融电信协会，登录该协会的网站，了解相关信息，并根据简报栏目的要求进行填制，增强对SWIFT的认识。

环球银行金融电信协会简报

小组名称：　　　　组员姓名：　　　　　　　　　　完成日期：

协会基本信息	协会的英语简称、性质、成立时间、入会条件：
协会会员费用	会费、年费和用户费用：
银行识别代码	银行识别代码的含义、国内主要银行总行的SWIFT代码：

第八章　跨境电子商务进出境货物监管

学习目标

- 了解我国进出口货物实施“关检合一”的演变路径
- 熟悉我国海关组织机构以及海关权力行使的基本内容
- 掌握报关企业、报关人员的类型、资质及其管理
- 明确我国海关在对外贸易领域中的地位和作用
- 具备跨境电子商务进出境货物通关的基本能力

第一节　跨境电子商务进出境货物监管机构

根据我国《海关法》《进出口商品检验法》等有关法律法规的规定，海关是国家行政机关，代表国家依法独立行使行政管理权，对进出口货物实施检验检疫、查验和征收，对报关单位进行监督管理。

一、检验检疫机构演变

我国进出口商品检验、进出境动植物检疫和国境卫生检疫监管机构从新中国成立以来经历了以下三个阶段：

（一）“三检”独立阶段

“三检”是指进出口商品检验、进出境动植物检疫和国境卫生检疫。从1949年至1997年，我国设置了三个独立的专门机构负责“三检”管理工作，级别由低向高。具体内容如下：

1. 进出口商品检验机构

（1）国外贸易司商品检验处

1949年，中央人民政府政务院设立了中央贸易部，在该部设立了国外贸易司，并在该司中设立了商品检验处，统一领导全国商检工作，在天津、上海、广州、青岛、汉口和重庆等主要口岸设立了商品检验局。

（2）外贸部商品检验总局

1952年，中央人民政府为了加强贸易工作，撤销了中央贸易部，成立了对外贸易部和商业部，并在外贸部设立了商品检验总局，统一管理全国的进出口商品检验工作。

（3）国家进出口商品检验总局

1980 年，国务院做出了关于改革商检管理体制的决定，将外贸部商品检验总局改为国家进出口商品检验总局，将各地商检局的建制收归中央，地方局为冠以所在省、自治区和直辖市名称的进出口商品检验局。

(4) 国家进出口商品检验局

1982 年，国务院进一步做出决定，将国家进出口商品检验总局更名为国家进出口商品检验局，在省、自治区和直辖市以及进出口商品的口岸、集散地设立进出口商品检验局，管辖所负责地区的进出口商品检验工作。

2. 出入境动植物检疫机构

(1) 外贸部畜产品检验处与农产品检验处

1949 年，中央人民政府在外贸部商品检验总局设立畜产品检验处和农产品检验处，负责对外动植物检疫工作，其中畜产品检验处主管动物检疫，农产品检验处主管植物检疫。

(2) 国家动植物检疫所

1964 年，为了加强动植物检疫的管理，国务院将其划归农业部领导，翌年成立了国家动植物检疫所，并在开放口岸设立进出境动植物检疫机构。

(3) 国家动植物检疫总所

1982 年国务院做出决定，成立国家动植物检疫总所，负责统一管理全国口岸动植物检疫工作，实施以中央领导为主的垂直领导体制。

(4) 国家动植物检疫局

1995 年国务院进一步做出决定，将国家动植物检疫总所更名为国家动植物检疫局，负责全国动植物检疫工作。

3. 国境卫生检疫机构

(1) 卫生部交通检疫所

1949 年，中央人民政府卫生部将原 17 个海陆空检疫所更名为交通检疫所。

(2) 国家卫生检疫总所

1988 年国务院做出决定，成立了国家卫生检疫总所，各省、自治区和直辖市检疫所更名为卫生检疫局。

(3) 国家卫生检疫局

1995 年国务院进一步做出决定，将国家卫生检疫总所更名为国家卫生检疫局。

(二) “三检”合一阶段

1. 国家出入境检验检疫局

1998 年国务院进行政府机构改革，将国家进出口商品检验局、国家动植物检疫局和国家卫生检疫局合并组建为国家出入境检验检疫局，主管全国“三检”工作，各省、自治区和直辖市相继冠名为直属检验检疫局。

2. 国家质量监督检验检疫总局

2001 年国务院进一步深入政府机构改革，将国家出入境检验检疫局和国家质量技术监督局重组为国家质量监督检验检疫总局，原国家出入境检验检疫局下属的各省、自治区和直辖市的直属检验检疫局及其管理体制和业务不变。

（三）“关检”融合阶段

2018年3月13日国务院出台政府机构改革方案，组建国家市场监督管理总局，不再保留国家质量监督检验检疫总局，国家质量监督检验检疫总局的出入境检验检疫管理职责和队伍划入海关总署。

二、海关监管机构

1949年，中央人民政府成立了海关总署，在进出口货物和物品的口岸以及海关监管业务集中的地点设立海关，对进出口企业、进出口货物、进出境运输工具和贸易知识产权进行监督与管理，实施查验，负责征收进出口关税。

（一）海关组织机构

目前，我国海关组织机构分为以下三个层级：

1. 海关总署

海关总署是国务院直属机构，为正部级，其职责主要有十个方面：一是负责全国海关工作，拟订相关政策和法律法规草案，制定发展规划、部门规章和相关技术规范；二是负责口岸“大通关”建设，会同有关部门制定口岸管理规章制度，拟订口岸发展规划，牵头拟订口岸安全联合防控工作制度，协调开展口岸相关情报收集、风险分析和处置工作；三是负责海关监管工作，制定进出口货物、物品和进出境运输工具的监管制度，承担技术性贸易措施相关工作，依法执行进出口贸易管理政策，负责知识产权保护，实施反恐、维稳、防扩散和出口管制等工作；四是负责进出口关税及其他税费征收管理，拟订征管制度、进出口商品原产地规则，负责签证管理，执行反倾销、反补贴措施和保障措施及其他关税措施；五是负责出入境卫生检疫、出入境动植物及其产品检验检疫，对出入境人员、交通工具、集装箱、货物、行李、邮包等实施卫生检疫查验、传染病监测、卫生监督与卫生管理，对进出境旅客携带或邮寄的动植物、动植物产品、其他检疫物及其装载容器或包装物等，以及来自疫区的运输工具和法律、法规、国际条约与多双边协议规定或贸易合同约定应当实施检疫的货物和物品实施检疫和监管；六是负责进出口商品检验、鉴定、验证和质量安全，以及进口食品、化妆品检验检疫和监督与管理；七是负责海关风险管理，建立风险评估指标体系、风险监测预警、跟踪制度和风险管理防控机制，实施海关信用管理，并负责海关稽查；八是负责国家进出口货物贸易等海关统计；九是负责全国打击走私综合治理工作；十是负责海关领域国际合作与交流。

2. 分署、特派员办事处与直属海关

（1）广东分署

广东分署是指海关总署在广东省广州市设立的派出机构，直属海关总署领导，接受广东省人民政府监督与指导，并承担综合协调、协助管理、调查研究、监督、审计和巡视等工作职能。

（2）特派员办事处

特派员办事处是指海关总署于2002年7月在天津与上海设立的派出机构，负责管辖区域内直属海关的执法督察、干部考察、廉政督察等工作，归海关总署领导。天津特派员办事处管辖范围包括北京海关、天津海关、石家庄海关、太原海关、呼和浩特海关、满洲里海关、大连海关、沈阳海关、长春海关、郑州海关、哈尔滨海关、兰州海关、银川海关和乌鲁木齐海关；上海特派员办事处管辖范围包括上海海关、南京海关、杭州海关、宁波海关、合肥海关、福州海关、厦门海关、南昌海关和青岛海关。

（3）直属海关

目前我国共有42个直属海关，分布在全国31个省、自治区、直辖市，就本关区内的海关事务独立行使职权，向海关总署负责。直属海关的职责有九个方面：一是对关区通关作业实施运行管理；二是实施关区集中审单，组织和指导隶属海关开展接单审核、征收税费、查验、放行等通关作业；三是组织实施对各类海关监管场所、进出境货物和运输工具的实际监控；四是组织实施贸易管制措施、税收征管、保税和加工贸易海关监管、企业分类管理和知识产权进出境保护；五是组织开展关区贸易统计、业务统计和统计分析工作；六是组织开展关区调查、稽查和侦查业务；七是按规定程序及权限办理各项业务审核、审批、转报和注册备案手续；八是开展对外执法协调和行政纠纷、争议的处理；九是开展对关区各项业务的执法检查、监督和评估。

3. 隶属海关

目前，我国共有562个隶属海关，分布在全国省、自治区和直辖市管辖下的区以及港口、机场、车站等，对直属海关负责。隶属海关的职责主要有九个方面：一是开展接单审核、征收税费、验估、查验、放行等通关作业；二是对辖区内加工贸易实施海关监管；三是对进出境运输工具及其燃料、物料、备件等实施海关监管，征收船舶吨税；四是对各类海关监管场所实施监控；五是对通关、转关及保税货物的存放、移动、放行或其他处置实施实际监控；六是开展对运输工具、进出口货物、监管场所的风险分析，执行各项风险处置措施；七是办理辖区内报关单位通关注册备案业务；八是受理辖区内设立海关监管场所、承运海关监管货物业务的申请；九是对辖区内特定减免税货物实施海关后续监管。

（二）海关权力行使

1. 海关权力行使的原则

海关权力是指法律法规赋予海关对进出口货物、物品和进出境运输工具监督管理的权能。海关行使权力遵守以下三项原则：一是合法性，是指行使行政权力的主体资格、依据、方法、手段、步骤和时限等程序必须符合相关法律法规的规定；二是适当性，是指行使行政权力应当具有公平性、合理性和正义性；三是独立性，海关无论级别高低，都是代表国家行使管理权的国家机关，依法独立行使权力。

2. 海关权力的内容

海关权力的内容包括四个方面：一是行政许可权，涉及企业报关权、海关监管货物仓储、转关运输货物境内运输、保税货物加工与装配、报关员从业许可等监管权力；二是税费征收权，代表国家依法对进出口货物、物品征收关税、其他税费和减征或免征关税，以及依法补征、追征税款的权力；三是行政监督检查权，包括检查权、查阅与复制权、查验权、查问权、查询权和稽查权；四是行政强制权，包括扣留权、滞报金与滞纳金征收权、提取货样与施加封志权、提取货物变卖与先行变卖权、强制扣缴与变卖抵缴税款权、连续追缉权、海关行政处罚权、佩带和使用武器权。

第二节　跨境电子商务进出境货物报关企业管理

一、报关企业的资质管理

（一）报关企业的类型

报关企业包括自理报关企业和代理报关企业两种类型。自理报关企业是指依法设立，拥有进出口经营权和报关报检资质的企业法人，如外贸生产企业、进出口贸易公司等企业，其只能办理本企业进出口货物的报关手续；代理报关企业是指依法设立，具有报关报检资质，接受进出口收发货人的委托，代办报关、纳税等事宜的企业法人，通常包括国际货运代理公司、报关服务公司等企业。

（二）报关企业的资质

报关企业应当依法办理注册登记或备案，获取“多证合一”营业执照和相关行政许可，方可办理报关报检业务。2018 年 6 月国家市场监督管理总局办公厅印发《关于做好全国统一“多证合一”改革工作的通知》，根据其精神，报关企业向属地市场监督管理部门登记机关提交公司设立登记申请书、公司章程、企业名称预先核准通知书、对外贸易经营者备案登记表等材料，申请“多证合一”营业执照，经其核准注册登记后领取“多证合一”营业执照，即获得了进出口经营权和报关报检资质。“多证合一”营业执照是将原先分别到工商行政管理部门、质量监督检验检疫部门、税务部门、人力资源和社会保障部门、统计部门和海关申请的企业法人营业执照、组织机构代码证、税务登记证、社会保险登记证、统计登记证和进出口货物收发货人备案登记证书合并到“多证合一”营业执照之中。

二、报关企业的分类管理

海关根据企业遵守法律、行政法规、海关规章、相关廉政规定和经营管理状况，以及海关监管、统计记录等，对进出口货物收发货人、报关企业进行分类管理，设置 AA、A、B、C、D 五个管理类别，对 AA 类和 A 类企业适用相应的通关便利措施，对 B 类企业适用常规管理措施，对 C 类和 D 类企业适用严密监管措施。

1. AA 类

（1）自理报关企业的认定条件

符合 AA 类的自理报关企业应同时具备四个条件：一是已适用 A 类管理 1 年以

上；二是上一年度进出口总值 3 000 万美元(中西部 1 000 万美元)以上；三是经海关验证和稽查，符合海关管理、企业经营管理和贸易安全的要求；四是每年报送“经营管理状况报告”和会计师事务所出具的上一年度审计报告，每半年报送“进出口业务情况表”。

(2) 代理报关企业的认定条件

符合 AA 类的代理报关企业应同时具备四个条件，其中第一条、第三条与自理报关企业条件相同。第二条是上一年度代理申报的进出口报关单及进出境备案清单总量在 2 万票(中西部 5 000 票)以上；第四条是每年报送“经营管理状况报告”和会计师事务所出具的上一年度审计报告，每半年报送“报关代理业务情况表”。

2. A 类

(1) 自理报关企业的认定条件

符合 A 类的自理报关企业应同时具备十一个条件：一是已适用 B 类管理 1 年以上；二是连续 1 年无走私罪、走私行为、违反海关监管规定的行为；三是连续 1 年未因进出口侵犯知识产权货物而被海关行政处罚；四是连续 1 年无拖欠应纳税款、应缴罚没款项情事；五是上一年度进出口总值 50 万美元以上；六是上一年度进出口报关差错率 3%以下；七是会计制度完善，业务记录真实、完整；八是主动配合海关管理，及时办理各项海关手续，向海关提供的单据、证件真实、齐全、有效；九是每年报送“经营管理状况报告”；十是按照规定办理“进出口货物收发货人报关注册登记证书”的换证手续和相关变更手续；十一是在人民银行以及商务、工商、税务、质检、外汇、监察等行政管理部门和机构无不良记录。

(2) 代理报关企业的认定条件

符合 A 类的代理报关企业应同时具备十一个条件，其中第一条、第二条、第三条、第四条、第六条、第七条、第八条、第九条、第十一条与自理报关企业条件相同。第五条是上一年度代理申报的进出口报关单及进出境备案清单等总量在 3 000 票以上；第十条是按照规定办理注册登记许可延续及“中华人民共和国海关报关企业报关注册登记证书”的换证手续和相关变更手续。

3. B 类

自理报关企业与代理报关企业认定条件相同，除了未发生 C 类和 D 类情形以外，还要是首次注册登记的，或是首次注册登记后管理类别未发生调整的，或是 AA 类企业不符合原管理类别适用条件并且不符合 A 类管理类别适用条件的，或 A 类企业不符合原管理类别适用条件的。

4. C 类

(1) 自理报关企业的认定条件

出现下列情形之一的，被认定为 C 类自理报关企业：一是有走私行为的；二是 1 年内有 3 次以上违反海关监管规定的行为，或者 1 年内因违反海关监管规定被处罚款累计总额 50 万元人民币以上的；三是 1 年内有 2 次因进出口侵犯知识产权货物而被海关行政处罚的;四是拖欠应纳税款、应缴罚没款项人民币50万元以下的。其中拖欠应纳税款是指自缴纳税款期限届满之日起超过3个月仍未缴纳进出口货物、物品应当缴纳的进出口关税、进出口环节海关代征税之和,包括经海关认定违反海关监管规定,除给予处罚外,尚需缴纳的税款;拖欠应缴罚没款项是指自海关行政处罚决定规定的期限届满之日起超过3个月仍未缴纳海关罚款、没收的违法所得和追缴走私货物、物品等值价款。

(2) 代理报关企业的认定条件

被认定为C类代理报关企业的应同时具备七个条件,其中第一条、第二条、第五条与自理报关企业条件相同。第三条是1年内代理报关的货物因侵犯知识产权而被海关没收达3次的;第四条是上一年度代理申报的进出口报关差错率在10%以上的;第六条是代理报关的货物涉嫌走私、违反海关监管规定拒不接受或者拒不协助海关进行调查的;第七条是被海关暂停从事报关业务的。

5. D类

(1) 自理报关企业的认定条件

出现下列情形之一的,被认定为D类自理报关企业:一是有走私罪的;二是1年内有2次以上走私行为的;三是1年内有3次以上因进出口侵犯知识产权货物而被海关行政处罚的;四是拖欠应纳税款、应缴罚没款项人民币50万元以上的。

(2) 代理报关企业的认定条件

被认定为D类代理报关企业的应同时具备四个条件,其中第一条、第二条、第四条与自理报关企业条件相同以外,第三条为1年内代理报关的货物因侵犯知识产权而被海关没收4次以上的。

三、报关企业的信用管理

海关总署为了推进"关检"融合,整合、优化企业信用管理制度,于2018年公布了《海关企业信用管理办法》和《关于实施〈海关企业信用管理办法〉有关事项的公告》。具体内容如下:

(一) 报关企业信用认定标准

根据《海关企业信用管理办法》和《关于实施〈海关企业信用管理办法〉有关事项的公告》的规定,海关根据企业信用状况的不同,将企业认定为失信企业、一般信用企业和认证企业三类。

1. 失信企业认定

企业有下列情形之一的,被认定为失信企业:

(1) 有走私犯罪或者走私行为的;

(2) 非报关企业1年内违反海关监管规定行为次数超过上年度报关单、进出境备案清单、进出境运输工具舱单等相关单证总票数千分之一且被海关行政处罚金额累计超过100万元的,而报关企业则为相关单证总票数万分之五且被海关行政处罚金额累计超过30万元的；

(3) 拖欠应缴税款或者拖欠应缴罚没款项的；

(4) 经过实地查看在海关登记的住所或者经营场所无法查找，也无法通过其联系方式与企业取得联系，并被海关列入信用信息异常企业名录超过90日的；

(5) 假借海关或者其他企业名义获取不当利益的；

(6) 向海关隐瞒真实情况或者提供虚假信息，影响企业信用管理的；

(7) 抗拒、阻碍海关工作人员依法执行职务，情节严重的；

(8) 因刑事犯罪被列入国家失信联合惩戒名单的；

(9) 违反国境卫生检疫、进出境动植物检疫、进出口食品化妆品安全、进出口商品检验规定被追究刑事责任的；

(10) 海关总署规定的其他情形。

2. 一般信用企业

企业有下列情形之一的，被认定为一般信用企业：

(1) 在海关首次注册登记或者备案的企业；

(2) 认证企业不再符合《海关认证企业标准》，并且未发生《海关企业信用管理办法》第十二条规定情形的；

(3) 自被海关认定为失信企业之日起连续2年未发生失信企业规定情形的。

3. 认证企业

认证企业是指经中国海关认证的经营者。中国海关依据有关国际条约、协定和我国《海关企业信用管理办法》，与其他国家或者地区海关开展认证企业互认合作，并且给予互认企业相关便利措施。

(1) 认证企业申请

申请企业向海关提交"适用认证企业管理申请书"，海关自收到该申请书之日起90日内依据《海关认证企业标准》对符合认证的企业实施认证，并制发"认证企业证书"，自送达之日起生效。

(2) 认证企业类别

认证企业分为高级认证企业和一般认证企业。

(二) 企业信用等级的调整

1. 企业信用等级下调

海关对高级认证企业每3年重新认证一次，对一般认证企业不定期重新认证，对未通过重新认证的，由海关调整为一般认证企业或一般信用企业或失信企业，并将"企业信用等级认定决定书"送达该企业，自送达之日起生效。高级认证企业被海关调整为一般认证企业的，1年内不得申请成为高级认证企业；被海关调整为一般信用企业的，1年内不得申请成为认证企业；被海关调整为失信企业的，2年内不得成为一般信用企业。

2. 企业信用等级恢复

自被海关认定为失信企业之日起连续2年未发生失信企业情形的，海关调整其为一般信用企业。失信企业被调整为一般信用企业满1年，可以向海关申请成为认证企业。

（三）认证企业的管理

1. 一般认证企业管理

对一般认证企业的管理有七个方面的措施：一是进出口货物平均查验率在50%以下；二是进出口货物平均检验检疫抽批比例在50%以下；三是出口货物原产地平均抽查比例在50%以下；四是优先办理进出口货物通关手续；五是海关收取担保金额，低于其承担的税款总额或者海关总署规定的金额；六是优先办理海关注册登记或者备案以及相关业务手续，除首次注册登记或者备案以及有特殊要求之外；七是海关总署规定的其他管理措施。

2. 高级认证企业管理

对高级认证企业的管理措施除了一般认证企业管理措施外，还包括十二个方面：一是进出口货物平均查验率在20%以下；二是进出口货物平均检验检疫抽批比例在20%以下；三是出口货物原产地平均抽查比例在20%以下；四是可以向海关申请免除担保；五是减少对企业稽查、核查频次；六是可以在出口货物运抵海关监管区之前向海关申报；七是优先向其他国家（地区）推荐食品、化妆品等出口企业的注册；八是海关为企业设立协调员；九是AEO互认国家或者地区的海关通关便利措施；十是国家有关部门实施的守信联合激励措施；十一是因不可抗力中断国际贸易，恢复后优先通关；十二是海关总署规定的其他管理措施。

3. 失信认证企业管理

对失信认证企业的管理有九个方面措施：一是进出口货物平均查验率在80%以上；二是进出口货物平均检验检疫抽查比例在80%以上；三是不予免除查验企业的吊装、移位、仓储等费用；四是不适用汇总征税制度；五是除特殊情形外，不适用存样留像的放行措施；六是经营加工贸易业务的，提供全额担保；七是提高对企业稽查、核查频次；八是国家有关部门实施的失信联合惩戒措施；九是海关总署规定的其他管理措施。

四、海关认证企业的标准

2019年1月1日起施行的《海关认证企业标准》，包括通用标准和进出口货物收发货人、报关企业、外贸综合服务企业单项标准。三个单项标准的内容如下：

（一）进出口货物收发货人

进出口货物收发货人的认证分为高级认证和一般认证两类标准。

1. 高级认证标准

高级认证标准的具体内容如表8-1所示。

表 8-1　　高级认证标准的内容与评定情况一览表

认证标准			达标情况			
一、内部控制标准			达标 0	基本达标 −1	不达标 −2	不适用 —
(一)进出口业务控制	1. 单证控制	(1)在申报前或者委托申报前由专门部门或者岗位人员对进出口单证中的价格、归类、原产地、数量、品名、规格、境外收发货人、包装种类、货物存放地点、运输路线、储存条件、拆检注意事项、标签标志等内容的真实性、准确性、规范性和完整性进行内部复核。				
		(2)企业实施许可证管理或者输华官方证书管理的，根据实际进出口情况，对国外品质证书、质量保证书、装运前检验证书、原产地证书、卫生检疫单证、输华食品官方证书、动植物检疫官方证书、动植物检疫许可证、农业转基因生物安全证书等单证的真实性、有效性、完整性、一致性进行内部复核。				
		(3)企业从事加工贸易以及保税进出口业务的，由专门部门或者岗位人员对记录与加工贸易货物有关的进口、存储、转让、转移、销售、加工、使用、损耗和出口等情况的账簿、报表以及其他有关单证的准确性、一致性进行内部复核。				
	2. 单证保管	(1)按照及时性、完整性、准确性与安全性等海关要求保管进出口报关单证以及相关资料。				
		(2)企业从事加工贸易、保税进出口的，应当保管与保税货物有关的进口、存储、转让、转移、销售、加工、使用、损耗和出口等情况的单证资料。				
		(3)企业涉及出入境特殊物品的，应当建立特殊物品生产、使用、销售记录，并确保记录的真实性。				
		(4)企业进出境动植物及其产品需要检疫监管的，应当对装卸、调离、运输、生产、加工、存放、检疫处理等环节建立台账，确保台账的完整性和准确性。				
		(5)企业进出口商品需要检验监管的，应当对日常检验监管情况、生产经营情况、不合格货物的处置、销毁、退运、召回等情况建立台账，并确保台账的完整性和准确性。				
		(6)企业进出口食品的，应当设有专门场所、特定部门和专人对进口和销售记录进行保管。				
	3. 进出口活动	进出口业务管理流程设置合理、完备，涉及的货物流、单证流、信息流能够得到有效控制。				

（续表）

认证标准			达标情况		
（二）内部审计控制	4. 质量管理	(1) 根据出入境特殊物品风险等级，建立有效运行的生物安全管理体系，具备相应的生物安全控制能力。			
		(2) 根据进出境动植物及其产品属性，建立有效运行的质量管理体系和疫情疫病防控制度，具备相应的风险管控处置能力。			
		(3) 企业进口食品的，建立境外出口商、境外食品生产企业实地审核制度，存留食品安全国家标准全项目自主检测报告。企业出口食品，具备与生产能力相适应的自检实验室，存留出厂检测报告。			
		(4) 根据质量安全风险，对法定检验商品建立有效运行的商品质量验收、检验检测、不合格处置、风险信息报告和风险消减等制度，具备与质量安全相适应的企业自主管控能力。			
（三）信息系统控制	5. 信息系统	建立真实、准确、完整并有效控制企业生产经营、进出口活动、财务数据等的信息系统，在客户管理、合同管理、财务管理、关务管理、物流管理等方面具备可记录、可追溯、可查询、可分析、可预警等功能并有效运行。			
	6. 数据管理	(1) 生产经营数据以及与进出口活动有关的数据及时、准确、完整、规范地被录入系统。系统数据自进出口货物办结海关手续之日起保存3年以上。			
		(2) 进出口活动主要环节在系统中能够实现流程检索、跟踪。			
二、守法规范标准			达标 0	不达标 −2	不适用 —
（四）遵守法律法规	7. 企业守法	(1) 1年内无因违反海关监管规定被处罚金额超过3万元的行为。			
		(2) 1年内无因违反进出境动植物检疫、国境卫生检疫法律法规被处罚金额累计超过1万元的行为；1年内无因违反进出口商品检验与监管规定被处罚金额超过3万元的行为。			
		(3) 1年内因违反海关监管规定行为被处罚金额累计5万元以下，且违法次数在5次以下或者违法次数与上年度企业进出口报关单及进出境备案清单总票数比例不超过千分之一。			
		(4) 当年注册登记的进出口货物收发货人，1年内因违反海关监管规定行为被处罚金额累计不得超过5万元，且违法次数不得超过5次。			

（续表）

认证标准			达标情况			
（五）进出口业务规范	8. 申报规范	(1) 连续4个季度单季查获比率不超过同期全国平均查获比率。				
		(2) 上年度及本年度时限内手(账)册未发生超期未报核的情形。				
		(3) 连续4个季度单季加工贸易手(账)册规范申报率超过同期全国平均手(账)册规范申报率。				
	9. 管理要求	(1) 2年内未发生因产品安全、卫生、环保、品质、检疫问题或者欺诈行为被国(境)外官方通报或客户退货、索赔造成不良影响，经查实确属企业责任的。				
		(2) 上年度商品安全、卫生、健康、环境保护、反欺诈、品质及数重量鉴定等项目指标被海关查验，不合格率不超过同年度同类商品的不合格率。				
		(3) 2年内出口动植物及其产品检验检疫、风险监控与检测的合格率为99%以上。				
		(4) 2年内进口商未列入海关总署进口食品不良记录名单。				
三、贸易安全标准			达标 0	基本达标 −1	不达标 −2	不适用 —
（六）场所安全控制	10. 场所安全	海关特殊监管区内的企业，符合海关监管要求的，视为符合场所安全该项标准。				
		(1) 出入口：在车辆、人员进出企业的出入口配备人员驻守。				
		(2) 建筑结构：建筑物的建造方式能够防止非法闯入。定期对建筑物进行检查和修缮，保证其完整性、安全性。				
		(3) 照明：企业经营场所配备充足的照明设施，包括以下区域：出入口，货物、物品装卸和仓储区，围墙周边及停车场/停车区域等。				
		(4) 视频监控：装配视频监控设备，监测以下区域：出入口，货物、物品装卸和仓储区，围墙周边及停车场/停车区域，防止未经许可进入货物、物品装卸和仓储区。				
		(5) 仓储区域：具有仓储设施，货物分类存放；设有隔离设施，防止任何未经许可的人员进入。				
		(6) 锁闭装置及钥匙保管：所有内外窗户、大门都设有足够数量的锁闭装置，实行钥匙发放、回收登记管理。				

（续表）

认证标准			达标情况			
（七）商业伙伴安全控制	11. 商业伙伴安全	商业伙伴系海关认证企业的，企业可以免予对该商业伙伴执行本项标准。				
		（1）全面评估：在筛选商业伙伴时根据本认证标准对商业伙伴进行全面评估，重点评估守法合规、贸易安全和供货资质，并有书面制度和程序。				
		（2）书面文件：在合同、协议或者其他书面资料中要求商业伙伴按照本认证标准优化和完善贸易安全管理。				
		（3）监控或检查：定期监控或者检查商业伙伴遵守贸易安全要求的情况，并有书面制度和程序。				
（八）货物、物品安全控制	12. 货物、物品安全	（1）装运和接收货物、物品：运抵的货物、物品要与货物、物品单证的信息相符，核实货物、物品的重量、标签、件数或者箱数。离岸的货物、物品要与购货订单或者装运订单上的内容进行核实。在货物、物品关键交接环节有签名、盖章等保护制度。				
		（2）出口安全：生产型企业对出口货物、物品实施专人监装并保存相关记录；非生产型企业要求建立管理制度以确保出口货物、物品安全装运。				
		（3）货物、物品差异：在出现货物和物品溢、短装，法检商品安全、卫生、环保等指标不合格或者其他异常现象时要及时报告或者采取其他应对措施，并有书面制度和程序。				
（九）集装箱安全控制	13. 集装箱安全	只做单纯的国际贸易业务的非生产型企业，延伸认证1家与其有委托关系的主要物流运输企业。				
		（1）集装箱检查：在装货前检查集装箱结构的物理完整性和可靠性，包括门的锁闭系统的可靠性，并做好相关登记。检查时采取“七点检查法”（即对集装箱按照以下顺序检查：前壁、左侧、右侧、地板、顶部、内/外门、外部/起落架）。				
		（2）集装箱封条：对已装货的集装箱要施加高安全度的封条，所有封条都要符合或者超出现行 PAS ISO 17712 对高度安全封条的标准，封条由专人管理、登记。要建立施加和检验封条的书面制度和程序，以及封条异常的报告机制。对进出境厢式货车应全程施加封条，确保安全。				
		（3）集装箱存储：集装箱要保存在安全的区域，以防止未经许可的进入或者改装情形，有报告和处理未经许可、擅自进入集装箱或者集装箱存储区域的程序。				

（续表）

认证标准			达标情况			
（十）运输工具安全控制	14. 运输工具安全	只做单纯的国际贸易业务的非生产型企业，延伸认证 1 家与其有委托关系的主要物流运输企业。				
		（1）运输工具检查：对所有进出口货物、物品的运输工具进行检查，防止藏匿可疑货物、物品，并有书面制度和程序。				
		（2）运输工具存储：运输工具要停放在安全的区域，以防止未经许可的进入或者其他损害情形，有报告和处理未经许可、擅自进入或者损害的程序。				
		（3）司机身份核实：在货物被装运或者接收前，应对装运或者接收货物运输工具的司机进行身份核实。				

2. 一般认证标准

一般认证标准的具体内容如表 8-2 所示：

表 8-2　　一般认证标准的内容与评定情况一览表

认证标准			达标情况			
一、内部控制标准			达标 0	基本达标 −1	不达标 −2	不适用 —
（一）进出口业务控制	1. 单证控制	（1）同“高级认证标准的（一）—1—（1）”				
		（2）同“高级认证标准的（一）—1—（2）”				
		（3）同“高级认证标准的（一）—1—（3）”				
（一）进出口业务控制	2. 单证保管	（1）同“高级认证标准的（一）—2—（1）”				
		（2）同“高级认证标准的（一）—2—（2）”				
		（3）企业涉及出入境特殊物品的，应当建立特殊物品生产、使用、销售记录，并确保记录的真实性。				
		（4）同“高级认证标准的（一）—2—（3）”				
		（5）同“高级认证标准的（一）—2—（5）”				
		（6）同“高级认证标准的（一）—2—（6）”				
（二）信息系统控制	3. 信息系统	同“高级认证标准的（三）—5”				
二、守法规范标准			达标 0	不达标 −2	不适用 —	

（续表）

<table>
<tr><th colspan="3">认证标准</th><th colspan="4">达标情况</th></tr>
<tr><td rowspan="4">（三）遵守法律法规</td><td rowspan="4">4. 企业守法</td><td>（1）1年内因违反海关监管规定被处罚金额超过3万元且10万元以下的行为不超过1次。</td><td rowspan="4"></td><td rowspan="4"></td><td rowspan="4"></td><td rowspan="4"></td></tr>
<tr><td>（2）1年内无因违反进出境动植物检疫、国境卫生检疫法律法规被处罚金额累计超过2万元的行为；1年内无因违反进出口商品检验与监管规定被处罚金额超过5万元的行为。</td></tr>
<tr><td>（3）1年内因违反海关监管规定行为被处罚金额累计10万元以下，且违法次数在5次以下或者违法次数与上年度企业进出口报关单及进出境备案清单总票数比例不超过千分之一。</td></tr>
<tr><td>（4）当年注册登记的收发货人，1年内因违反海关监管规定行为被处罚金额累计不得超过10万元，且违法次数不得超过5次。</td></tr>
<tr><td rowspan="7">（四）进出口业务规范</td><td rowspan="3">5. 申报规范</td><td>（1）连续2个季度单季查获比率不超过同期全国平均查获比率。</td><td rowspan="3"></td><td rowspan="3"></td><td rowspan="3"></td><td rowspan="3"></td></tr>
<tr><td>（2）同“高级认证标准的（五）－8－（2）”</td></tr>
<tr><td>（3）连续2个季度单季加工贸易手（账）册规范申报率超过同期全国平均手（账）册规范申报率。</td></tr>
<tr><td rowspan="4">6. 管理要求</td><td>（1）1年内未发生因产品安全、卫生、环保、品质、检疫问题或者欺诈行为而被国（境）外官方通报或客户退货、索赔造成不良影响，经查实确属企业责任的。</td><td rowspan="4"></td><td rowspan="4"></td><td rowspan="4"></td><td rowspan="4"></td></tr>
<tr><td>（2）同“高级认证标准的（五）－9－（2）”</td></tr>
<tr><td>（3）1年内出口动植物及其产品检验检疫、风险监控与检测的合格率99%以上。</td></tr>
<tr><td>（4）1年内进口商未列入海关总署进口食品不良记录名单。</td></tr>
<tr><td colspan="3">三、贸易安全标准</td><td>达标
0</td><td>基本达标
－1</td><td>不达标
－2</td><td>不适用
－</td></tr>
<tr><td rowspan="4">（五）场所安全控制</td><td rowspan="4">7. 场所安全</td><td>海关特殊监管区内的企业，符合海关监管要求的，视为符合场所安全该项标准。</td><td colspan="4"></td></tr>
<tr><td>（1）同“高级认证标准的（六）－10－（1）”</td><td></td><td></td><td></td><td></td></tr>
<tr><td>（2）同“高级认证标准的（六）－10－（2）”</td><td></td><td></td><td></td><td></td></tr>
<tr><td>（3）同“高级认证标准的（六）－10－（6）”</td><td></td><td></td><td></td><td></td></tr>
</table>

（续表）

认证标准			达标情况			
（六）商业伙伴安全控制	8. 商业伙伴安全	商业伙伴系海关认证企业的，企业可以免予对该商业伙伴执行本项标准。				
		同“高级认证标准的（七）－11－（2）”				
（七）货物、物品安全控制	9. 货物、物品安全	（1）同“高级认证标准的（八）－12－（1）”				
		（2）同“高级认证标准的（八）－12－（3）”				
（八）集装箱安全控制	10. 集装箱安全	只做单纯的国际贸易业务的非生产型企业，延伸认证 1 家与其有委托关系的主要物流运输企业。				
		同“高级认证标准的（九）－13－（1）”				
（九）运输工具安全控制	11. 运输工具安全	只做单纯的国际贸易业务的非生产型企业，延伸认证 1 家与其有委托关系的主要物流运输企业。				
		同“高级认证标准的（十）－14－（1）”				

（二）报关企业

报关企业的认证分为高级认证和一般认证两类标准。

1. 高级认证标准

高级认证标准的具体内容如表 8-3 所示。

表 8-3　高级认证标准的内容与评定情况一览表

认证标准			达标情况			
一、内部控制标准			达标 0	基本达标 －1	不达标 －2	不适用 —
（一）组织机构控制	1. 海关业务培训	建立面向客户的海关法律法规等相关规定的培训制度并有效落实，每年开展客户海关业务专业培训。				

（续表）

认证标准			达标情况			
（二）进出口业务控制	2. 单证控制	(1) 代理申报前，由专门部门对进出口单证及相关信息、监管证件、商业单据等资料的真实性、完整性和有效性进行合理审查并复核纠错。				
		(2) 被代理企业实施许可证管理或者输华官方证书管理的，代理申报前，根据企业进出口实际情况，对被代理企业的国外品质证书、质量保证书、装运前检验证书、原产地证书、卫生检疫单证、输华食品官方证书、动植物检疫官方证书、动植物检疫许可证、农业转基因生物安全证书等单证的真实性、有效性、完整性、一致性进行内部复核。				
	3. 单证保管	按照及时性、完整性、准确性与安全性等海关要求，保管进出口报关单证以及相关资料。				
	4. 进出口活动	企业代理报关及相关活动管理流程设置合理、完备，涉及的货物流、单证流、信息流能够得到有效控制。				
（三）信息系统控制	5. 信息系统	建立真实、准确、完整并有效控制企业日常经营、代理进出口活动、财务数据的信息系统，在客户管理、合同管理、财务管理、关务管理、物流管理等方面具备可记录、可追溯、可查询、可分析、可预警等功能并有效运行。				
	6. 数据管理	将代理报关活动的有关数据及时、准确、完整、规范地录入系统。系统数据自进出口货物办结海关手续之日起保存 3 年以上。				
二、守法规范标准			达标 0	不达标 −2	不适用 —	
（四）遵守法律法规	7. 企业守法	(1) 1 年内无因违反海关监管规定被处罚金额超过 1 万元的行为。				
		(2) 1 年内违反海关监管规定行为的次数不超过上年度代理申报报关单、进出境运输工具舱单及进出境备案清单总票数的万分之一，且被处罚金额累计 3 万元以下。				
		(3) 当年注册登记的报关企业，1 年内无因违反海关监管规定被处罚的行为。				
（五）进出口业务规范	8. 申报规范	连续 4 个季度单季报关差错率不超过同期全国一般信用企业的平均差错率。				
	9. 管理要求	连续 4 个季度单季舱单及相关电子数据传输差错率不超过同期全国平均传输差错率，连续 4 个季度单季运输工具进出境申报信息、转关单（载货清单）等物流信息的申报差错率不超过同期全国平均申报差错率。				

（续表）

认证标准			达标情况			
三、贸易安全标准			达标 0	基本达标 −1	不达标 −2	不适用 —
（六）场所安全控制	10. 场所安全	(1) 出入口：在车辆、人员进出企业的出入口配备人员驻守。				
		(2) 建筑结构：建筑物的建造方式能够防止非法闯入。定期对建筑物进行检查和修缮，确保其完整性、安全性。				
		(3) 照明：企业经营场所配备充足的照明设施。				
		(4) 视频监控：装配视频监控，监测以下区域：出入口、单证存放区域，防止未经许可的人员进入。				
		(5) 锁闭装置及钥匙保管：所有内外窗户、大门都设有足够数量的锁闭装置，实行钥匙发放、回收登记管理。				
（七）商业伙伴安全控制	11. 商业伙伴安全	商业伙伴系海关认证企业的，企业可以免予对该商业伙伴执行本项标准。				
		(1) 全面评估：在筛选商业伙伴时根据本认证标准对商业伙伴进行全面评估，重点评估守法合规和贸易安全，并有书面制度和程序。				
		(2) 书面文件：在合同、协议或者其他书面资料中要求商业伙伴按照本认证标准优化和完善贸易安全管理。				
		(3) 监控或检查：定期监控或者检查商业伙伴遵守贸易安全要求的情况，并有书面制度和程序。				
（八）货物安全控制	12. 货物、物品安全	只做单纯的报关业务的企业，延伸认证 1 家与其有委托关系的被代理企业或者主要物流运输企业。				
		(1) 装运和接收货物、物品：运抵的货物、物品要与货物、物品单证的信息相符，核实货物、物品的重量、标签、件数或者箱数。离岸的货物、物品要与购货订单或者装运订单上的内容核实。在货物、物品关键交接环节有签名、盖章等保护制度。				
		(2) 货物、物品差异：在出现货物和物品溢、短装，法检商品安全、卫生、环保等指标不合格或者其他异常现象时要及时报告或者采取其他应对措施，并有书面制度和程序。				

（续表）

认证标准			达标情况			
（九）集装箱安全控制	13. 集装箱安全	只做单纯的报关业务的企业，延伸认证 1 家与其有委托关系的被代理企业或者主要物流运输企业。				
		(1) 集装箱检查：在装货前检查集装箱结构的物理完整性和可靠性，包括门的锁闭系统的可靠性，并做好相关登记。检查时采取“七点检查法”（即对集装箱按照以下顺序检查：前壁、左侧、右侧、地板、顶部、内/外门、外部/起落架）。				
		(2) 集装箱封条：对已装货的集装箱要施加高安全度的封条，所有封条都要符合或者超出现行 PAS ISO 17712 对高度安全封条的标准，封条由专人管理、登记。要建立施加和检验封条的书面制度和程序，以及封条异常的报告机制。对进出境厢式货车应全程施加封条，确保安全。				
		(3) 集装箱存储：集装箱要保存在安全的区域，以防止未经许可的进入或者改装情形，有报告和处理未经许可、擅自进入集装箱或者集装箱存储区域的程序。				
（十）运输工具安全控制	14. 运输工具安全	只做单纯的报关业务的企业，延伸认证 1 家与其有委托关系的被代理企业或者主要物流运输企业。				
		(1) 运输工具检查：对所有进出口货物、物品的运输工具进行检查，防止藏匿可疑货物、物品，并有书面制度和程序。				
		(2) 运输工具存储：运输工具要停放在安全的区域，以防止未经许可的进入或者其他损害情形，有报告和处理未经许可、擅自进入或者损害的程序。				
		(3) 司机身份核实：在货物被装运或者接收前，应对装运或者接收货物运输工具的司机进行身份核实。				

2. 一般认证标准

一般认证标准的具体内容如表 8-4 所示。

表 8-4　　一般认证标准的内容与评定情况一览表

认证标准			达标情况			
一、内部控制标准			达标 0	基本达标 −1	不达标 −2	不适用 —
（一）组织机构控制	1. 海关业务培训	建立面向客户的海关法律法规等相关规定的培训制度并有效落实，每年开展客户海关业务专业培训。				

（续表）

认证标准			达标情况			
（二）进出口业务控制	2. 单证控制	(1) 同“高级认证标准的(二)－2－(1)”				
		(2) 同“高级认证标准的(二)－2－(2)”				
	3. 单证保管	同“高级认证标准的(二)－3”				
（三）信息系统控制	4. 信息系统	建立真实、准确、完整并有效控制企业日常经营、代理进出口活动、财务数据的信息系统，具备可记录、可追溯、可查询等功能并有效运行。				
二、守法规范标准			达标 0	不达标 －2	不适用 —	
（四）遵守法律法规	5. 企业守法	(1) 1年内无因违反海关监管规定被处罚金额超过3万元的行为，并且被处罚金额超过1万元且3万元以下的行为不超过1次。				
		(2) 1年内违反海关监管规定行为的次数不超过上年度代理申报报关单、进出境运输工具舱单及进出境备案清单总票数的万分之三，且被处罚金额累计5万元以下。				
		(3) 当年注册登记的报关企业，1年内因违反海关监管规定被处罚的次数不超过1次。				
（五）进出口业务规范	6. 申报规范	连续4个季度单季报关差错率不超过同期全国一般信用企业的平均差错率。				
	7. 传输规范	同“高级认证标准的(五)－9”				
三、贸易安全标准			达标 0	基本达标 －1	不达标 －2	不适用 —
（六）场所安全控制	8. 场所安全	(1) 同“高级认证标准的(六)－10－(1)”				
		(2) 同“高级认证标准的(六)－10－(2)”				
		(3) 同“高级认证标准的(六)－10－(5)”				
（七）商业伙伴安全控制	9. 商业伙伴安全	商业伙伴系海关认证企业的，企业可以免予对该商业伙伴执行本项标准。				
		同“高级认证标准的(七)－11－(2)”				

（续表）

认证标准			达标情况			
（八）货物安全控制	10. 货物、物品安全	只做单纯的报关业务的企业，延伸认证 1 家与其有委托关系的被代理企业或者主要物流运输企业。				
		(1) 同"高级认证标准的（八）—12—(1)"				
		(2) 同"高级认证标准的（八）—12—(2)"				
（九）集装箱安全控制	11. 集装箱安全	只做单纯的报关业务的企业，延伸认证 1 家与其有委托关系的被代理企业或者主要物流运输企业。				
		同"高级认证标准的（九）—13—(1)"				
（十）运输工具安全控制	12. 运输工具安全	只做单纯的报关业务的企业，延伸认证 1 家与其有委托关系的被代理企业或者主要物流运输企业。				
		同"高级认证标准的（十）—14—(1)"				

（三）外贸综合服务企业

外贸综合服务企业的认证标准分为高级认证和一般认证两类标准。

1. 高级认证标准

高级认证标准的具体内容如表 8-5 所示。

表 8-5　　高级认证标准的内容与评定情况一览表

认证标准			达标情况			
一、内部控制标准			达标 0	基本达标 —1	不达标 —2	不适用 —
（一）组织机构控制	1. 海关业务培训	建立面向外贸综合服务平台客户的海关法律法规等相关规定的培训制度并有效落实，建立培训效果评估机制。				
	2. 内部组织架构	设置专门的业务风险管理部门，重点围绕合作伙伴内部控制、守法规范、贸易安全等开展风险评估与日常监控，部门职责分工明确并有效落实。				
（二）进出口业务控制	3. 单证控制	(1) 设置专门部门或岗位人员，对与外贸综合服务平台客户订单对应的进出口货物以及生产工厂信息、知识产权授权或合法渠道进货证明以及客户提供的监管证件、商业单据、进出口单证等资料的真实性、完整性和有效性进行合理审查。				
		(2) 在申报前或者委托申报前通过外贸综合服务平台对报关单进行申报要素的逻辑检验，利用外贸综合服务平台运营所积累的数据进行商品价格、归类等税收要素和产品质量监控。				

（续表）

认证标准			达标情况			
（二）进出口业务控制	4. 单证保管	(1) 按照及时性、完整性、准确性与安全性等海关要求保存进出口报关单证和装箱单、提单、监装过程视频等物流单据和信息。				
		(2) 保管与外贸综合服务平台客户签订的综合服务合同(协议)等进出口业务涉及的资料。				
		(3) 办理退税申报业务的，妥善保管企业办理出口退税的资料。				
	5. 信息系统	(1) 具备真实、准确、完整并有效控制企业经营活动的信息系统和外贸综合服务信息平台，特别是财务控制、关务控制、物流控制、风险控制等功能模块有效运行，实现与海关联网。				
		(2) 为外贸综合服务平台客户提供的报关、物流、退税、结算、信保等在内的综合服务业务实现平台线上操作。				
		(3) 风险控制功能模块具备对企业外贸综合服务全流程进行风险识别、分析、处置的功能。				
		(4) 外贸综合服务平台可以实现对货物物流的追踪与监控，具备与海关即时对接的条件，定期验核贸易数据。				
		(5) 外贸综合服务平台应包括知识产权库、价格数据库、历史交易库和客户(买卖)信息库等后台的风险数据库。				
（三）信息系统控制	6. 数据管理	(1) 信息系统和外贸综合服务信息平台的数据及时、准确、完整、规范。信息系统和外贸综合服务信息平台的数据保存3年以上。				
		(2) 外贸综合服务活动在外贸综合服务平台上能够实现流程检索、跟踪。				
二、贸易安全标准			达标 0	基本达标 －1	不达标 －2	不适用 —
（四）商业伙伴安全控制	7. 商业伙伴安全	(1) 建立平台客户的资质准入制度并有效落实。				
		(2) 通过实地考核的方式对客户的生产能力、贸易真实性、进出口和产能是否匹配等情况进行核查。				
		(3) 根据风险评估结果、违法记录等建立外贸综合服务平台客户分级管理制度，对有违法记录的外贸综合服务平台客户进行责任回溯，不得为被列入联合惩戒对象的企业办理进出口业务。				
		(4) 对进出口货物品类进行限制，公开审查标准。				
		(5) 与外贸综合服务平台客户签订规范的外贸综合服务合同(协议)，在合同、协议或者其他书面资料中要求外贸综合服务平台客户按照海关认证标准优化和完善贸易安全管理。				
		(6) 对年度进出口值较大、违法记录较多以及风险较高的外贸综合服务平台客户进行定期监控，通过实地考核的方式对外贸综合服务平台客户进行重新核查。				

（续表）

认证标准			达标情况			
（五）货物安全控制	8. 货物、物品安全	(1) 建立对订单要求装运的货物、物品的真实性进行核查的制度并有效落实。对单笔交易额度较大的订单进行跟踪验货和现场监装，对交易额度小但交易频繁、总额较大的客户进行抽样查验且派人监督。对小额订单要求提供包含产品包装、堆放、装运过程和运输车辆信息等的现场照片或视频。				
		(2) 装运出口货物、出境物品，要进行视频监控并保存视频监控记录3个月；派员实地监装比例不低于10%。 发现有违法嫌疑或者高风险的货物，及时采取合理的处置措施，并向海关报告。				

2. 一般认证标准

一般认证标准的具体内容如表8-6所示。

表8-6　　一般认证标准的内容与评定情况一览表

认证标准			达标情况			
一、内部控制标准			达标 0	基本达标 −1	不达标 −2	不适用 —
（一）组织机构控制	1. 海关业务培训	同"高级认证标准的(一)−1"				
	2. 内部组织架构	设置专门的业务风险管理部门，部门职责分工明确并有效落实。				
（二）进出口业务控制	3. 单证控制	同"高级认证标准的(二)−3−(1)"				
	4. 单证保管	(1) 同"高级认证标准的(二)−4−(1)"				
		(2) 同"高级认证标准的(二)−4−(2)"				
		(3) 同"高级认证标准的(二)−4−(3)"				
	5. 信息系统	(1) 具备真实、准确、完整并有效控制企业经营活动的信息系统和外贸综合服务信息平台，特别是财务控制、关务控制、物流控制、风险控制等功能模块有效运行。				
		(2) 同"高级认证标准的(二)−5−(2)"				
（三）信息系统控制	6. 数据管理	(1) 同"高级认证标准的(三)−6−(1)"				
		(2) 同"高级认证标准的(三)−6−(2)"				

（续表）

<table>
<tr><th colspan="3">认证标准</th><th colspan="4">达标情况</th></tr>
<tr><td colspan="3">二、贸易安全标准</td><td>达标
0</td><td>基本达标
−1</td><td>不达标
−2</td><td>不适用
—</td></tr>
<tr><td>（四）商业伙伴安全控制</td><td>7. 商业伙伴安全</td><td>与外贸综合服务平台客户签订规范的外贸综合服务合同（协议），在合同、协议或者其他书面资料中要求外贸综合服务平台客户和其他商业合作伙伴按照海关认证标准优化和完善贸易安全管理。</td><td></td><td></td><td></td><td></td></tr>
</table>

（四）标准认证评定

通过认证的企业必须同时达到三个条件：一是所有标准项都没有不达标的情形；二是内部控制、贸易安全两类标准中没有单一标准项基本达标超过 3 项的情形；三是认证标准总分在 95 分以上。如果企业主动披露且被海关处以警告或者 50 万元以下罚款的行为，根据相关规定不作为海关认定企业信用状况的记录。

五、报关企业的监管

（一）自理报关企业的监管

1. 监督管理的内容

海关对自理报关企业实施监管的内容主要包括三个方面：一是在办理通关和纳税时，所申报的货品、规格、价格、数量、原产国别、贸易方式、消费国别、贸易国别等项目内容是否真实、合法；二是在办理通关和纳税时是否在所在关区各口岸办理；三是在办理通关和纳税时是否出借其名义或借用他人名义办理。

2. 承担的法律责任

自理报关企业违反海关总署部门规章的相关规定，应承担相应的法律责任。具体内容包括三个方面：一是企业逾期缴纳税款，由海关按规定征收滞纳金，超过 3 个月仍未缴纳税款的，海关将依法追缴，并直接从风险担保金中扣缴；二是企业发生多人被取消报关员资格、拖欠税款、不履行纳税义务、出借企业名义或借用他人名义办理报关事宜或违反法律法规规定但不构成走私行为等情形，海关将处以暂停 6 个月报关权的行政处罚；三是企业原有情况发生变化，已不具备自理报关企业注册登记条件或有违法现象的，海关将撤销其报关权。

（二）代理报关企业的监管

海关对代理报关企业实施监管的内容主要包括四个方面：一是接受进出口货物发货人或收货人的委托办理报关、纳税时，对所申报的货物品名、规格、价格、数量、贸易方式等各项内容是否真实、合法；二是在办理通关和纳税时是否在所在关区各口岸办理；三是在办理报关时是否出示报关委托书，载明委托人与被委托人的名称、社会统一信用代码、海关注册编码、地址等相关信息，以及代理的事项、期限和双方责任等内容，并加盖双方公章；四是在办理通关和纳税时是否出借其名义或借用他人名义办理。代理报关企业违反海关总署部门规章的相关规定，应承担的法律责任与自理报关企业相同。

六、企业报关员的管理

报关员是指所属报关单位向海关办理进出口货物报关、纳税等通关手续，并以此为职业的人员。

（一）报关员的备案

2018 年 4 月海关总署发布的《关于企业报关报检资质合并有关事项的公告》规定，检验检疫报检人员备案与海关报关人员备案合并为报关人员备案，可取得报关和报检资质。申请人登录“中国国际贸易单一窗口”在线申报，并到属地海关指定登记机构提交“多证合一”营业执照复印件和申请报关人员备案的身份证复印件，加盖企业印章，并交验原件，在经登记机构核准后领取“报关人员备案证明”，即同时拥有报关和报检资质。

（二）报关员的权利与义务

1. 报关员的权利

报关员的权利有八个方面：一是根据海关规定代表所属报关单位办理进出口货物的报关业务；二是有权拒绝办理所属单位交办的单证不真实、手续不齐全的报关业务；三是对海关行政处罚决定不服的，有权向海关申请复议或向人民法院起诉；四是依法对海关工作进行监督，并有权对海关工作人员违法违纪行为进行检举、揭发和控告；五是有权举报报关活动中的走私违法行为；六是协助企业完整保存各种原始报关单证、票据、函电等业务资料；七是参加海关对报关员的记分考核；八是承担海关规定与报关业务有关的工作。

2. 报关员的义务

报关员的义务有五个方面：一是遵守法律法规的有关规定，熟悉所申报货物的基本情况；二是提供齐全、正确、有效的报关单证，并按有关规定办理进出口货物报关手续；三是配合海关查验进出口货物，负责搬移货物，开拆和重封货物包装；四是在规定时限内办理缴纳各项税费手续、海关罚款手续和销案手续；五是配合海关对企业的稽查和对走私、违规案件的调查。

（三）报关员的管理

1. 报关员的工作规范

报关员的工作规范有六个方面：一是不得同时兼任两个或两个以上报关单位的报关工作；二是应当在所属报关单位规定的报关地域范围内办理本企业授权承办的报关业务；三是应当持有效的报关员备案证明办理报关业务；四是不得转借、涂改报关员备案证明；五是办理报关业务时应当交验委托单位的委托书；六是调往其他单位从事报关工作的，应向调入单位所在地海关重新办理备案手续。

2. 报关员记分考核管理

海关企业管理部门负责对报关员记分考核管理，海关通关业务现场及相关业务职能部门负责记分工作，并将记分原因和记分分值通过电子或者纸质告知单发送给报关员。记分考核管理范围包括三个方面：一是填制报关单不规范的现象，二是报关行为不规范的现象，三是被海关暂停执业或撤销报关从业资格的现象。记分考核管理采用量化标准，一次记分的分值分别为1分、2分、5分、10分、20分、30分。

（1）分值与依据

报关员记分的依据如表8-7所示。

表8-7　　报关员记分分值以及评分依据一览表

分值	情形描述
1分	1）电子数据报关单的有关项目填写不规范，海关退回责令更正的
	2）报关员在海关签印放行前发生申报差错，报关单位向海关要求修改申报单证及其内容，经海关同意修改，但未对国家贸易管制政策的实施、税费征收及海关统计指标等造成危害的
	3）未按照规定在纸质报关单及随附单证上加盖报关专用章及其他印章或者使用印章不规范的
	4）未按照规定在纸质报关单及随附单证上签名盖章或者由其他代表签名盖章的
2分	1）报关员在海关签印放行前发生报关单填制不规范，报关单位向海关申请撤销申报单证，经海关同意撤销，但未对国家贸易管制政策的实施、税费征收及海关统计指标等造成危害的
	2）海关审核电子数据报关单时，要求报关员向海关解释、说明情况、补充材料或者要求提交货物样品等有关内容，但是报关员拒不执行，导致海关退回报关单的
5分	1）报关员自接到海关现场交单或放行交单的通知之日起10日内，没有正当理由，未按照规定持打印出的纸质报关单，备齐规定的随附单证，到货物所在地海关递交而导致海关撤销报关单的
	2）报关员在海关签印放行前发生报关单填制不规范，报关单位向海关申请修改或者撤销报关单，经海关同意且不属于走私、偷逃税等违法违规性质的
	3）在海关签印放行后，海关发现报关员填制的报关单币值或价格填报与实际不符，差额在100万元以下；数量与实际不符，且有四位数以下差值，经海关确认不属伪报，但影响海关统计的
10分	1）出借报关员备案证明、借用他人报关员备案证明或者涂改报关员备案证明内容的
	2）在海关签印放行后，海关发现因报关员填制的报关单币值或价格填报与实际不符，差额在100万元以上；数量与实际不符，且有四位数以上差值，经海关确认不属伪报的
20分	因为违反海关监管规定行为被海关予以行政处罚，但未被暂停执业、取消报关从业资格的
30分	因为走私行为被海关予以行政处罚，但未被暂停执业、取消报关从业资格的

报关员在办理报关时，在同一次报关行为的不同通关环节，或者在非同一次报关行为中出现多次需要记分情况的，应当分别计算，并累计分值。但在同一通关环节中一次性出现多个填制不规范项目的，只按照 1 次记分，不累计分值。报关人员被海关行政处罚需要记分的，处罚决定生效后予以记分。记分达到 30 分的报关员，海关不再接受其办理报关手续。

(2) 记分考核管理周期

记分周期从每年 1 月 1 日起至 12 月 31 日，报关员在海关备案之日起至当年 12 月 31 日不足 1 年的，按一个记分周期计算。一个记分周期期满后，记分分值累计未达到 30 分的，该周期内的记分分值予以消除，不转入下一个记分周期。

3. 报关员的法律责任

报关员在报关活动中，违反法律法规相关规定的，由海关给予相应的行政处罚，构成犯罪的，依法追究其刑事责任。具体规定如下：

(1) 报关员因工作疏忽或在代理报关业务中因对委托人所提供情况的真实性未进行合理审查，致使进出口货物的品名、税则号列、数量、规格、价格、贸易方式、原产地、启运地、运抵地、最终目的地或者其他应当申报的项目未申报或者申报不实的，海关可暂停其 6 个月以内报关执业。恢复从事有关业务后 1 年内再次被暂停报关执业的，海关可以取消其报关从业资格。

(2) 报关员非法代理他人报关或者超出海关准予的从业范围进行报关活动的，责令改正，并处 5 万元以下罚款，暂停其 6 个月以内报关执业。情节严重的，取消其报关从业资格。

(3) 报关员向海关工作人员行贿的，取消其报关从业资格，并处 10 万元以下罚款。构成犯罪的，依法追究刑事责任，并不得重新取得报关从业资格。

(4) 未取得报关从业资格从事报关业务的，予以取缔，没收违法所得，并处 10 万元以下罚款。

(5) 提供虚假资料进行海关备案登记骗取报关员备案证明的，撤销其备案登记，取消其报关从业资格，并处 30 万元以下罚款。

(6) 报关员因违法受《海关法》《海关行政处罚实施条例》规定的处罚，5 年内不得重新申请报关人员备案。

第三节　跨境电子商务进出境货物检验检疫监管

我国《进出口商品检验法》《进出境动植物检疫法》《进出口食品安全法》《进出口化妆品检验检疫监督管理办法》《进出境邮寄物检疫管理办法》和《出入境快件检验检疫管理办法》等法律法规规定，海关总署主管全国进出口商品检验、动植物及其产品检疫、进出口食品检验检疫、进出口化妆品检验检疫、进出境邮寄物检疫和进出境快件检验检疫工作，直属海关负责本辖区的进出口商品监督管理工作，并依法对其实施检验检疫。

一、进出境货物检验检疫类型

根据我国相关法律法规的规定，进出境货物检验检疫有以下四种类型：

（一）法定检验检疫

法定检验检疫是指进出境货物必须按照国家技术规范的强制性要求进行检验，未制定标准的，参照海关总署指定的国外有关标准进行检验检疫。法定检验检疫范围有五个方面：一是被列入《出入境检验检疫机构实施检验检疫的进出境商品目录》的进出口商品；二是属于《进出境动植物检疫法》规定实施动植物检疫的进出境动植物及其产品；三是属于《进出口食品安全法》规定实施卫生检疫的进出口食品和商品添加剂；四是来自动物疫区的运输工具；五是有关法律、行政法规、国际条约或者贸易合同规定的货物和物品。

（二）抽样检验检疫

抽样检验检疫是指对法定检验检疫范围以外的进出境货物根据国家相关规定进行抽查，确认其是否符合货物相关规定或要求的检验检疫方式。抽查检验检疫不符合规定或要求的货物，应当在海关监督下进行技术处理，经重新检验合格后方可销售或使用。如果是涉及人身财产安全、健康和环境保护的进口货物，海关将责令当事人销毁或出具退货处理通知单。

（三）指定检验

指定检验是指对海关规定的进出口药品质量检验、计量器具量值检定、锅炉压力容器安全监督检验、船舶和集装箱规范检验、飞机适航检验和核承压设备安全检验的项目，由有关法律、行政法规规定的机构实施检验。

（四）免予检验

免予检验是指海关对进出境样品与礼品、暂时进出境货物以及其他非贸易性物品，免予检验。但是，法律与行政法规另有规定的除外。

二、检验检疫申报方式

进出境货物检验检疫申报方式有两种：一是自理报检，是指拥有进出口权和报检资质的收发货人自行办理报检手续，承担相应法律责任的申报方式。二是代理报检，是指进出境货物收发货人与具有代理报检资质的企业签订代理报检委托书，委托其代理申报的方式。在代理报检申报方式中，委托人（收发货人）应向代理人（国际货运代理公司、国际物流公司、专业报检报关公司）提供委托报检事项的真实情况，代理人应对委托人所提供情况的真实性进行合理审查。

三、进出境货物检验检疫申报

进出境货物检验检疫包括商品检验、动植物检疫、食品检验检疫、化妆品检验检疫、邮寄物检疫和快件检验检疫等。

(一) 进出口商品检验

1. 进出口商品检验范围

进出口商品检验范围主要包括四个方面：一是被列入《出入境检验检疫机构实施检验检疫的进出境商品目录》内的商品，海关总署每年将根据我国进出口税则和贸易管制目录对该目录内的商品进行相应的调整；二是输入国家或地区所规定、须凭海关出具的证书方准入境的货物；三是凡我国作为成员的国际条约、公约和协定所规定的实施检验检疫的进出境货物；四是凡国际贸易合同或跨境电商协议约定的须凭海关签发的证书进行交接、结算的进出境货物。

2. 进出口商品检验申报

(1) 进口商品检验申报

收货人或代理人应当在进口商品入境后 20 日内在线向进境口岸海关申报检验。可用作原料的固体废物和已发生残损、短缺的商品，应当在卸货口岸检验；大宗散装商品、易腐烂变质商品在海关指定的地点检验。实行验证管理的进口商品，收货人或代理人应当向入境口岸海关申请验证，海关对符合要求的进口商品签发相应的检验证书。对不符合规定的进口商品，如果涉及人身财产安全、健康、环境保护的，责令收货人或代理人销毁，或向其出具退货处理通知单，办理退运手续；如果其他项目不合格的，可以在海关监督下进行技术处理，经重新检验合格的，方可销售或者使用；如果是不合格的进口成套设备及其材料，海关将签发不准安装使用通知书，重新检验合格后方可安装使用。

(2) 出口商品检验申报

发货人或代理人应当在出口商品装运前 14 日内在线向出境口岸海关申报检验，在商品生产地或海关指定的其他地点检验。在商品生产地检验的出口商品需要在口岸换证出口的，由产地海关按照规定向发货人或代理人签发检验换证凭单，由其在规定的期限内持检验换证凭单和必要的凭证向出口口岸海关申请查验。出口商品经属地或口岸海关检验或查验不合格的，可以在海关监督下进行技术处理，经重新检验合格后方准出口。出口商品属于实行验证管理的，发货人或代理人应向海关申请验证，验证机构按照海关总署的规定实施。

3. 进出口商品检验证单

进出口商品检验证单主要有以下五种(见表 8-8)：

表 8-8　　进出口商品检验相关证单

证单名称	适用范围	规定签发人
品质证书	对进出口商品的质量、规格、等级进行检验后所出具的书面证明，作为出口商履约与结算、进口商入境的有效证件。	授权签字人
重/数量证书	根据不同的计重方法或计量单位证明进出口商品重量/数量的证书，作为出口商履约与结算的有效证件。	授权签字人

（续表）

证单名称	适用范围	规定签发人
熏蒸/消毒证书	对出口的粮谷、油籽、豆类、皮张等动物、植物及产品，以及包装用木材与植物性填充物等经过熏蒸或消毒后所出具的证书，是出口通关的凭证。	授权签字人
价值检验证书	证明出口商品价值或出口商出具的发票上开列的单价及总值经核准的证书。	授权签字人
残损检验证书	证明进口商品残损情况、估计残损贬值程度、判断致损原因、供索赔时使用的证书。	授权签字人

（二）进出境动植物检疫

1. 进出境动植物检疫范围

我国《进出境动植物检疫法》和《进出境动植物检疫法实施条例》等法律法规对进出境动植物检疫范围的规定有以下五个方面：

（1）动物、动物产品和其他检疫物

动物是指饲养、野生的活动物，如畜、禽、鱼、虾、蟹、贝等。动物产品是指来源于动物、未经加工或者虽经加工但仍有可能传播疫病的动物的产品。

（2）植物、植物产品和其他检疫物

植物是指栽培植物、野生植物及其种子、种苗及其他繁殖材料等；植物产品是指来源于植物、未经加工或虽经加工但仍有可能传播病虫害的产品，如粮食、豆、棉花、油、麻、烟草、籽仁、干果、鲜果、蔬菜、生药材、木材、饲料等；其他检疫物是指植物性废弃物等。

（3）动植物性的装载容器、包装物、铺垫材料

装载容器是指可以多次使用、易受病虫害污染并用于装载进出境动植物及产品的容器，如笼、箱、桶和筐等。包装物与铺垫材料是指直接用作包装物、铺垫材料的动植物产品。

（4）来自动植物疫区的运输工具

运输工具是指承载货物的船舶、航行器、列车和卡车等运输工具。《进出境动植物检疫法》和《进出境动植物检疫法实施条例》规定，凡是来自动植物疫区的运输工具，必须对其实施检疫。

（5）装载动植物及动植物产品的废旧船舶

《进出境动植物检疫法》和《进出境动植物检疫法实施条例》规定，装载动植物及动植物产品的废旧船舶进境拆解的，必须实施检疫。拆解的废旧船舶是指将废旧的船舶进行解体，分解成钢板、废钢材、有色金属材料以及可利用的船用设备、仪器仪表等。

2. 进出境动植物检疫申报

（1）进境动植物检疫申报

进境动植物检疫申报是指收货人或代理人应当在动植物进境前或进境时在线向

进境口岸海关申报检验，输入相关信息，发送原产地证书、进口贸易合同、出口发票、提运单、输出国检验检疫证书等电子影印件。口岸海关查询启运时间、港口、途经国家或地区、装载清单等相关信息，核对单证内容与货物的实际信息是否一致，检查包装与容器是否完好，有无腐败变质和携带有害生物、动物排泄物以及其他禁止进境物的现象。海关对符合规定或要求的，签发相关检验检疫证书；对检验检疫不合格的，签发“检验检疫处理通知书”，由收货人或其代理人在海关的监督下进行除害、退回或销毁处理。

(2) 出境动植物检疫申报

出境动植物检疫申报是指发货人或代理人应当在动植物出境前在线向产地海关申报检疫，输入相关信息，发送出口贸易合同、出口发票、装箱单、出厂合格证明等电子影印件。

海关在线审核申报材料，核对单证与货物的名称、数(重)量、生产日期、批号、包装、唛头、生产企业的名称或注册登记号等是否相符，对包装与容器的外观、色泽、组织状态、黏度、气味、异物、异色等进行感官检查，并根据相应标准进行抽样检疫。对符合要求的，出具检验检疫证书；对检验检疫不合格的，经处理重新检验检疫仍不合格的，出具“出境货物不合格通知单”。

3. 进出境动植物检疫证单

进出境动植物检疫证单主要有以下六种(见表 8-9)：

表 8-9　　进出境动植物检疫相关证单

证单名称	适用范围	规定签发人
动物检疫证书	对动物、动物产品实施检疫合格后出具检疫证明，证明所运输宠物符合检验检疫标准，不携带传染性疾病。	授权签字人
兽医检疫证书	对出口冻畜肉、冻禽、禽畜罐头、冻兔、皮张、毛类、绒类、猪鬃、肠衣等商品实施检疫合格后出具检疫证明，是结汇、进口国通关的重要证件。	官方兽医
入境植物检疫证书	适用于输出国家或地区与中国有检疫规定、双边检疫协定及贸易合同有要求的出境植物、植物产品及植物性包装和铺垫材料、植物性废弃物等，经检疫合格后出具的检疫证明，是进口通关的重要证件。	授权签字人
出境植物检疫证书	适用于输入国家或地区与中国有检疫规定、双边检疫协定及贸易合同有要求的出境植物、植物产品及植物性包装和铺垫材料、植物性废弃物等，经检疫合格后出具的检疫证明，是出口通关的重要证件。	授权签字人
出境动物检疫证书	对出境动物及动物产品实施检疫合格后出具检疫证明，是出口通关的重要证件。	官方兽医
动物卫生证书	适用于输入国家或地区与中国有协定或贸易合同有检疫要求的出境动物、出境旅客携带的有检疫要求的伴侣动物、供港澳活动物。	官方兽医

(三) 进出口食品检验检疫

1. 进出口食品检验检疫范围

我国《进出口食品安全法》和《进出口食品安全法实施条例》等法律法规对进出口食品检疫范围的规定有以下四个方面：

(1) 食品

食品是指各种供人食用或者饮用的成品和原料以及按照传统既是食品又是药品的物品，但是不包括以治疗为目的的物品。

(2) 食品添加剂

食品添加剂是指为改善食品品质和色、香、味以及为防腐、保鲜和加工工艺的需要而加入食品中的人工合成或者天然物质。

(3) 食品包装材料与食品包装容器

用于食品的包装材料和容器是指接触食品或食品添加剂的包装、盛放食品或食品添加剂用的纸、竹、木、金属、搪瓷、陶瓷、塑料、橡胶、天然纤维、化学纤维、玻璃等材料。

(4) 运载工具

运载工具是指用于装运出口易腐烂、变质食品、冷冻食品的集装箱、船舱、飞机和车辆等工具。

2. 进出口食品检验检疫申报

(1) 进口食品检验检疫申报

收货人或其代理人在进口食品进境前或进境时在线向进境口岸海关申报检验，输入进口食品品名、品牌、原产国或地区、规格、数量、重量、总值、生产日期或批号等相关信息，发送进口贸易合同、出口发票、提运单和批文以及输出国官方卫生证书等相关电子影印件。口岸海关对申报材料进行审核，进口食品及其包装符合安全卫生要求的，进口预包装食品的中文标签、中文说明书符合食品安全国家标准要求的，出具卫生证书。进口食品涉及安全、健康、环境保护项目不合格的，海关责令当事人销毁或出具退货处理通知单，由收货人或其代理人办理退运手续。其他项目不合格的，可在海关的监督下进行技术处理，经重新检验合格后，方可销售和使用。

(2) 出口食品检验检疫申报

发货人或者其代理人在出口食品出境前在线向属地直属海关办理检验检疫申报，输入出口食品品名、规格、数量、重量、生产日期等相关信息，发送出口贸易合同、出口发票、装箱单、出厂合格证明、出口食品加工原料供货证明和相关批文等电子影印件。海关在线审核申报材料，并根据出口食品分类管理要求对出口食品实施抽检，符合出口要求的，出具卫生证书。出口食品经检验检疫不合格的，发货人或者其代理人在海关的监督下进行技术处理，合格后方准出口。

3. 进出口食品检验检疫证单

进出口食品检验检疫证单主要有以下两种(见表 8-10)：

表 8-10 进出口食品检验检疫相关证单

证单名称	适用范围	规定签发人
卫生证书	对进出口食品、食品添加剂等商品经检验合格后所出具的证明，是进出口通关的重要证件。	授权签字人
交通工具出境卫生检疫证书	对出境交通工具经卫生检疫合格后所出具的证明，是出口通关的重要证件。	授权签字人

（四）进出口化妆品检验检疫

1. 进出口化妆品检验检疫范围

我国《进出口化妆品检验检疫监督管理办法》对进出口化妆品检验检疫范围的规定如下：

（1）化妆品成品

化妆品成品包括两个部分：一是销售包装化妆品成品，是指以销售为主要目的，将内装物装入销售包装的成品；二是非销售包装化妆品成品，是指化妆品全部生产加工工序已经完成，但尚未装入销售包装的成品。

（2）化妆品半成品

化妆品半成品是指除最后一道“灌装”或“分装”工序外，已完成其他全部生产加工工序的半成品。

2. 进出口化妆品检验检疫申报

（1）进口化妆品检验检疫申报

首次进口化妆品的收货人或者其代理人应当在化妆品进境前或进境时在线向进境口岸海关申报检验，输入收货人备案号、卫生许可批件号、备案号或原产地证书号、产品名称、生产批号和加施包装工厂名称，发送中文标签样张和外文标签及翻译件等电子文件。口岸海关对申报材料进行审核，对符合要求的进口化妆品实施检验检疫，符合国家相关规定和要求的，出具“入境货物检验检疫证明”，允许销售和使用。经检验检疫不合格的进口化妆品，可在海关的监督下进行技术处理，经重新检验检疫合格后方可销售与使用；涉及安全、健康和环境保护项目不合格的，由海关责令当事人销毁，或出具退货处理通知单，办理退运手续。

（2）出口化妆品检验检疫申报

首次出口化妆品的发货人或其代理人应在化妆品出境前在线向属地直属海关办理检验检疫申报，输入出口化妆品生产企业备案号和自我声明“声明企业已经取得化妆品生产许可证，且化妆品符合进口国家或地区相关法规和标准的要求，正常使用不会对人体健康产生危害等内容”，发送销售包装化妆品成品外文标签样张和中文翻译件。海关在线审核申报材料，并实施现场查验或抽样留样或实验室检验，对符合出口要求的出口化妆品出具“出境货物检验检疫证明”，进口国家或地区对检验检疫证书有要求的，应当按照要求同时出具有关检验检疫证书。

3. 进出口化妆品检验检疫证单

进出口化妆品检验检疫证单主要有以下两种(见表 8-11):

表 8-11　　进出口化妆品检验检疫相关证单

证单名称	适用范围	规定签发人
入境货物检验检疫证明	对入境货物经检验检疫合格后出具的证明,是进口通关的重要文件。	授权签字人
出境货物检验检疫证明	对出境货物经检验检疫合格后出具的证明,是出口通关的重要文件。	授权签字人

(五) 进出境快件检验检疫

1. 进出境快件检验检疫范围

我国于 2018 年修订的《海关对进出境快件监管办法》和《出入境快件检验检疫管理办法》规定,进出境快件检验检疫范围有以下四个方面:

(1) 法律法规与国际公约规定的货物和物品

我国《进出境动植物检疫法》《进出境动植物检疫法实施条例》和《国境卫生检疫法》《国境卫生检疫法实施细则》以及有关国际条约、双边协议规定应当实施动植物检疫和卫生检疫的货物和物品。

(2) 目录内规定的货物和物品

列入《出入境检验检疫机构实施检验检疫的进出境商品目录》内的货物和物品。

(3) 行政法规规定的货物和物品

属于实施进口安全质量许可制度、出口质量许可制度和卫生注册登记制度管理范围内的货物和物品。

(4) 其他法律法规规定的货物和物品

除了上述法律法规以外,其他法律法规规定实施检验检疫的货物和物品,也必须申报。

2. 进出境快件检验检疫方式

海关对出入境快件实行分类管理,采取下列四种检验检疫方式:

(1) 法定检验检疫

A 类是国家法律法规规定必须申报检验检疫的快件。海关对 A 类快件按照输入国家或地区和我国有关法律法规的规定实施检验检疫。

(2) 重点检验检疫

B 类是进口安全质量许可制度、出口质量许可制度和卫生注册登记制度规定对其实施监管的快件。海关对 B 类快件实施重点检验,审核进口与出口安全质量许可证或卫生注册证,查看有无进口安全质量许可认证标志或卫生注册标志,检查有无相关检验检疫标志、封识。经查验发现无进口安全质量许可证、卫生注册证或无进口安全质量许可标志或卫生注册标志的，作暂扣或退货处理；无出口质量许可证、卫生注册证或者相关检验检疫标志、封识的，不得出境。

(3) 免予检验检疫

C类是非销售展品和私人自用物品。海关对C类快件免予检验，如果出入境快件物主有检疫要求的，应实施检疫。

(4) 抽查检验检疫

D类是属于A类、B类和C类以外的货物和物品。海关对D类快件按1%至3%的比例进行抽查检验检疫。

(六) 进境旅客携带与邮寄的动植物及产品检疫

1. 进境旅客携带与邮寄的动植物及产品审批

我国《进出境邮寄物检疫管理办法》规定，旅客携带动物、动物产品入境或邮寄动物及动物产品入境时需要办理检疫审批手续，因科学研究等特殊需要携带有害生物、来自动物疫情流行的国家和地区的动物及动物产品、动物尸体入境的，应申请办理动物检疫特许审批手续。

2. 禁止携带、邮寄进境的动植物及其产品许可

我国《禁止携带、邮寄进境的动植物及其产品名录》内所列的，经国家有关行政主管部门审批、许可，并具有输出国家或地区官方机构出具的检疫证书的，可以携带或邮寄入境。

3. 邮寄的动植物及产品检疫

对进境邮寄物实施全申报管理，并对疫区邮包实施检疫并消毒。对所有进境邮寄物需要检疫查验，发现可疑应检物的，作进一步拆包查验。邮政部门指定专人负责拆包，由海关人员实施检疫查验，对检疫合格的邮寄物予以放行。经海关查验发现不合格物品，作退回或销毁处理，并向收件人寄送“进境邮寄物处理通知单”。

案例分享

邮寄禁止进境的物品

近日，某机场海关对一个寄自我国台湾地区、申报邮件品名为“模型”的进境小包邮件实施机检查验，通过X光机检查发现，邮件内部图像异常，开拆邮件查验，发现邮件内装有活蜘蛛18只，其中雄虫中华大扁锹8只，雌虫中华大扁锹10只。根据我国《进出境动植物检疫法》《进出境动植物检疫法实施条例》的相关规定，活体动物属于禁止邮寄进境物品，现场关员迅速将该邮件扣留并由专人送至该海关技术中心动植物检疫实验室进行物种鉴定，鉴定结果为中华大扁锹。海关提醒，活体动物属于我国禁止邮寄进境物，非法购买来源不明的境外物种，极可能造成外来物种入侵，危害我国生态环境。

四、进出境货物检验检疫费用

1. 检验检疫费计收类型

检验检疫费是以人民币计算，不到最低收费标准的，按最低额收取，元以下四舍五入。检验检疫费计收的类型如下：

(1) 按货值计收

按货值计收是指以信用证、商业发票、国际贸易合同所列货物总值或海关估价为基础计收检验检疫费。

(2) 按一批计收

按一批计收是指以“一批”为一个计算单位计收检验检疫费。“一批”是指同一品名(HS编码相同)在同一个申报时间、装载于同一个运输工具、来自或运往同一地点、同一收货人或发货人的货物。

2. 检验检疫收费

(1) 抽样检验收费

法定检验检疫的出入境货物按照有关检验检疫操作规程或检验检疫条款的规定，抽样检验代表全批的，按全批计收检验检疫费。

(2) 货物品质检验收费

由海关进行检验的，按收费标准的100%计收品质检验费，由海关会同生产企业、收货单位共同进行检验的，按收费标准的50%计收品质检验费。在此基础上还有五项规定：一是对危险品、有毒有害货物的品质检验、重量鉴定、包装使用鉴定以及装载上述货物的运输工具装运条件的鉴定，按其收费标准加一倍计收；二是出入境贵、稀有金属的单价每千克超过20 000元的，对超过的部分免收品质检验费；三是同批货物同时实施品质检验与价值鉴定的，只计收财产鉴定费；四是出入境货物每批总值不足2 000元的，免收品质检验费，只收证书工本费；五是涉及卫生检验、卫生检疫、动植物检疫等其他检验检疫业务的，按相关规定计收检验检疫费。

(3) 货物重量鉴定收费

由海关鉴定的，按收费标准的100%计收重量鉴定费。利用其他单位的鉴定设备完成重量鉴定的，按收费标准的50%计收重量鉴定费。

(4) 实验室检验与鉴定项目收费

海关另收实验室检验项目和鉴定项目费的情形：一是收费标准中规定另行收取实验室检验项目、鉴定项目费的；二是外国政府或双(多)边协议或出入境关系人要求增加检验检疫操作规程以外的检验项目和鉴定项目的；三是国家法律法规规定增加检验检疫操作规程以外的检验项目和鉴定项目并且明确要求另行收费的。

(5) 重新检验检疫收费

对已实施法定检验检疫的进出口商品，由于各种原因须重新申报并检验检疫的，海关按收费标准另行计收费用。重新检验检疫有四种情形：一是输入国家或地区更改检验检疫要求；二是更换包装或拼装的货物；三是超过检验检疫有效期或证书报运出口期限；四是需重新整理货证不符、批次混乱的申报。

(6) 检验检疫不合格且重新加工整理收费

对于经检验检疫不合格并已签发不合格通知单的出口货物，按全额收取检验检疫费。经海关同意对不合格货物重新加工整理的，减半收取品质检验检疫费。

(7) 其他检验单位检验收费

海关委托其他具有资质的检验机构或检测单位对法定检验检疫商品实施检验的，先由其支付检验检疫费，再按收费标准向当事人收取。

(8) 出证收费

法律、行政法规规定出入境货物由有关检验单位实施检验，海关凭检验结果出证的，只收取发证工本费，不收取检验费等其他任何费用。

(9) 签证放行收费

口岸海关凭产地海关签发的换证凭单查验换证的，只收取发证工本费，不收取查验费等其他任何费用。

(10) 过境动植物、动植物产品收费

入境口岸海关只对过境植物、动植物产品的运输工具、包装物实施检疫，按规定收取运输工具和包装物检验检疫费，对植物及动植物产品抽样检疫的，按收费标准收费。

第四节　跨境电子商务进出境货物通关业务监管

通关是指进出口货物收发货人或其代理人、进出境运输工具负责人和物品的所有人办理申报进出境手续，向海关提交或发送报关单据，海关依法审核申报资料，查验进出口货物，征收进出口关税与费用，核准进出口货物放行的清关过程。

一、通关业务的监管部门

通关管理是指海关内部根据既定的职责和任务，对通关过程进行有效的组织、实施、协调、检查和指导，以保证通关作业正常进行的管理活动。通关监管部门分为海关总署口岸监管司、直属海关口岸监管处、隶属海关监管科三个层级，分别承担着各自的职责。具体内容如下：

(一) 海关总署口岸监管司

海关总署口岸监管司承担全国口岸海关管理制度建设和监管工作，主要包括六个方面：一是制定进出境运输工具、货物、物品、动植物、食品、化妆品和人员的海关检查、检验、检疫工作制度并组织实施；二是制定物流监控、监管作业场所及经营人管理的工作制度并组织实施；三是制定进出境邮件快件、暂准进出境货物、进出境展览品等的监管制度并组织实施；四是承担国家禁止或限制进出境货物、物品的监管工作；五是承担海关管理环节的反恐、维稳、防扩散、出口管制等工作;六是承担进口固体废物、进出口易制毒化学品等的口岸管理工作。

(二) 直属海关口岸监管处

直属海关口岸监管处对海关总署口岸监管司负责,主要有六个方面的职责:一是制定本关进出境运输工具、货物、物品、动植物、食品、化妆品和人员的海关检查、检验、检疫工作制度的实施细则并组织实施;二是制定本关物流监控、监管作业场所及经营人管理工作制度的实施细则并组织实施;三是制定本关进出境邮件快件、暂准进出境货物、进出境展览品等的监管制度的实施细则并组织实施;四是承担本关国家禁止或限制进出境货物、物品监督管理工作;五是承担本关海关管理环节的反恐、维稳、防扩散、出口管制等管理工作;六是承担本关进口固体废物、进出口易制毒化学品等的口岸管理工作。

(三) 隶属海关监管科

隶属海关主要分为港口、机场、车站、邮局和特殊监管区五类,对直属海关负责。隶属海关监管科主要有六个方面的职责:一是承担本区域进出境运输工具、货物、物品、动植物、食品、化妆品和人员的海关检查、检验、检疫管理工作;二是承担本区域物流监控、监管作业场所及经营人管理工作;三是承担本区域进出境邮件快件、暂准进出境货物、进出境展览品等的监管工作;四是承担本区域国家禁止或限制进出境货物、物品的监管工作;五是承担本区域海关管理环节的反恐、维稳、防扩散、出口管制等管理工作;六是承担本区域进口固体废物、进出口易制毒化学品等的口岸管理工作。

二、进出口货物的通关

(一) 进出口商品通关

1. 进口商品通关流程

法律法规规定必须经海关检验的进口商品的收货人或者其代理人,应向报关地直属海关办理进口商品报关报检手续。以下以 CIF 贸易术语项下代理进口商品通关(见图 8-1)为例,介绍其流程。

(1) 订立进口跨境贸易合同

跨境电商买家与跨境电商卖家签订进口跨境贸易合同,订立合同条款,确定海洋货物运输方式、装运港与目的地港的名称以及装运期限。

(2) 履约交货

跨境电商卖家根据进口跨境贸易合同的规定,在约定的期限内完成货物的装运,并在指定的目的地港进行交货。

(3) 委托进口货物报关报检申报

跨境电商买家通过电商平台选择国际货运代理公司,签订电子代理报关委托书,发送商品信息、提单信息等相关内容,委托其办理进口货物报关报检申报。

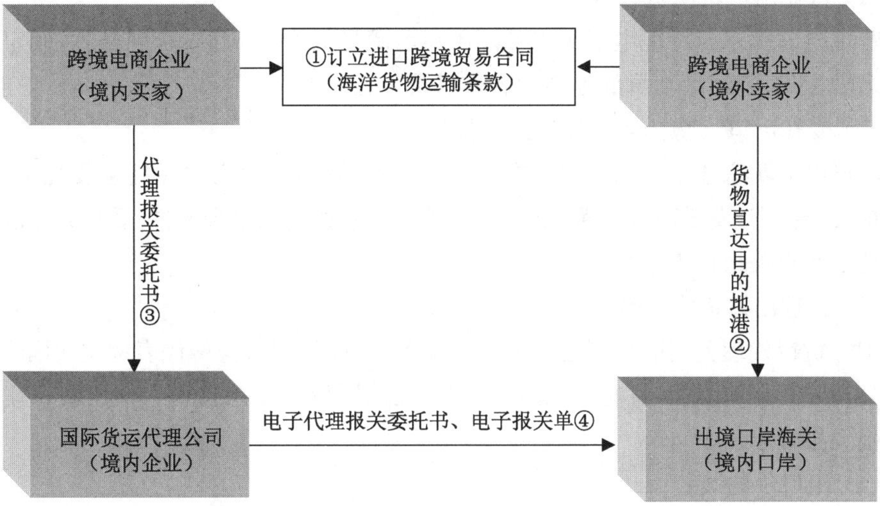

图 8-1　CIF 贸易术语项下代理进口商品通关流程

（4）办理进口货物报关报检申报

国际货运代理公司登录“中国国际贸易单一窗口”，以代理人身份代表收货人向出境口岸海关申办报关报检手续，在海关查验放行后及时缴纳关税和其他费用，提货并运送到跨境电商买家指定地点。

2. 出口商品通关流程

法律法规规定必须经海关检验检疫的出口商品的发货人或者其代理人，应向报关地直属海关办理出口商品报关报检手续。以下以 CIF 贸易术语项下代理出口商品通关（见图 8-2）为例，介绍其流程。

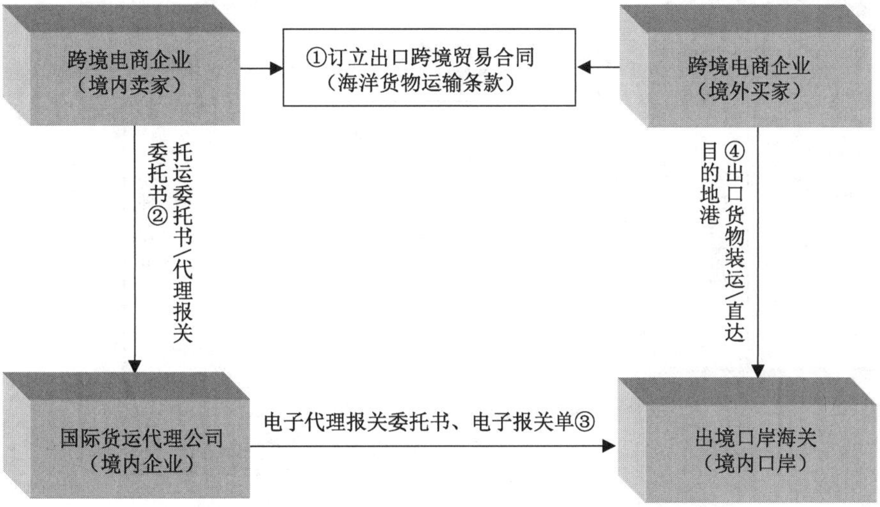

图 8-2　CIF 贸易术语项下代理出口商品通关流程

(1) 订立出口跨境贸易合同

跨境电商卖家与跨境电商买家签订出口跨境贸易合同,订立合同条款,确定海洋货物运输方式、装运港与目的地港的名称以及装运期限。

(2) 委托出口货物托运与代理报关报检

跨境电商卖家通过电商平台选择国际货运代理公司,签订电子托运委托书、电子代理报关委托书,发送商业发票、电子装箱单等必要凭证和批准文件,委托其办理出口货物托运和报关报检申报手续。

(3) 办理出口货物订舱与报关报检申报

国际货运代理公司受理托运人的托运业务后,以代理人身份代表货主向国际船务代理公司进行订舱,确认订舱信息后登录"中国国际贸易单一窗口",向出境口岸海关申办报关报检手续。

(4) 出口货物装船

国际货运代理公司在海关查验放行后及时缴纳关税和其他费用,装运港码头安排装船,载货船舶按照指定航线驶向目的地港口。

(二) 进出境快件通关

1. 进境快件通关流程

我国相关法律法规对进境快件货物与物品有禁止或限制两大类,具体内容有三个方面:一是禁止进境货物与物品,包括各种武器、仿真武器、伪造货币、有害印刷品、毒药、毒品、有害动植物及其产品、来自疫区的食品与物品等;二是限制进境货物与物品,包括烟酒、国家货币、濒危和珍贵动物、植物及其种子、繁殖材料等;三是禁止进境印刷品与音像制品,包括淫秽色情的、迷信暴力的、对我国政治经济和文化道德有害的印刷品与音像制品。下面以进境快件货物通关(见图 8-3)为例,介绍其流程。

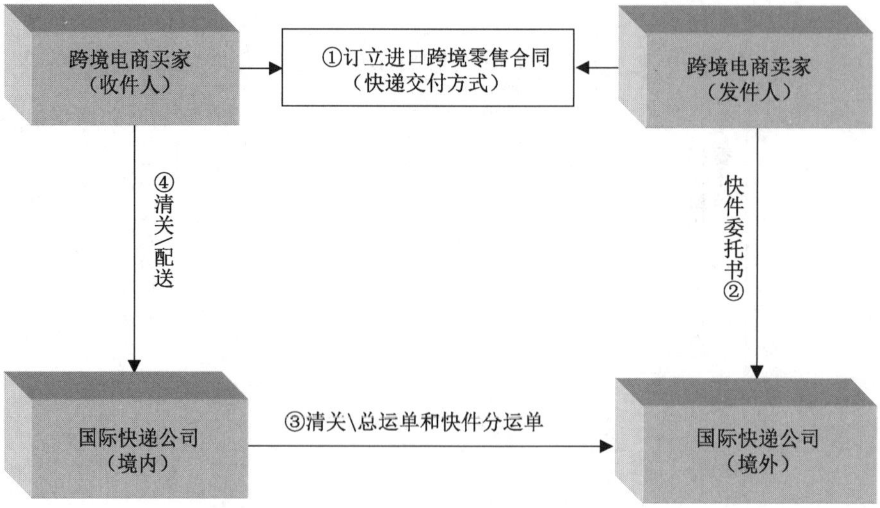

图 8-3 进境快件货物通关流程

(1) 订立进口跨境零售协议

跨境电商买家与跨境电商卖家签订进口跨境零售协议，规定交易标的、价格、数量、包装、交付期限和快递交付方式。

(2) 签订快件委托书

跨境电商卖家根据协议规定的交付时间，选择快件运营人，并签订快件委托书，填写收发件人等相关信息。

(3) 发送快件运单

境外国际快递公司完成出境清关后，向目的地国家分公司或合作的快递公司发送快件总运单、快件分运单和相关单据，委托其配送快件货物。

(4) 办理通关与配送

境内国际快递公司在运输工具进境起 14 日内向口岸海关办理报关报检手续，登录“中国国际贸易单一窗口”，输入相关信息，发送总运单和快件分运单等单证影印件，在支付关税后由海关实施检验，海关放行后配送至收件人。

2. 出境快件通关操作流程

我国相关法律法规对出境快件货物与物品有禁止或限制两大类：一是禁止出境货物与物品，包括易燃易爆物品、腐蚀和毒性物品、内容涉及国家秘密的手稿和印刷品以及音像制品、文物、贵重金属及其制品、贵重中药材、人类遗体、动物内脏或制成品、假冒名牌产品、非法出版物；二是限制出境货物与物品，包括烟酒、国家货币、濒危和珍贵动物、植物及其种子、繁殖材料等。下面以出境快件货物通关（见图 8-4）为例，介绍其操作流程。

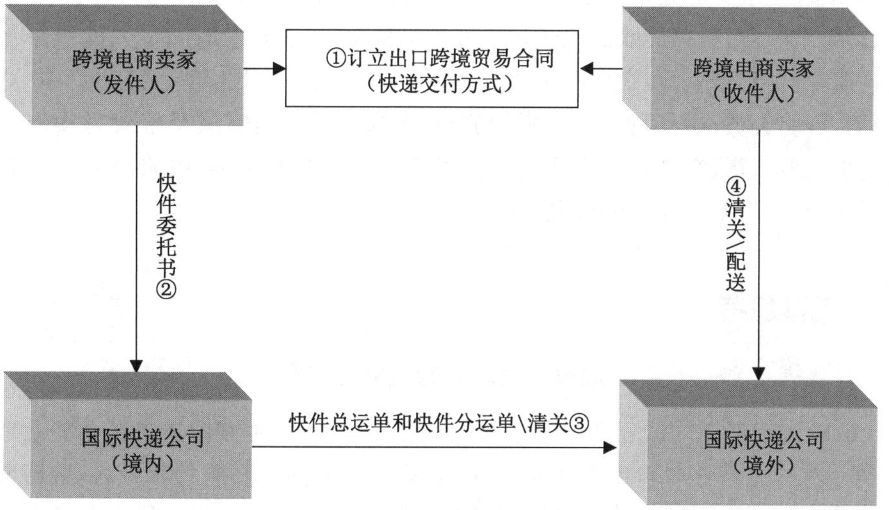

图 8-4 出境快件货物通关流程

(1) 订立出口跨境零售协议

跨境电商卖家与跨境电商买家签订出口跨境零售协议，规定交易标的、价格、数量、包装、交付期限和快递交付方式。

(2) 签订快件委托书

跨境电商卖家根据协议规定的交付时间，选择快件运营人，并签订快件委托书，填写收发件人等相关信息，随附商业发票、装箱单和相关证件。

(3) 办理出口货物订舱与报关报检

境内国际快递公司在装运前24小时内登录“中国国际贸易单一窗口”，输入相关信息，发送装箱单等单据，向出境口岸海关申办报关报检手续，完成出境清关后向目的地国家分公司或合作的快递公司发送快件总运单、快件分运单和相关单据，委托其配送快件货物。

(4) 办理通关与配送

境外国际快递公司在完成入境清关后向收件人配送快件货物。

三、通关管理内容

通关管理主要有八个方面的内容：一是在线申报，报关员登录电子报关系统，输入报关企业、报关员等相关电子数据信息；二是系统资格审核，直属海关审单中心计算机系统接受电子数据申报后，自动对报关企业和报关员资格进行审核；三是系统规范性审核，系统对报关企业和报关员资格确认无误后自动进行规范性审核，不符合要求的重新申报，符合要求的接受申报；四是系统专业化审单，系统接受申报后根据商品分类，发送至审单中心进行专业化审单，系统如发现申报有误，则发出修改通知，符合要求的，系统自动完成计征税费程序；五是现场交单，报关员收到交单信息后打印报关单据，签章后交至隶属海关，海关关员核准后进行批注签章，并发送电子税费专用缴款书；六是缴纳税费，报关员收到电子税费专用缴款书后，在指定时间将关税和各项费用进行转账；七是现场查验，隶属海关查验货物后向报关员发出“查验通知书”，报关员到现场配合查验关员进行检查；八是货物放行，隶属海关关员完成系统放行操作，在提运单上加盖放行章、签名并批注日期，给该票货物一个放行编号，并将该号发送至海关监管场所或口岸，报关人员即可提取或发运货物。

阅读思考

建设人民满意的服务型政府

2018年3月13日，国务院出台政府机构改革方案，组建国家市场监督管理总局，将国家工商行政管理总局的职责、国家质量监督检验检疫总局的职责、国家食品药品监督管理总局的职责、国家发展和改革委员会的价格监督检查与反垄断执法职责、商务部的经营者集中反垄断执法以及国务院反垄断委员会办公室等的职责整合，组建国家市场监督管理总局，作为国务院直属机构。将国家质量监督检验检疫总局的出入境检验检疫管理职责和队伍划入海关总署。

请结合本章学习的相关内容，分析“关检融合”对提高政府执行力、建设人民满意的服务型政府具有哪些积极的意义。

思考与实践

一、思考题

1. 简述海关对自理报关企业进行监督管理的内容。
2. 简述海关对代理报关企业进行监督管理的内容。
3. 简述AA类自理报关企业与代理报关企业认定条件的异同。
4. 简述失信企业认定的情形。
5. 简述对失信企业的管理措施。
6. 简述对一般认证企业的管理措施。
7. 简述报关员的义务。
8. 简述通关管理的内容。
9. 简述CIF贸易术语项下代理出口商品通关流程及其内容。
10. 简述我国相关法律法规禁止或限制的进境快件货物与物品。

二、实务题

1. 编制所在省市直属海关和隶属海关简报

登录百度搜索网站，查询所在省市的直属海关和隶属海关的名称、简称及其代码，并根据简报的要求进行填制，增强对海关组织机构的认知。

________直属海关、隶属海关简报

小组名称：　　组员姓名：　　完成日期：

上海直属海关	直属海关全称、简称及其代码：
上海隶属海关	隶属海关全称、简称及其代码：

2. 编制进出境快件与邮寄物品违法分析简报

登录百度搜索网站，查询在上年度违反我国法律法规规定的进出境快件和进出境邮寄物典型案例，并根据简报的要求进行填写，增强相关法律的意识。

进出境快件与邮寄物品违法分析简报

小组名称：　　组员姓名：　　完成日期：

进出境快件 违法现象分析	五种违法快件物品名称及其处罚：
进出境邮寄物品 违法现象分析	五种违法邮寄物品名称及其处罚：

第九章　跨境贸易电子商务交易

学习目标

- 了解跨境贸易电子商务在线交易的普通类型及其内容
- 熟悉跨境贸易企业自营网站在线交易磋商的环节及其内容
- 掌握第三方跨境电子商务平台注册、网店装修、店铺商品发布和在线操作的内容
- 明确区块链电子商务合同与电子合同的法律效力及其主要区别
- 具备应用跨境贸易电子商务交易的知识与能力

第一节　跨境贸易电子商务在线交易平台

跨境贸易电子商务交易是以外贸企业自营网站或第三方跨境电子商务平台、“中国国际贸易单一窗口”、外贸综合服务平台为“云”载体，完成在线交易磋商、电子合同订立、进出口货物托运、进出口货运投保、电子支付和电子合同履行的全过程。

一、外贸企业自营网站

外贸企业自营网站又称为独立网站，是指进出口企业基于计算机、互联网、大数据和人工智能等技术搭建的闭环交易系统，具有在线商品发布、即时交易磋商、电子合同订立等功能的跨境电子商务平台。

（一）外贸企业自营网站的功能

外贸企业自营网站具有三个主要功能：一是在网页载体上通过文字、图表、动画和视频等形式，向全球买家发布商品销售信息，全面地展示商品的特色和功能，列明交易条件；二是支持文字、视频、音频和图像等内容检索，在搜索引擎上搜索相关关键词，能让境外买家快速准确地找到目标信息；三是设置在线语音、留言、在线签约等专门的洽谈、签约工具，通过人工智能技术进行即时答疑与互动，促进电子合同的签订。

（二）外贸企业自营网站的作用

外贸企业自营网站的作用主要体现为三个方面：一是能实施精准营销，通过大数据和人工智能技术记录跨境买家浏览或交易信息，可以直接在线与其交流，提供专业化、多元化、个性化的全方位服务，提高客户的转化率；二是能提升企业品牌形象，通过网站宣传企业文化、经营理念，讲好品牌故事，并让买家获得良好的交易体验，形成对企业的认可度，增强美誉度；三是能提高经营成效，在营销、洽谈、合同签订等过程中以信息

流代替实物流，减少了实物费用的支出，降低了营销成本，提升了企业的经营效益。

二、“中国国际贸易单一窗口”

“中国国际贸易单一窗口”简称“单一窗口”，旨在打通跨境贸易及口岸管理的数据壁垒，通过一点接入、一次提交标准化单证和电子信息，突破了时空的限制，为企业提供一站式的服务。“单一窗口”是国家口岸管理办公室按照国务院统一安排和部署，依托中国电子口岸平台、口岸管理和国际贸易相关部门共同参与建设的国家“十三五”重大项目，于 2016 年 12 月启动建设，2017 年 5 月试点，目前已在全国范围推广上线。

(一)“单一窗口”的服务功能

“单一窗口”的主要功能如下：一是企业资质办理，能实现商务部的对外贸易经营者备案、海关总署的海关注册登记和报检资质申请等企业的备案；二是许可证申领，能实现农业农村部监管的农药进出口许可证、生态环境部监管的有毒化学品进出口许可证、商务部监管的机电或非机电进出口许可证、林业和草原局监管的濒危动植物进出口许可证等核心单证的申领；三是原产地证申领，能办理海关总署的原产地签证的业务；四是运输工具申报，能办理船舶代理单位备案、运营单位备案、船舶信息备案、进出境(港)动态申报、进出境(港)单证申报、在港移泊申报等；五是舱单申报，能录入原始/预配舱单、理货报告、运抵报告、装载舱单、空箱调用等单证信息，向海关申报；六是货物申报，能录入一般进出口货物的信息，向海关申报；七是加工贸易申报，能实现加工贸易手册的备案、报核和数据查询等功能；八是税费办理，能实现企业、银行和海关三方协议签约、解约、税单信息查询、税费支付等功能；九是跨境电子商务管理，能实现跨境电子商务进出口交易订单、收款、运单和清单等查询、申报等功能；十是物品通关，能实现进境展览品、快件的备案、申请和申报等功能；十一是出口退税，能实现退税企业资质备案、报关单结关数据采集、发票数据采集、数据申报校验、退税数据汇总等核心功能；十二是查询与统计，提供与国际贸易相关的业务信息查询、报表查询与发布、数据综合统计以及辅助决策分析等功能；十三是口岸物流，能实现监管场所动态管理、智能卡口散杂货与危险货物申报等功能。

(二)“单一窗口”IC 卡办理

企业 IC 卡可分为企业法人卡和企业操作员卡，其中企业 IC 卡是企业在网上使用的身份证和印章，其内部存有企业用户的密钥和证书，可进行身份认证及数字签名。申请企业 IC 卡的企业在指定地点领取中国电子口岸企业情况登记表、中国电子口岸企业 IC 卡登记表，填写后由企业法人代表签字并加盖公章，持“多证合一”的营业执照前往所属制卡代理点办理制卡。

(三)“单一窗口”用户注册与绑卡

1. 用户注册

“单一窗口”用户注册有以下两种类型：

(1) 管理员注册

注册管理员有两种情形：一是有卡用户注册管理员，适用于境内一般企业，使用企业法人卡登录“单一窗口”后，系统直接跳转到管理员注册界面，输入企业相关信息后自动注册；二是无卡用户注册管理员，适用于个人注册用户、事业单位注册用户、境外企业注册用户。

（2）操作员注册

申报单位使用企业操作员卡登录“单一窗口”后，进入操作员注册界面，输入用户名和密码等相关信息，点击“中国国际贸易单一窗口平台服务使用协议”，阅读后在“阅读并同意”前框内勾选，点击“注册”按钮，即完成操作员注册。

2. 绑卡

申报单位登录系统后，点击“我的 IC 卡”按钮，再点击“绑卡”按钮，即可绑定。

境内一般企业完成“注册管理员”“注册操作员”和“绑卡”操作后，可以向海关进行申报或在“单一窗口”中办理报关等相关业务。

（四）“单一窗口”的作用

申报人通过电子口岸平台一点接入、一次性提交符合相关部门要求的标准化单证和电子信息，相关部门通过电子口岸平台共享数据信息，各司其职，将处理的结果通过“单一窗口”反馈给申报人，优化了通关业务流程，提高了申报效率，缩短了通关时间，不仅降低了企业成本，而且促进了我国国际贸易便利化的进程。

三、外贸综合服务平台

外贸综合服务平台是指基于互联网、信息、大数据和人工智能等技术，将进出口业务中各个环节的服务整合到一个统一的服务系统，为外贸企业、跨境电子商务公司提供融资、物流、保险、报关报检、出口退税、外汇等服务的电子商务平台。

（一）外贸综合服务平台的功能

外贸综合服务平台为中小微外贸企业提供外贸供应链服务，包括信息咨询、产品展示、外贸融资服务、融资担保、外汇服务、进出口货物运输服务、进出口货物仓储服务、进出口货物运输保险服务、进出口货物报关服务、出入境货物报检服务、出口退税综合服务、出口收汇核销服务、外贸单证服务等功能。

（二）外贸综合服务平台的作用

外贸综合服务平台为中小微外贸企业提供一站式的在线服务，涵盖了国际贸易的各个环节，中小微外贸企业可以任意选择平台的服务模式，不仅能解决中小微外贸企业融资难、融资贵的问题，而且还能有效降低企业的运营成本。在我国外贸企业中，95％是中小微外贸企业，其出口竞争力提升，能促进我国对外贸易快速发展。

第二节　外贸企业自营网站 B2B 出口交易

外贸企业自营网站 B2B 出口交易是境内跨境电子商务卖家通过本公司独立网站

发布商品销售信息，与境外跨境电子商务买家在线洽谈、签订电子销售合同，根据该合同条款的规定通过“单一窗口”申报完成出口货物的认证、托运、投保、报关报检等相关手续，按一般贸易方式缴纳出口关税，并在出运后办理出口退税。

案例分享

中国（杭州）跨境电子商务综合试验区首批B2B出口业务

杭州环宇跨境电子商务有限公司成立于2015年，主要经营玩具等商品的批发、零售与进出口业务。同年7月，该公司与某国进口跨境电商达成价值3.4万美元的莱贝比牌玩具与家具销售协议，在中国（杭州）跨境电子商务综合试验区“单一窗口”平台完成企业备案，并通过该“单一窗口”平台提交电子报文，完成出口报关手续，在富阳口岸国际物流园区内接受海关查验，清关后在富阳东洲码头装货上船，成为全国首批通过跨境B2B模式试点出口的货物。

一、出口交易前的准备

（一）跨境贸易电子商务市场的调研

跨境电子商务卖家对于选择什么品类的商品，选择何种规格或款式的商品上架发售，与同类商品竞争者相比优势如何，必须事先做好市场调研，明确经营目标。主要内容包括以下三个方面：

1. 确定市场适销商品的品类

跨境贸易市场的商品很多，即便是同类商品，在品质、规格、品种、工艺、包装和价格等方面也不完全相同，适销国家或地区的情况也有所不同。跨境电子商务卖家需要结合公司经营目标、营销方式和商品特色，收集各国或地区的市场信息，通过大数据分析掌握市场的具体需求，确定适销商品的品类、价格幅度和销售时段等内容。

2. 分析影响适销商品市场的因素

跨境电子商务卖家应针对适销商品市场所在国家或地区的经济结构、互联网发展水平、税收政策、文化传统和消费习惯进行分析，了解其对适销商品市场的影响，掌握市场的需求，预测价格变动的走势。

3. 增强适销商品市场竞争的能力

跨境电子商务卖家要在变幻莫测的全球市场中获得持续发展，应当结合竞争者的优势，分析自身目前的、潜在的竞争能力，通过完善商业模式，调整经营策略，提升市场竞争的综合能力。

（1）目前的竞争优势

分析当下自身竞争优势时主要思考两个方面：一是在目标市场上的竞争者是谁，做了什么，做得如何；二是企业在商品、价格和服务方面与竞争者相比，优势有哪些。

（2）潜在的竞争优势

分析当下自身潜在的竞争优势时应当围绕三个主题：一是目标市场上竞争者商业模式的变化；二是目标国家或地区市场需求的变化；三是企业通过自我完善能胜过竞争者的优势。

（二）供应商或加工生产企业的选择

贸易型的境内跨境电子商务卖家通常不是生产实体企业，对其经营的商品既可以向供应商进行采购，也可以选择生产企业加工，做好交易商品备货的工作。选择良好的供应商或加工生产企业对跨境电子商务卖家尤其重要，不仅是对商品质量的保证，也能避免因诚信度不良所带来的各种经营风险。选择供应商或加工生产企业，应当关注以下四个方面：

1. 企业信誉

跨境电子商务卖家应当了解供应商或加工生产企业的信誉，包括经营理念、企业文化、企业信用和社会责任等内容，可以通过各种途径获取相关信息，避免因企业不良信誉所带来的负面影响。

2. 经营资质

跨境电子商务卖家应当核实供应商或加工生产企业的基本信息，包括企业法人、法定代表人、经济性质、经营范围和方式、注册资本、成立时间、营业期限、经营场所等内容，杜绝因接受提供虚假营业执照复印件的企业而带来的经营风险。

3. 生产能力

跨境电子商务卖家应当确认供应商或加工生产企业的实际生产能力，包括生产规模、工艺水平，可以通过各种调研或实地走访获取相关信息，杜绝因生产能力不足而带来的品质不良或不能及时交付的现象。

4. 财务现状

跨境电子商务卖家应当掌握供应商或加工生产企业的财务基本现状，解读财务审计报告，通过对会计报表、会计报表附注、财务情况说明书的分析予以了解，避免因财务状况不良而带来的各种风险。

二、出口交易在线磋商

（一）发布商品交易信息

在独立网站中制作首页，宣传企业经营理念、信誉、资质和经营特色。编辑具有特色的详情页，发布商品交易信息。采取邮件推广、关键词推广、链接推广、视频推广和网络直播等方式，加强营销力度，吸引更多的潜在客户，不断提高客户的转化率。

（二）书面电子合同的洽谈

书面电子合同的洽谈是指通过独立网站等途径向潜在客户发送文字、图片等数据电文，并与有意向的客户开展出口交易磋商的方式。书面电子合同的洽谈有以下四个环节：

1. 询盘

询盘是指跨境贸易出口交易的一方有意购买或出售某一种商品，通过独立网站向对方在线询问该商品的有关交易条件，通常卖家或买家通过独立网站不定向地发布商品销售或购货的部分信息。询盘是交易磋商的前奏，不属于交易磋商中的必经环节。

2. 发盘

发盘是跨境贸易出口交易的一方通过独立网站发布商品交易的主要条件，并愿意按这些条件达成交易、订立合同的一种肯定表示，如跨境电子商务卖家在商品详情页发布的商品名称、规格、包装、价格、交货方式、支付方式等主要交易条件。发盘是交易磋商中的必经环节，通常由卖家发出。

(1) 发盘的条件

《联合国国际货物销售合同公约》规定，一项有效的发盘必须具备四个条件：一是发盘必须向一个或一个以上特定的人发出，特定人即为发盘中指明的企业或个人；二是发盘内容必须十分确定，包括品名、品质、数量、包装、价格、装运和支付等主要交易条件应当详细列明；三是发盘人必须向受盘人做出订立合同意思的肯定表示，表明愿意按照发盘中所提出的条件与对方订立合同；四是发盘必须送达受盘人，采用数据电文形式发送的，该数据电文输入并进入系统传送时，意为送达。

我国《电子签名法》对发送数据电文的时间与地点有着具体的规定。数据电文发送时间是指数据电文进入发件人控制之外的某个信息系统的时间。发送数据电文的地点有三种情形：一是数据电文应以发件人设有营业地的地点为发送数据电文的地点；二是发件人有一个以上的营业地，以对基础交易具有最密切关系的营业地为发送数据电文的地点，如果无任何基础交易，则以其主要的营业地为准；三是发件人没有营业地，则以其经常居住地为发送数据电文的地点。

(2) 发盘的有效期

发盘的有效期是指给予对方表示接受的时间限制。跨境电子商务卖家对发盘有效期可做明确的规定，如规定最迟接受的期限(限 5 月 31 日复到)，或规定一段接受的期限(发盘有效期为 10 天)。

(3) 发盘的撤回

《联合国国际货物销售合同公约》规定："一项发盘，即使是不可撤销的，得予撤回，如果撤回通知于发盘送达被发盘人之前或同时，送达被发盘人。"也就是说，发盘人如果需要撤回发盘的，必须向受盘人发出撤回通知，只有该通知与发盘同时或先于发盘到达受盘人时，才能撤回。当今普遍应用互联网通信技术，跨境电子商务卖家一旦通过独立网站发盘，撤回就比较困难，因此必须事先对发盘内容进行确定。

(4) 发盘的撤销

发盘撤销是指当发盘到达受盘人之后，受盘人尚未发出接受通知之前，被发盘人通知取消其效力的行为。

(5) 发盘的失效

发盘失效是指一项发盘丧失了法律拘束力。我国《民法典》第 478 条对发盘失效的情形予以规定：一是发盘被拒绝；二是发盘被依法撤销；三是发盘有效期届满；四是受盘人对发盘内容做出实质性的变更。

3. 还盘

还盘是指交易一方对所接受的发盘在内容上提出了更改的行为。《联合国国际货物销售合同公约》规定："对发盘表示接受但载有添加、限制或其他更改的答复，即为拒绝该项发盘，并构成还盘。"还盘不属于交易磋商中的一个必经环节。

4. 接受

接受是受盘人同意按照发盘中交易条件达成交易的一种肯定表示，是交易磋商的必经环节。接受采用数据电文形式发送的，该数据电文输入并进入系统传送时开始生效，交易即告达成。接受通常由跨境电子商务买家发出。

(1) 接受的条件

《联合国国际货物销售合同公约》规定，一项有效的接受必须具备四个条件：一是接受必须由受盘人做出，其他任何人对发盘表示同意，不能构成接受；二是接受内容必须与发盘内容相一致，应当毫无保留地同意发盘的全部条件；三是接受必须在发盘有效期内做出，从接收数据电文发盘时起计算；四是接受必须以对应方式做出，即发盘采用数据电文形式的，接受也必须是数据电文形式。

我国《电子签名法》对确认数据电文收到时间规定了三种情形：一是收件人为接收数据电文而指定了某一信息系统，则进入该信息系统的时间为收到时间；二是数据电文发给了收件人的一个信息系统但不是指定的信息系统，则以收件人检索到该数据电文的时间为收到时间；三是收件人并未指定某一信息系统，则以数据电文进入收件人的任一信息系统的时间为收到时间。我国《电子签名法》对确定数据电文收到地点规定了三种方法：一是收件人设有营业地的地点为收到数据电文的地点；二是收件人有一个以上的营业地，以对基础交易具有最密切关系的营业地为准，如果无任何基础交易，则以其主要的营业地为准；三是收件人没有营业地，则以其惯常居住地为准。

(2) 接受的撤回

《联合国国际货物销售合同公约》对接受撤回有明确规定："接受得予撤回，如果撤回通知于接受原应生效之前或同时，送达发盘人。"简言之，受盘人如果需要撤回接受的，应向发盘人发出撤回通知，只有该通知与接受同时或先于接受到达发盘人时，才可以撤回。

三、出口交易书面电子合同的订立

电子合同是指处于不同关境的当事人之间通过互联网电子商务平台等形式，以电子数据交换，达成的设立、变更、终止财产性民事权利与义务关系的数据协议。

(一) 书面电子合同生效的条件

我国《民法典》规定，依法成立的合同受法律保护，对无效的合同依法予以撤销或宣布无效。具有法律效力的合同必须具备以下三个条件：

1. 当事人必须具有订立合同民事行为能力

电子合同当事人应是具有民事行为的当事人，包括企业法人和自然人。企业法人应当持有“多证合一”的营业执照和相关许可批文，并具有从事跨境贸易电子商务的资质；自然人是指16周岁以上以自己劳动收入为主要生活来源的公民。如果电子合同是由限制民事行为能力或无民事行为能力的自然人所订立的，视其不同情况依法进行追认或予以撤销。

2. 当事人必须在自愿和真实基础上达成协议

电子合同当事人应当遵守平等、自愿、公平和诚信等原则。如果一方当事人在意思表示有重大误解或虚假、欺诈和由于胁迫违反意志等情形下签订了合同，会严重侵害另一方当事人的合法利益，这类合同可以依法被撤销或宣布无效。

3. 合同标的必须合法

合法是电子合同的基本性质，凡是合同标的违反法律、行政法规、公共秩序和善良风俗的，如濒危野生动植物等商品，这类合同可以依法被宣布无效。

（二）书面电子合同的形式

我国《民法典》第469条规定，“当事人订立合同，可以采用书面形式、口头形式或者其他形式。书面形式是合同书、信件、电报、电传、传真等可以有形地表现所载内容的形式。以电子数据交换、电子邮件等方式能够有形地表现所载内容，并可以随时调取查用的数据电文，视为书面形式。”跨境贸易电子商务交易采用书面电子合同，其有以下两种形式：

1. 加密算法技术电子合同

加密算法技术电子合同是指通过电子数据交换、电子邮件等形式，在计算机网络系统上进行远程签约，以数据电文方式生成、传递和存储，通过中心化系统进行管理的电子商务数据协议。

2. 区块链技术电子合同

区块链技术电子合同是利用区块链加密算法与分布式等技术将合同的内容分布存储于全球电子商务交易的各数据节点，通过加密保护的方式记录和保存在区块链上的一种去中心化的电子商务数据协议。我国区块链技术电子合同的应用还处于起步阶段，但其所具有的安全性特点已经被业界逐渐认识，应用前景将势不可挡。

这两种电子合同主要有三个区别：一是签约方式不同，前者是在链上签约，后者是在线上签约；二是管理方式不同，前者是链上节点管理，后者是线上管理；三是安全性不同，前者合同电子数据是在链上节点进行分布式存证、不可篡改；后者合同电子数据是在线传递和存储，存在被篡改的风险。

（三）书面电子合同的条款

我国《民法典》第470条规定，买卖合同的主要条款应当包括标的、数量、质量、价款、履行期限与地点、履行方式、违约责任和解决争议的方法等内容。以出口贸易电子合同为例，其条款主要包括以下十二个方面：

1. 商品品名

商品品名是指区别于其他商品的一种称呼或概念。《联合国国际货物销售合同公约》规定，商品名称的描述是构成商品说明的一个主要部分，是买卖双方交接货物的一项基本依据。如果卖方交付的货物不符合约定的品名，买方有权要求损害赔偿，直至拒收货物或撤销合同。

2. 商品品质

商品品质是指商品的外观形态和内在质量的综合，即人们的感官可以直接感觉到的外形特征以及商品的物理和机械性能、化学成分、生物特征与技术指标等。品质条款通常应列明商品的规格或等级或标准等内容，要求应当具有合理性、确定性和多样性。标准制定得过高，将会给合同履行带来一定的困难；品质明确具体，可避免争议；如为特殊商品，可采取品质机动幅度和品质公差的办法。

3. 商品数量

商品数量是指以一定度量衡表示商品的重量、个数、长度、面积、体积、容积的量。数量条款主要包括成交的商品数量和计量单位，按重量成交的商品，应当明确毛重或净重计算方法，对于散装货物，要合理规定数量机动幅度，即规定卖方实际交货量可多于或少于合同所规定的百分比。

4. 商品包装

商品包装是指盛装商品的各种容器或包装物，以及采用不同形式的容器或包装物对商品进行包装的操作过程。根据商品包装在物流过程中的不同作用可以分为两大类：一是运输包装，是指为适应货物的装卸、储存和运输的要求进行的包装，如集装箱、集装包、集装袋、托盘、纸箱、木箱、麻袋等；二是销售包装，是指为适应商品销售需要直接盛装商品的包装，如纸盒、塑料瓶、塑料袋等。包装条款应包括运输包装与销售包装的材料、方式和运输标志，其中运输标志一般包括收货人简称、合同编号、目的港（地）和件数等内容。

5. 商品价格

商品价格通常由四个部分构成：一是计价货币，如美元、日元等；二是计量单位，如千克、件、套等；三是单位金额，即成交商品的单价；四是国际贸易术语。价格条款主要包括商品价格和总值两部分内容。

相关链接

国际贸易术语

国际贸易术语是用英文缩写字母或简语来表示商品价格的构成和买卖双方在货物交接过程中关于手续、风险、费用、责任、所有权转移的划分。《2020 年国际贸易术语解释通则》简称《2020 年通则》，于 2020 年 1 月 1 日起生效，共有 11 种贸易术语，分别是 EXW、FCA、CPT、CIP、DAP、DPU、DDP、FAS、FOB、CFR、CIF。

6. 支付方式

支付方式包括电汇、信用证和托收等。电汇是指由汇款人(跨境电子商务买家)委托银行通过环球银行间金融电讯系统(SWIFT)发出付款委托通知书给收款人(跨境电子商务卖家)指定银行,委托其将款项解付给指定收款人的支付方式;信用证是指开证银行应境外或境内买家开证申请人的要求,通过环球银行间金融电讯系统开给受益人跨境电子商务卖家在其履行信用证条件时付款的承诺文件,即 SWIFT 信用证;托收是指跨境电子商务卖家委托境内银行通过环球银行间金融电讯系统向境外代收银行发出指令,向跨境电子商务买家收取货款的结算方式。采用信用证支付方式,支付条款应包括开证日期、信用证种类和金额等内容;采用电汇支付方式,支付条款应包括汇款日期、电汇种类和金额等内容;采用托收支付方式,支付条款应包括单据名称、交单条件、货款金额和支付期限等内容。

7. 交货方式与时间、地点

跨境贸易出口货物是通过国际海洋、国际航空、国际铁路、国际多式联运等运输方式进行承运,从出口国或地区运向进口国或地区进行交付的。运输条款主要包括运输方式、装运时间、装运港/地、目的港/地、分批装运、转运和装运通知等内容。

8. 国际货物运输保险

国际货物运输保险是指被保险人(跨境电子商务卖家或买家)向保险人(保险公司)按一定金额对运输过程中的货物投保相应的险别,并交纳保险费,由保险人对被保险货物遭遇承保责任范围内的损失时给予一定的经济补偿。货运保险条款主要包括投保金额、投保险别、保险费、保险单证和保险适用的条款等内容。

9. 商品检验检疫

根据我国相关法律法规的规定和合同的要求,应当对出口货物实施检验检疫。商品检验检疫条款主要包括检验检疫机构、检验检疫时间、检验检疫地点、商品检验证书名称等内容。

10. 不可抗力

不可抗力是指在合同签订后,发生无法预见、避免和控制的事件,致使合同当事人不能履行或不能全部履行合同,遭受不可抗力的合同当事人可以免除履行合同的责任或延期履行合同。不可抗力条款主要包括不可抗力的范围、不可抗力的处理原则与方法、不可抗力的通知和不可抗力证明出具机构等内容。

11. 异议与索赔

在出口贸易电子合同履行过程中,当事人往往会对合同标的物的品质、数量、包装、交付时间等方面产生异议,受损害方向违约方提出损害赔偿请求。异议与索赔条款内容主要包括索赔依据、索赔期限以及索赔处理方法等内容。

12. 仲裁

仲裁是指发生某种争议或纠纷的双方当事人自愿商定,将争议交第三方裁决,并对裁决结果自觉履行其义务。仲裁条款内容主要包括仲裁地点、仲裁机构、裁决的效力、裁决费用承担等内容。

(四) 书面电子合同的生效

电子合同的生效是以接受生效为条件的，当事人一旦接受生效，合同就宣告成立。但是有两种特定情况需要注意：一是双方当事人确认电子合同成立以双方签章为准，即合同自签章之日起生效；二是国家法律法规规定必须经政府部门审核批准的合同，授权机构批准之日为电子合同生效的时间。

(五) 书面电子合同商订的特征

1. 电子合同磋商虚拟化

电子合同交易磋商是在互联网虚拟环境下进行的，双方当事人无须见面，只要将自己对交易条件的意愿，通过跨境电子商务网站以数据电文的形式在当事人之间传送，达成一致意见后，就可签订合同。

2. 电子合同内容电子化

电子合同条款等内容是以文字、数字、图片和照片等数据电文形式呈现的，与传统纸质贸易合同一样都具有法律效力，双方当事人必须按照合同的约定履行各自的义务，否则就构成违约，承担相应的法律责任。

3. 电子合同签署网络化

处于不同关境的卖家与买家通过跨境电子商务平台或电子商务合同签署平台在线完成出口贸易电子合同的电子签名，取代了传统国际贸易合同的签章。《联合国国际贸易法委员会电子签字示范法》对电子签名做出了明确的界定，“在数据电文中，以电子形式所含、所附或在逻辑上与数据电文有联系的数据，它可用于鉴别与数据电文相关的签字人和表明签字人认可数据电文所含信息。”我国《电子签字示范法》也有类似的界定，“数据电文中以电子形式所含、所附用于识别签名人身份并表明签名人认可其中内容的数据”。

四、出口交易书面电子合同履行

出口交易书面电子合同履行以销售电子合同 FOB 贸易术语为例。《2020 年通则》规定，采用 FOB 贸易术语成交的，卖方不负责办理出口货物托运和出口货物运输保险。

(一) 原产地证申报

1. 填写或选择相关信息

跨境电子商务卖家登录“单一窗口”，点击“标准版应用”页签，再点击“原产地证”按钮，选择“贸促会原产地证申请”(见图 9-1)，进入“原产地证申报”界面，选择一般原产地证，根据书面电子合同的内容输入出口商全称及地址、进口商全称及地址、运输路线及运输方式、国家或地区名称、唛头、商品名称、包装件数及种类、H. S. 编码、数量或重量、发票编号及出票日期等内容，完毕后点击“保存”按钮(见图 9-2)。

图 9-1 “单一窗口”贸促会原产地证申请界面

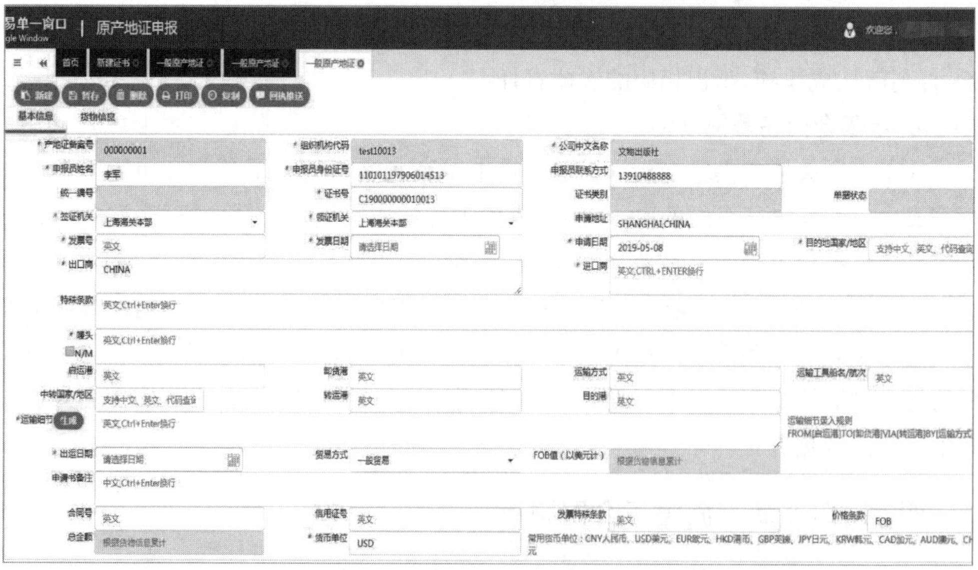

图 9-2 一般原产地证申报界面

2. 打印申请书

点击界面中“打印”按钮，在系统弹出的“请选择打印类型”选项中选择申请书（见图 9-3）、证书（见图 9-4）、发票（见图 9-5）和认证凭条（见图 9-6）进行打印。

3. 申报

点击“申报”按钮，将该原产地证书数据申报信息发送到贸促会，并等待其审批。

4. 证书查询

点击左侧菜单“证书查询”，在该界面中点击单据状态，可以查看该票单据的海关审核回执。

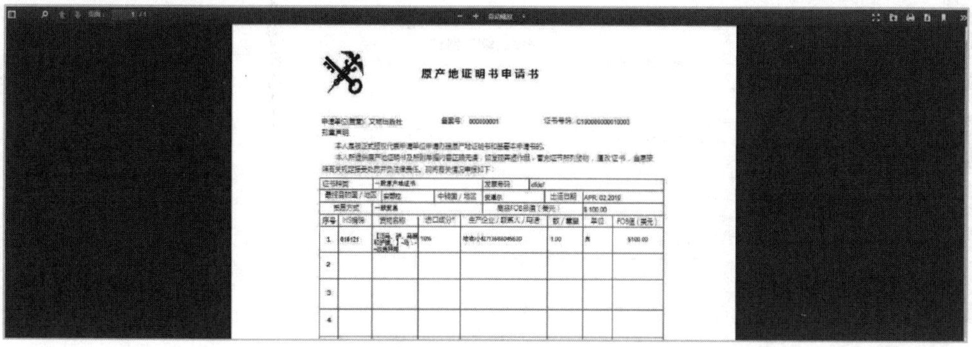

图 9-3　一般原产地证明书申请书打印

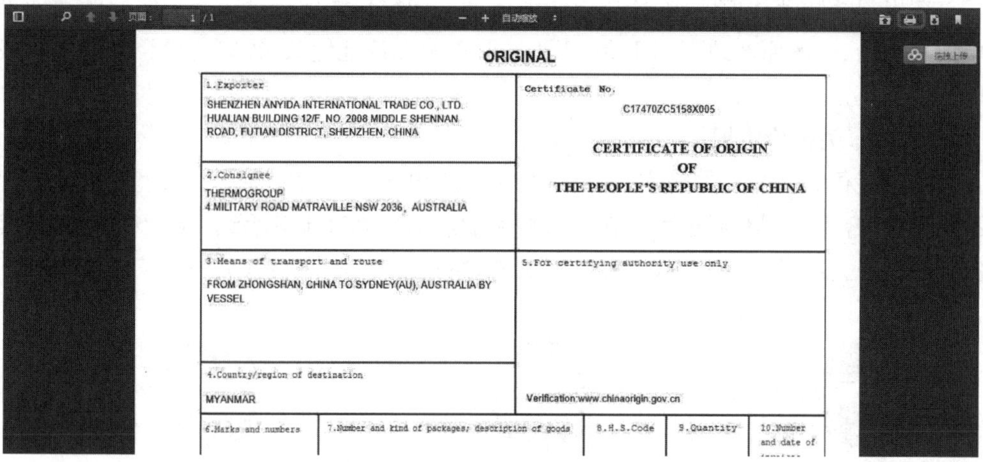

ORIGINAL

1.Exporter SHENZHEN ANYIDA INTERNATIONAL TRADE CO., LTD. HUALIAN BUILDING 12/F, NO. 2008 MIDDLE SHENNAN ROAD, FUTIAN DISTRICT, SHENZHEN, CHINA	Certificate No. C17470ZC5158X005 CERTIFICATE OF ORIGIN OF THE PEOPLE'S REPUBLIC OF CHINA
2.Consignee THERMOGROUP 4 MILITARY ROAD MATRAVILLE NSW 2036，AUSTRALIA	
3.Means of transport and route FROM ZHONGSHAN, CHINA TO SYDNEY(AU), AUSTRALIA BY VESSEL	5.For certifying authority use only
4.Country/region of destination MYANMAR	Verification:www.chinaorigin.gov.cn

6.Marks and numbers	7.Number and kind of packages; description of goods	8.H.S.Code	9.Quantity	10.Number and date of

图 9-4　一般原产地证书打印

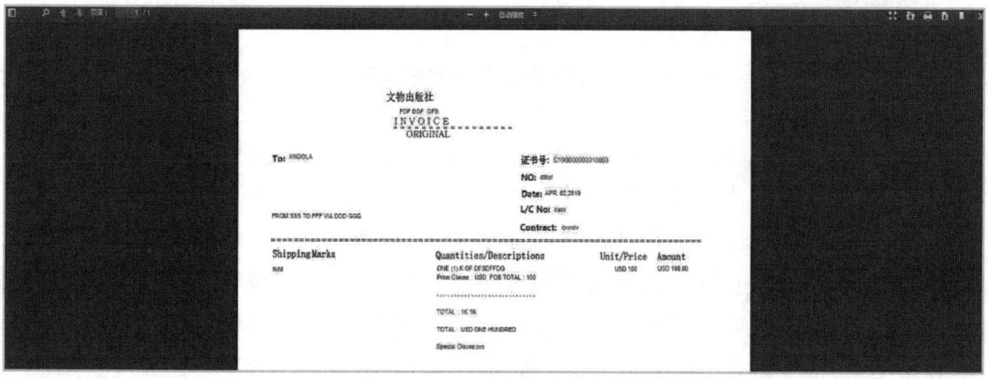

图 9-5　商业发票打印

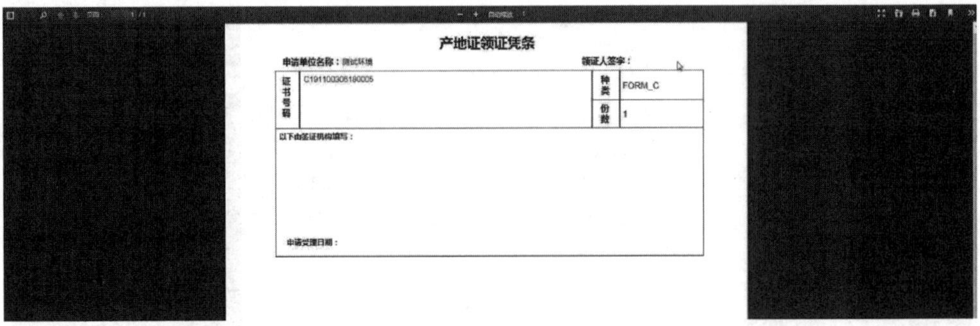

图 9-6　认证凭条打印

5. 领取证书

在出口货物装运前 5 天，跨境电子商务卖家向属地贸促分会提交一般原产地证书申请书 1 份、一般原产地证书 1 套、商业发票 1 份和认证凭条，领取贸促会签发的一般原产地证书。

(二) 报关报检申报

根据我国《海关法》的规定，出口货物由跨境电子商务卖家在货物出境地海关办理报关手续，经海关同意后也可以在设有海关的启运地办理报关手续。跨境电子商务卖家登录“单一窗口”，点击“标准版应用”页签，再点击“货物申报”（见图 9-7）。

图 9-7　单一窗口货物申报项目界面

点击“货物申报”，进入出口报关单整合申报界面，其主要包括申报地海关、预录入编号、出境关别、合同协议号、出口日期、境内发货人、境外收货人、生产销售单位、申报单位、运输方式、运输工具名称、航次号、提运单号、许可证号、运抵国（地区）、指运港、贸易国别（地区）、随附单证、随附单证编号、保税/监管场地、货场代码、货物存放地点、离境口岸、业务事项确认、受理海关、企业资质、领证机关、口岸海关、所需单证、商品名称、规格型号、成交数量、单价、总价、货号、最终目的国（地区）、原产国（地区）、境内货源地、产地代码、检验检疫货物规格等 45 项内容（见图 9-8）。

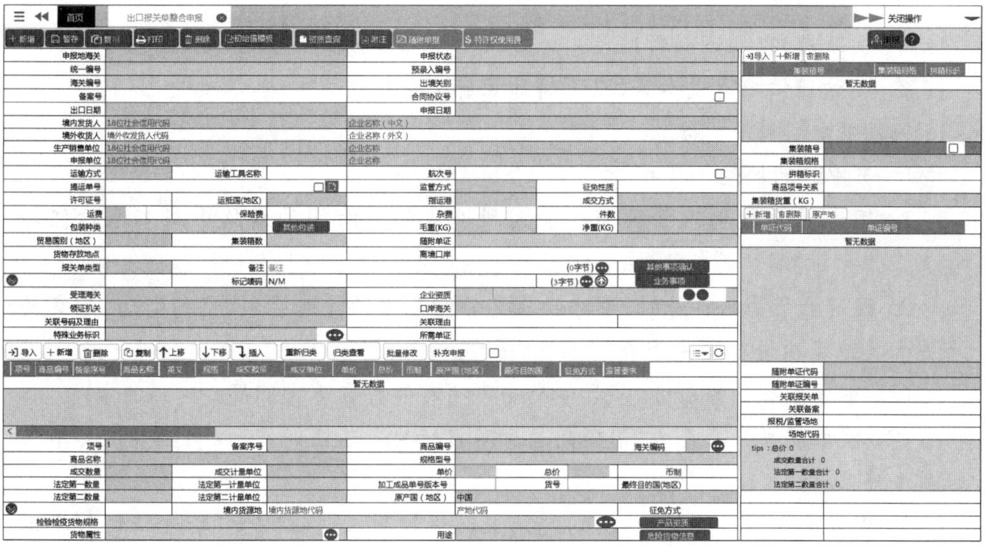

图 9-8　出口报关单整合申报界面

第三节　第三方跨境电子商务平台 B2B 出口交易

境内跨境电子商务卖家与境外跨境电子商务买家通过第三方跨境电子商务平台进行在线洽谈，签订电子销售合同，根据合同条款的约定在线完成出口货物的认证、托运、投保、报关报检等相关手续，按一般贸易方式缴纳出口关税，并在出运后办理出口退税。第三方跨境电子商务平台 B2B 出口交易以敦煌网平台为例，具体操作的环节及其内容如下：

一、出口交易前操作事项

(一) 店铺注册

1. 注册供应商或卖家

注册供应商或卖家简称注册卖家，是指申请注册者登录敦煌网网站，在注册界面中按要求输入相关信息，并确认同意履行供应商服务协议的法人组织。申请注册卖家应依法设立，持有“多证合一”营业执照，并取得进出口业务、报关报检等行政许可。

2. 同意《敦煌网注册供应商服务协议》

申请注册卖家在注册敦煌网网站前，先阅读平台的《敦煌网注册供应商服务协议》，点击“同意”该协议内容后进入注册程序，注册完成后协议自动生效，并对双方当事人产生法律效力。《敦煌网注册供应商服务协议》的内容如下：

敦煌网对注册供应商的服务协议

甲方：敦煌网（以下简称网站）

乙方：注册供应商或卖家（以下简称注册卖家）

一、甲方权利与义务

（一）甲方的权利

1. 甲方对于数据维护更新等原因所造成的短时间的网络中断不承担任何责任。

2. 因网上交易的特殊性，甲方没有义务对乙方的注册资料、交易行为、与交易有关的其他事项进行事先审查。但下列情况例外：

（1）甲方被告知某乙方、某具体交易事项可能存在重大问题；

（2）甲方被告知某乙方、某项交易有不当行为或违法时，可以明显确认其不当性质或违法。

3. 甲方承诺保护知识产权，制定知识产权权利人认证方案，禁止销售和展示侵犯知识产权的产品。

4. 甲方有权根据不同情况选择保留或删除相关信息、继续或停止提供服务，并追究相关法律责任。

5. 甲方对网站存在的违法行为、不当行为或甲方认为应当终止服务的情况，可随时删除相关信息，冻结账户，终止服务，无须征得乙方同意。

6. 甲方有权在网站上以网络发布形式公布乙方的违法行为。

7. 甲方不允许线下交易，对于违反规定的交易行为不负有责任。

8. 甲方不负责运送、储存或递交。

9. 甲方根据当事人的请求有权调解交易中产生的争议，依照法定程序的要求积极配合并提供有关资料。

10. 甲方享有乙方授予的许可使用权利，并有权对该权利进行再授权。

11. 甲方有权在法律允许的情况下，以乙方的资金抵扣乙方对甲方的债务。

12. 甲方有权单方面转让本协议，无须征得乙方同意。

（二）甲方的义务

1. 甲方仅提供产品展示和交易平台，不直接参与买卖行为。

2. 甲方确保网站的正常运行，并尽力提升和改进技术，保证交易活动的顺利。

3. 甲方对乙方在注册与交易中所遇到的问题及反映的情况应及时做出回复。

4. 甲方在收到乙方的付款申请后，经核实无误后向乙方进行放款操作。

5. 甲方不经乙方许可，不得向任何人出售或出借其个人信息，不允许任何第三方以任何手段收集、编辑、出售或者无偿传播乙方信息。

6. 甲方可以采取有效措施对乙方进行评估，将评估结果公之于众，并对交易过程进行监督。

二、乙方权利与义务

（一）乙方的权利

1. 乙方有权根据本协议及网站相关规则在网上登录产品信息，进行商品销售以及有关活动，并享受网站提供的信息服务。

2. 乙方可以接收来自网站的信息。

3. 乙方可以根据实际情况实时维护、修改价格信息。

4. 乙方在发送货物后可以保留货运记录，作为解决争议的证据。

5. 乙方通过货运公司确认货物妥投后，可以向网站提起付款申请。

6. 乙方如与其他注册卖家因交易产生纠纷，可请求网站协调解决，也可通过法律诉讼，网站按调解协议或裁决进行交割。

7. 乙方如发现其他注册卖家有违法或违反本协议的行为，可以向敦煌网反映，要求其处理。

（二）乙方的义务

1. 乙方在网站注册时提供真实资料，确保有效性及安全性，并在发生相关信息变更时应及时更新。

2. 乙方保证在注册、交易或列举物品过程中提供的任何资料，包括数据、文本、软件、音乐、声响、照片、图画、影像、词句等不侵犯他人知识产权或合法权益，不违反法律法规规定，否则承担法律责任。

3. 乙方在网站上不得出售法律法规禁止的或违背社会公共利益和公共道德的或侵犯他人知识产权及合法权益的或网站认为不适合在网上销售的物品。

4. 乙方在网站进行交易，须遵守诚实信用的原则，不得采取不正当竞争行为，不扰乱网上交易的正常秩序，不得从事与网上交易无关的行为。

5. 乙方不得在产品描述、产品图片、询盘回复、留言、邮寄货物等页面留有自身联系方式，不得在线下成交或成交后不卖，一旦发现，视情节轻重分别给予警告、不符合要求的信息删除、违规产品下架或删除、扣除信用评分、账号封号或关闭。

6. 乙方在收到网站订单付款通知后，按照订单供货时间、地点、数量、配置、品质、价格等要求发货。

7. 乙方负责产品售后服务并承担在保质期内因为售后服务产生的费用。

8. 乙方同意不把网站中的信息和资料作商业性利用。

9. 乙方应承担在网站交易、获取有偿服务或接触网站服务器而发生的所有应纳税费和办公费用等。

10. 乙方同意因其违反有关法律和本协议的规定致使网站受损，应承担赔偿网站一切损失的责任。

三、服务终止的情形

（一）甲方终止的情形

甲方有权通过注销方式终止服务的情形如下：

1. 甲方在未收取服务费的情况下，可自行决定终止对乙方的服务，并删除其注册信息以及免除由此产生的义务。

2. 甲方在乙方违反服务协议的规定时，告知乙方终止对其提供服务，并不接受以后注册申请。

3. 甲方发现乙方注册资料中的主要内容是虚假的，可以随时终止其服务。

4. 甲方发现乙方在产品描述页面和产品图片以及询盘回复、留言、邮寄货物时留有自己的联系方式，可以终止其服务。

5. 乙方在服务协议终止或补充或修改时未确认新的服务协议，甲方有权终止其服务的义务。

（二）乙方中断与终止的情形

1. 乙方向甲方提出注销其注册时，经甲方审核同意后予以注销，解除服务协议关系。但甲方仍保留下列权利：

（1）甲方有权保留乙方的注册资料及以前的交易行为记录；

（2）甲方有权对乙方在注销前存在的违法行为行使本服务协议所规定的权利。

2. 在服务协议届满时，该协议自然终止。

（三）终止之前乙方交易行为的处理

1. 乙方在服务终止之前已经上传至网站的物品尚未交易或尚未交易完成的，甲方有权在终止服务的同时删除物品信息，并通知买家。

2. 乙方在服务终止之前已经确认订单，甲方有权在终止服务的同时删除其要约，并通知买家负责退款。

3. 乙方在服务终止之前已经确认订单交运，甲方可允许交易完成。

四、其他禁止的情形

1. 乙方不得将内容或物品张贴于不适当的类别中，或网站或服务中不适当的地方。

2. 乙方不得不运送买家已经购买的货品，除非买家并未遵守条款或送货地址不详。

3. 乙方不得操纵任何货品价格，或干扰其他会员的登录物品。

4. 乙方不得规避或操纵甲方的收费系统、缴款程序或应缴的敦煌网费用。

5. 乙方不得以任何方式企图损害网站的安全系统或功能。

6. 乙方不得张贴不实、错误、误导性、诽谤性或中伤他人的内容，包括个人资料。

7. 乙方不得采取任何会破坏信用评价或评级系统的行动。

8. 乙方未经甲方同意，不得将信用评价和会员账号转移给其他人。

9. 乙方不得散布或张贴垃圾邮件、连锁信件或进行金字塔式销售。

10. 乙方不得散布病毒，或散布任何可能损害敦煌网或其他用户利益或财产之技术。

11. 乙方不得复制、修改或散布网站内容及敦煌网的版权和商标。

12. 乙方不得未经其他用户同意而收集或以任何方式收集包括电邮地址等会员资料。

五、通知

通知以电子邮件形式或双方约定的其他形式发送，在电子邮件发出 24 小时后应被视为已送达。通过邮资预付挂号邮件的通知发到乙方提供的地址，付邮当日 3 天后被视为已送达。

六、不可抗力

由于超出合理控制范围的原因而使敦煌网迟延或未能履约或未能完全履约，敦煌网不负任何责任。此情况包括但不限于地震、台风、水灾、战争、恐怖活动、暴动、罢工、全国性行业政策调整、政府行为、网络传输故障、网络供应商原因、黑客攻击等不可抗力事件。

七、法律适用和争议解决

1. 本协议之签署、效力、解释和执行以及本协议项下争议之解决等均应适用中华人民共和国法律。

2. 因本服务协议而产生之争议，双方应友好协商解决。如协商不成，则任何一方均可将有关争议提交中国国际经济贸易仲裁委员会，按照该会届时有效的仲裁规则在北京仲裁解决。仲裁语言为中文。双方均认可的仲裁裁决为终局性裁决，对双方均有约束力。

3. 输入或选择相关信息

申请注册的卖家在网站注册界面中输入用户名（英语字母＋数字）、通信方式（手机号、邮箱地址、所在城市）、登录密码（英语字母＋数字）、证件号码（营业执照号、身份证号），选择企业或个人的用户类型和主营行业，如服装、母婴用品、数码相机、手机、食品饮料、健康美容、鞋包、玩具等，完成后予以确认，并进行发送。

4. 完成信息核准

申请注册的卖家在完成信息申报后，按提示要求输入验证码，系统自动分别对手机和邮箱进行验证。验证确认后上传营业执照和身份证影印件，再由系统自动审核。

5. 核准注册申请材料

平台对申请注册卖家的申请材料进行审核，核准通过后以邮件与短信的方式告知其平台店铺账号。如果审核没有通过，系统将提示错误情形，更正后再提交与验证。

(二) 网店装修

网店装修主要有以下两个方面:

1. 首页设计

首页是店铺的门面,分为店标、店招、促销区、展示区和信息区。店标通常放在店铺左上角;店招设在店铺的上方,是网店的名称;展示区主要通过图片或视频展示商品品类、单品及款式;促销区是用于发布当下或近期的产品促销信息;店铺信息区主要介绍企业的经营理念、经营内容和经营特色。

2. 详情页编辑

详情页是对首页中展示区每个商品展开详细介绍的一个主图与文字组合的页面,包括商品的款式、品牌、标准、规格、成分和价格等相关信息。

(三) 店铺商品发布

店铺商品发布的方法和要求主要有八个方面:一是选择电子商务平台提供的产品上传工具,其能正确、快速地将产品上传到指定处,如果使用第三方搬家工具,容易出现乱放类目等现象;二是应当根据发布的商品属性,在相应的类目中进行发布,否则会影响搜索的正确性;三是禁止发布重复商品;四是采用规范的学名或按照惯例命名的商品名称,并与其属性相符,确保买家能更精准地搜索到商品;五是商品信息描述应当包含商品的实物图片、特点或优势、使用说明、包装信息、付款方式、物流方式和服务承诺等内容,所有字句必须准确,禁止出现卖家联系信息、无关的文字以及与外网链接等现象;六是依据平台规定设定商品图片文件格式,在指定数量内发布产品图片;七是合理设定商品价格;八是根据商品实际现状如实显示备货的信息,包括备货状态、备货数量、备货所属地等内容。

二、在线交易操作内容

(一) 商品推广

跨境电子商务卖家根据不同的销售商品、受众对象、营销场景,通过邮件推广、视频推广、网络直播营销和整合营销等手段进行品牌营销,提升跨境电子商务买家对企业资信、生产技术、生产能力、产品质量的认可度。同时,还可利用平台的 BANNER 广告、弹出广告、漂浮广告和搜索引擎等工具进行各种促销活动,增加商品的曝光度,促进客户转化率的提高。

(二) 在线洽谈

跨境电子商务卖家向潜在的或有意向的跨境电子商务买家发出电子要约,包括商品的名称、规格、包装、价格、交货方式、支付方式,以及图片等数据电文。跨境电子商务买家收到电子发盘后进行考量,确认接受后发出电子接受函,该笔交易即刻生效。电子发盘是指通过数据电文的形式表达与他人订立合同的意思表示。电子接受是指收件人通过数据电文的形式表达同意电子要约的意思表示或以其他行为表示同意。

(三) 在线签约

当跨境电子商务交易双方当事人达成了一致意见后,通常需要订立电子合同,选择电子合同平台提供的标准化合同，输入约定的相关交易条件和信息后，经双方当事人确认，进行电子签章。

(四) 电子合同履行

跨境电子商务卖家根据电子合同条款的规定履行交货义务，选择跨境电子商务平台提供的服务企业办理出口货物的托运、投保、报检报关等手续。跨境电子商务卖家根据电子合同条款的规定履行支付、接收货物的义务。

(五) 核销与退税

跨境电子商务卖家完成交付货物的义务，收取跨境电子商务卖家的货款后，通过外贸综合服务平台等途径在线办理出口收汇核销、出口退税等手续。

第四节　跨境贸易电子商务保税货物交易

一、保税备货交易

跨境贸易电子商务保税备货是指境内跨境电子商务买家或卖家先将批量商品运入国内保税仓，在与境内买家或境外卖家签订买卖协议后，再进行分拣、打包，经监管区海关放行后出区配送的跨境贸易方式。根据货物的流向，可分为保税备货进口和保税备货出口两种形式。

(一) 保税备货进口

1. 保税备货进口的内涵与特点

保税备货进口是指境内跨境电子商务买家根据本公司经营计划，通过对跨境电子商务市场的调研，与境外跨境电子商务卖家进行交易磋商，订立电子进口购货合同，在完成批量采购后进入保税仓备货，境内企业或消费者在跨境电子商务平台对该保税货物进行采购或下单后，再由买家委托保税仓物流公司进行分拣、打包，并将相关信息发送到监管区海关进行申报，缴纳进口关税并获准出区后进行配送的跨境贸易方式。保税备货进口方式的特点是先备货，后接单，缴纳一次进口关税。

2. 保税备货进口的流程

保税备货进口的流程主要有七个环节，具体内容如下：

(1) 保税仓备货

境内跨境电子商务买家按照本公司经营计划，根据对跨境电子商务市场相关商品的调研及预判结果，选择国内或国外具有品牌知名度的第三方跨境电子商务平台，与境外跨境电子商务卖家磋商并订立电子采购合同，批量采购货物后将相关信息发送到监管区海关进行申报，获准后进入保税仓备货。

(2) 保税商品上架

境内跨境电子商务买家通过入驻或注册的第三方跨境电子商务平台，分别将采购的商品在店铺上架，发布商品交易信息。

(3) 电子销售合同的订立

境内买家浏览该平台详情页后，对具有采购意向的保税商品进行在线洽谈，达成一致意见后发送采购订单。境内跨境电子商务卖家依据订单的内容与其订立电子销售合同，经甲乙双方当事人电子签字与认证后生效，作为履行合同的依据。

(4) 在线支付货款

乙方根据电子销售合同规定支付的期限、方式和金额，通过境内支付机构或银行向甲方就货款进行转账。

(5) 进行分拣、打包

甲方委托保税仓物流企业按照电子销售合同成交的商品、规格和数量进行分拣，并根据包装条款的要求进行打包。

(6) 办理保税商品入境通关

甲方委托保税仓物流企业通过“中国国际贸易单一窗口”向监管区海关发送报关信息和电子单证，办理入境报关手续，支付关税与杂费，核查后放行。

(7) 指定商品配送

保税仓物流企业与甲方签订货物运输协议，代办货物运输保险，向乙方指定仓库配送和交付，并向甲方收取代理费以及垫付的全部费用。

(二) 保税备货出口

1. 保税备货出口的内涵与特点

保税备货出口是指境内跨境电商卖家根据本公司的经营计划，通过对跨境电商市场的调研，与境外跨境电商买家进行交易磋商，签订电子销售合同，在完成批量采购后申报并进入保税仓备货，境外企业或消费者在跨境电商平台对该保税货物进行采购或下单后，再由境内跨境电商卖家委托保税仓物流公司进行分拣、打包，并将出仓的商品信息发送到监管区海关进行备案，获准出区后进行配送的跨境贸易方式。保税备货出口方式的特点是交易货物两头在外，不需要缴纳进出境关税。

2. 保税备货出口的流程

保税备货出口交易操作有以下七个主要环节，具体内容如下：

(1) 保税仓备货

境内跨境电子商务卖家按照本公司经营计划，根据对跨境电子商务市场相关商品的调研及预判结果，选择国内或国外具有品牌的第三方跨境电子商务平台与境外跨境电子商务买家在线进行洽谈，订立电子采购合同，并通过“单一窗口”向监管区海关申报批量采购货物的名称、型号、商品编码、数量、价格、产地国等信息，获准后进入保税仓内进行备货。

(2) 保税商品上架

境内跨境电子商务卖家通过入驻或注册的第三方跨境电子商务平台，分别将采购的商品在店铺上架，在线发布销售商品的名称、型号、商品编码、数量、单价、产地国、交货期限、交货方式、支付形式等信息。

(3) 电子销售合同订立

境外跨境电子商务买家浏览该平台详情页后，对具有采购意向的保税商品进行在线洽谈，达成一致意见后发送采购订单。境内跨境电子商务卖家根据订单的内容与其订立电子销售合同，经甲乙双方当事人电子签字与认证后生效，由双方当事人各自保存，作为履行该合同的依据。

(4) 在线货款支付

乙方根据电子销售合同规定支付的期限、方式和金额，通过境外支付机构或银行向甲方进行货款转账或电汇。

(5) 商品分拣、打包

甲方委托保税仓物流企业按照电子销售合同交易标的、规格和数量进行分拣，并根据包装条款的要求进行打包。

(6) 保税商品出区申报

甲方委托保税仓物流企业通过"单一窗口"向监管区海关发送出仓商品相关信息，进行出区申报。

(7) 指定商品配送

甲方在获准监管区海关保税商品出区放行后，与保税仓物流企业签订货物运输协议，代办货物运输保险，并向乙方指定仓库进行配送。物流企业向甲方收取代理费以及垫付的全部费用。

案例分享

黄埔海关推出跨境电子商务保税备货出口新模式

2015 年 5 月，黄埔海关驻沙田办事处推出跨境电子商务保税备货出口模式，首票跨境电子商务保税备货出口模式已经完成申报顺利入仓。推出跨境电子商务保税备货出口新模式的目的在于促进跨境电子商务新业态发展，进一步拓展东莞保税物流中心(B 型)的功能与作用，大力支持企业利用东莞保税物流中心(B 型)作为载体，开展跨境电子商务业务，提高企业的通关效率以及降低企业的运营成本。

二、保税集货交易

跨境贸易电子商务保税集货(B2B2B 或 B2B2C)根据货物的流向分为以下两种形式：

(一) 保税集货进口

1. 保税集货进口的内涵

保税集货进口是指境内跨境电商买家根据一段时间的境内消费者在跨境电商平

台所下的订单,向境外跨境电商卖家进行统一采购,以集货方式将相关信息发送到监管区海关,申报进入保税物流中心,再由该中心的物流企业按照每个订单信息实施商品分拣,粘贴运输面单,汇总后向监管区海关申报货物出区,并在海关放行后配送至指定地点的跨境贸易方式。

2. 保税集货进口的流程

下面以 B2B2C 保税集货进口流程(见图 9-9)为例,介绍其操作环节及其具体内容:

图 9-9　保税集货 B2B2C 进口流程

(1) 入驻保税区

境内跨境电子商务卖家根据相关规定办理入驻保税区手续,在所属海关机构完成备案。

(2) 处理买家订单

境内买家浏览跨境电子商务平台,对具有采购意向的保税商品下单,跨境电子商务卖家汇总订单商品,与境外跨境电商卖家进行在线洽谈,达成一致意见后发送采购订单,订立电子采购合同,进行统一采购,并将批量采购商品信息发送到监管区海关进行申报,获准后进入该区的保税物流中心。

(3) 收取货款与费用

境内跨境电子商务卖家根据境内不同买家的订单,通过境内支付机构或银行向其收取货款和预扣的关税。

(4) 商品分拣、打包

境内跨境电子商务卖家委托该区保税物流中心的国际物流公司,根据境内不同买家订单的要求进行分拣、打包,粘贴运输面单,拼成集装箱整箱,等待出运。

(5) 保税商品出区清关

境内跨境电子商务卖家委托该区保税物流中心的国际物流公司,通过"单一窗口"向监管区海关集中办理入境货物报关手续,代缴进口关税。

(6) 指定商品配送

境内跨境电子商务卖家委托该区保税物流中心的国际物流公司,根据订单信息向境内买家配送指定商品,并交付至收货人。

(二) 保税集货出口

1. 保税集货出口的内涵

保税集货出口是指境内跨境电商卖家根据一段时间的境外买家在跨境电商平台

所下的订单，向境内若干个供应商分批采购商品，分批向监管区海关办理出口报关，进入保税物流中心仓库后办理出口退税，并由该中心的物流企业依据每个订单信息进行分拣、打包和贴唛，再集拼成整柜，经海关查验放行后配送至境外买家的跨境贸易方式。

采用保税集货出口方式不需要进行集中报关，每批货物入区后即可退税，集货完毕后整体出区。对跨境电商企业而言，与分批次出口相比，不仅能降低报关和退税成本，还能减少物流费用。

2. 保税集货出口的流程

下面以 B2B2C 保税集货出口流程（见图 9-10）为例，介绍其操作环节及其具体内容：

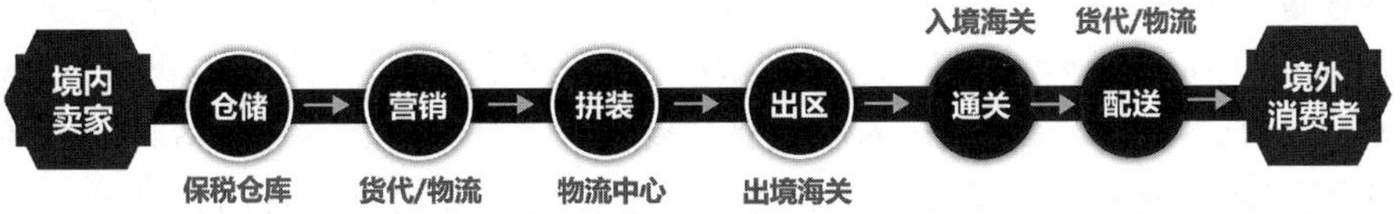

图 9-10　保税集货 B2B2C 出口流程

（1）保税仓集货

境内跨境电子商务卖家根据跨境电子商务目标市场的调研和预判，向境内制造商或供应商分批采购出口商品，办理入区出口货物报关手续，核准并缴纳关税后进入保税物流中心仓库进行仓储，并办理出口货物退税。

（2）在线商品营销

境内跨境电子商务卖家通过入驻或注册的第三方跨境电子商务平台，分别将采购的商品在店铺上架，发布商品交易信息，开展各种促销商品活动，增强营销的力度。

（3）商品分拣、拼箱

境内跨境电子商务卖家在跨境电子商务平台后台收到境外跨境电子商务买家的订单后，委托保税物流中心的国际货运代理公司或国际物流公司进行分拣、打包和贴唛，再拼成集装箱整箱等待出运。

（4）商品出区申报

境内跨境电子商务卖家委托保税物流中心的国际货运代理公司或国际物流公司，通过“单一窗口”向监管区海关发送出区商品相关信息，经海关核准放行后出运。

（5）入境商品通关

货物到达目的地后，境内跨境电子商务卖家通过国际货运代理公司或国际物流公司在当地的代理办理入境货物通关手续。

(6) 指定商品配送

当地国际货运代理公司或国际物流公司在入境货物通关后，根据境外消费者不同订单的信息进行拆箱，并按照不同的配送要求将商品交付指定收货人。

案例分享

派对用品保税集货出口

2019年9月10日，杭州文化用品贸易有限公司与亚马逊平台跨境电商买家订立了面具、娱乐服饰、木制玩具和节日装饰品等派对用品出口协议，约定不迟于12月10日交货。杭州文化用品贸易有限公司于9月18日分别与浙江面具、娱乐服饰、木制玩具和节日装饰品四家供应商签订了购货协议，约定不迟于10月在杭州保税物流中心(B型)交货。杭州文化用品贸易有限公司先后于10月22日、10月24日、10月26日和10月27日向钱江海关办理了出口报关手续，在面具、娱乐服饰、木制玩具、节日装饰品进入杭州保税物流中心(B型)后办理了四批商品的出口退税，并委托该中心的跨境物流企业根据美国亚马逊不同卖家的订单信息进行分拣、计量、组合包装、打膜、贴标等操作，依据货物不同目的地分类拼箱，在钱江海关完成通关手续后驶出杭州保税物流中心(B型)，经上海洋山港装船，运往美国纽瓦克市后，由当地物流企业配送至各买家。

思考与实践

一、思考题

1. 简述外贸企业自营网站的主要作用。
2. 简述外贸企业自营网站的主要功能。
3. 简述中国国际贸易“单一窗口”的服务功能。
4. 简述外贸综合服务平台的含义及其主要作用。
5. 简述跨境贸易出口交易的基本内容。
6. 简述跨境贸易电子商务市场调研的基本内容。
7. 简述选择供应商或加工生产企业应当关注的事项。
8. 简述跨境贸易电子商务在线交易磋商的环节及其内容。
9. 简述保税集货进口与出口跨境贸易方式的基本内容。
10. 简述区块链电子商务合同与书面电子商务合同的法律效力和主要区别。

二、实务题

1. 编制区块链技术电子合同签署平台简报

登录百度搜索网站，查找区块链技术电子合同签署平台，了解该平台的相关信息，并根据简报的要求进行填制，增强对区块链技术电子合同签署的认知。

________区块链技术电子合同签署平台简报	
小组名称：　　　　组员姓名：　　　　完成日期：	
企业基本信息	企业名称、服务范围：
电子签约场景	
电子签约流程	

2. 编制阿里巴巴国际站在线定制服务规则简报

登录阿里巴巴国际站，查阅“在线定制服务规则”，并根据下列简报的要求填入相关内容，增强对阿里巴巴国际站服务的认知。

阿里巴巴国际站在线定制服务规则简报	
小组名称：　　　　组员姓名：　　　　完成日期：	
商家开通在线定制功能的条件	
取消商家在线定制功能的现象	

第十章　跨境零售电子商务交易

学习目标

- 了解第三方跨境电商平台 B2C 交易模式的类型及其内容
- 熟悉垂直型跨境电商平台 B2C 进口交易操作环节及其内容
- 掌握亚马逊中国站 B2C 出口交易操作环节及其内容
- 明确海外代购的主体及其法律关系
- 具备应用跨境零售电子商务交易的知识与能力

第一节　跨境电子商务 B2C 交易

一、B2C 跨境电子商务平台

B2C 是指生产商、供应商、批发商、零售商与终端消费者通过电子商务平台完成商品交易的模式。B2C 跨境电子商务平台主要有自营跨境电子商务平台、直发/直运平台、导购/返利平台三种类型。

(一) B2C 自营跨境电子商务平台

B2C 自营跨境电子商务平台根据运营方式的不同，可分为以下两种类型：

1. 垂直型平台

垂直型平台是指将自营销售商品集中于奢侈品、化妆品、服饰等品类的跨境电子商务网站，如经营奢侈品的寺库网、经营化妆品的莎莎网等。

案例分享

莎　莎　网

莎莎网是莎莎国际控股有限公司下属的电子商贸网站，成立于 2000 年，是中国香港联合交易所上市公司，也是全球著名的在线美容产品专卖店，销售护肤品、化妆品、香水、头发护理品等国际品牌的产品，包括雅诗兰黛、兰蔻、倩碧、迪奥、碧欧泉、香奈儿、资生堂、肌研和兰芝等。莎莎网采购团队采取全球性采购策略，以大量购入方式提高对供货商及生产商的议价能力，并与其形成互惠互利的良好合作关系，为消费者提供价格适宜的优质产品。

2. 综合型平台

综合型平台是指具有完善的跨境供应链管理系统，所销售商品主要分布于3C电子产品、服装服饰、家具园艺、户外用品、健康美容、鞋帽箱包、母婴玩具、家居用品、汽车配件、灯光照明、安全监控等几十种品类的跨境电子商务网站，如亚马逊、1号店的“1号海购”等。

B2C综合型平台比B2C垂直型平台有两个方面的优势：一是具有完善的跨境供应链管理系统，能实现仓储、营销、交易、支付、物流配送等全方位的服务，比B2C垂直型平台的综合服务能力要强；二是前期投入资金没有B2C垂直型平台的多，但需要充裕的后备资金。

(二) B2C直发/直运平台

B2C直发/直运平台是指将接收的境内消费者订单信息发给境外跨境电子商务卖家，由其按照订单信息以零售的形式，向中国消费者配送的跨境电子商务网站，如天猫国际、欧洲海豚村等网站。

直发/直运平台选择境外跨境电子商务卖家时，应当与其签订跨境零售供货协议，明确双方当事人的权利与义务，对商品的价格、品质等内容都有着具体的规定，并在供货商订单批发价格上按照一定比例加价，获取利润。

(三) B2C导购/返利平台

B2C导购/返利平台运营的内容包括三个方面：一是通过导购资讯、商品比价、海购社区论坛、海购博客等方式，并通过返利来吸引境内用户的流量；二是境内消费者通过跨境电子商务平台站内链接，向境外B2C跨境电子商务卖家提交订单，进行跨境购物；三是将导购平台页面与境外B2C返利平台商品销售页面进行链接，产生订单后由返利平台向导购平台进行5%至15%不等的返点，再由导购平台将所获返点中的一部分作为返利来回馈给境内消费者。

二、B2C垂直型跨境电商平台进口交易

B2C垂直型跨境电商平台进口交易以莎莎网为例，具体操作环节及其内容如下：

(一) 会员注册

申请注册的步骤如下：

1. 登录网站

买家登录莎莎网，在注册界面中输入电子邮件地址、密码、姓名、国家或地区和验证码，点击“你已阅读及接受使用条款及隐私注册”的条文前框，再点击“注册”按钮。

2. 注册账户

注册成功后，买家即时在本人邮箱中收到一封邮件，点击邮件内的链接，进入注册界面，输入电子邮件地址、密码，然后点击“登录”按钮，在本人邮箱中收取注册账户。

(二) 选购商品

1. 搜寻商品

搜寻商品的途径主要有四种；一是以商品类别搜寻，点选网站左边的“产品搜寻”

导览工具，可搜寻所需商品；二是以品牌搜寻，点选网站左边的“品牌搜寻”，可浏览全部的品牌商品；三是以商品特质搜寻，点选网站左边的“产品特质搜寻”，可搜寻所需商品、十大畅销排行榜商品、特别推荐商品和新货；四是以商品关键词搜寻，在搜寻工具中输入商品关键词，可搜寻所需产品。

2. 放入购物篮

选购所需商品，只需点击产品的图片或名称，即可链接至产品详情说明页，显示产品的相关信息，选择订购数量，然后点击“加入购物篮”，购物数量及其金额将显示于网页的右边。

(三) 支付费用

1. 支付方式

支付方式主要有两种：一是信用卡，包括银联卡、VISA 卡、万事达卡和美国运通卡；二是第三方支付机构，包括 PayPal、支付宝和财付通。

2. 支付款项

莎莎网站的支付款项包括货款、运费和各种税费等。

(四) 确认订单

买家完成最后的付款程序后，屏幕将显示订单编号，在本人邮箱中会收到一封“订单确认”邮件，详列订购产品的信息。

(五) 配送商品

选择莎莎网站提供的物流方式进行配送，在本人邮箱中会收到一封“订单付运通知”邮件，详细列明有关送货内容、订单追踪号码及物流公司、快递公司、邮政企业的网页链接，可以在线查询服务。

三、B2C 综合型跨境电商平台出口交易

B2C 综合型跨境电商平台出口交易以亚马逊中国站为例，具体操作环节及其内容如下：

(一) 网店注册

亚马逊中国站开通北美、欧洲、澳大利亚、中东、日本、新加坡、印度等站点直邮中国的服务。中国申请注册卖家如果在北美站点注册，该账号也可用于美国站点、加拿大站点和墨西哥站点。如果注册欧洲站点，该账号可用于英国站点、德国站点、法国站点、意大利站点和西班牙站点。日本、新加坡等其他站点需要单独注册。

1. 注册条件

中国申请注册卖家要在亚马逊开店，应当具备三个条件：一是持有“多证合一”营业执照和销售资质证书，即销售自有品牌商品，需提供商标注册证，作为品牌代理商或经销商，需要提供授权书等；二是具有开具普通销售发票的权力，如果消费者需要发票，则必须及时开具；三是具有全国范围配送商品的能力，申请注册卖家选择自主配送模式的，必须能在全国完成商品的配送。

2. 熟悉卖家禁止的行为

中国申请注册卖家在注册前，应当仔细阅读亚马逊“卖家禁止的行为”。具体内容如下：

卖家禁止的行为

1. 使用多个卖家账户

禁止操作和持有多个卖家平台账户。如果您有合法的业务需要申请第二个账户，必须提出特殊申请，说明需要第二个账户的业务需求，并必须拥有独立的银行账户。每个账户必须使用独立的电子邮件地址，每个账户中销售的商品和服务必须不同。

2. 滥用评分和反馈

不得对自己的账户发布评分或反馈，不得要求买家修改或删除评论，不得对竞争对手销售的商品或服务进行评论。

3. 滥用销售排名

禁止任何试图操纵销售排名的行为，不得征求或故意接受虚假或欺诈性订单，不得向买家提供补偿以使其购买卖家的商品或为了提升销售排名向买家提供优惠码，不得在商品详情页面信息，包括商品名称和描述中宣传关于该商品的畅销排名信息。

4. 滥用搜索和浏览

与商品相关的所有信息，包括关键字和搜索词，必须符合优化商品信息以便搜索和浏览中提供的指南。

5. 试图诱导买家离开

禁止通过电子邮件或商品信息的超链接或网址使用任何广告引导、提示亚马逊用户离开亚马逊网站，禁止通过特价优惠或“购买号召”诱导亚马逊用户离开亚马逊网站。

6. 进行不当的电子邮件通信

禁止主动向亚马逊买家发送订单配送及相关客户服务的电子邮件，禁止与营销相关的电子邮件。

7. 超越使用买家电话号码的规定

自行配送其订单商品的专业卖家收到亚马逊提供的买家电话号码，必须遵守亚马逊规定使用的权限，不得联系买家，不可向他人传播。

8. 具有侵权或不当的企业名称

企业名称不得包含他人的商标，不得侵犯他人的任何商标或其他知识产权，不得使用.com、.net、.biz 等电子邮件后缀的企业名称。

9. 滥用亚马逊销售服务

不得反复上传大量数据，不得以其他方式过度或不合理地使用该服务的功能。

10. 滥用亚马逊商城交易保障

禁止任何滥用亚马逊商城交易保障索赔流程的行为，否则亚马逊有权向卖家寻求补偿。

11. 媒介类商品限时配送

通过亚马逊提供的图书、音乐、影视等媒介类商品配送，不得超过订单确认后的2个工作日。

12. 篡改交易后价格或设置过高的运费

禁止任何试图在交易完成后提高商品销售价格的行为，也不得设置过高的订单配送费用。

13. 不当使用商品详情页面

商品详情页面不得将其商品匹配到具有不同ISBN、UPC、EAN或其他外部编码的详情页面(特殊规定除外)，不得重复创建商品详情页面，不得为完全相同的同一商品创建另一条商品信息。

14. 与预售媒介类商品的竞争

不得发布亚马逊指定为可预订的图书、音乐、影视等媒介类商品或与该类商品展开竞争。

备注：根据亚马逊"卖家禁止的行为"整理。

3. 熟悉亚马逊商品质量计划

中国申请注册卖家在注册前，应当仔细阅读"亚马逊商品质量计划"。具体内容如下：

亚马逊商品质量计划

1. 确保商品的质量

买家相信他们始终可以放心地在亚马逊上购物。作为卖家，请务必了解亚马逊在商品质量和商品真伪方面的指南。这样做不仅有助于增加卖家在亚马逊上成功开展业务的概率，还有助于卖家避免出现可能导致商品被屏蔽，甚至无法在亚马逊上销售商品的行为。

2. 违规行为的类型

影响商品质量的违规行为有以下两种：

(1) 严重不符的商品违规行为

卖家发布和配送的商品必须与相应商品详情页面上的描述和图片完全一致，否则就违反了亚马逊的相关规则，构成严重不符的商品违规行为，其包括配送已残损、存在缺陷、分类错误、描述错误或缺失详情页面上商品图片中显示的零件的商品等现象。如果卖家在详情页面上发布商品，而实际交付的商品却与该页面上的描述不完全一致的，亚马逊将确定商品属于严重不符，卖家应当为买家退款或换货。如果卖家拒不退款或换货，则买家能通过亚马逊商城交易保障索赔获得退款。

(2) 侵犯知识产权的商品违规行为

卖家销售或转售的商品必须获得授权，并且不得侵犯他人的版权、专利权和商标权。

3. 商品质量违规的后果

亚马逊会对发布严重不符商品、侵犯知识产权的卖家，根据违规行为的不同程度采取措施，包括取消商品、设置发布权限、暂停发布权限、取消或冻结发布权限。

备注：根据“亚马逊商品质量计划”整理。

4. 同意服务商业解决方案协议

“服务商业解决方案协议”简称“协议”，是亚马逊与卖家关于网站访问、商品销售、商品交易和物流服务的电子格式合同。现行版协议是于2019年8月16日更新的，卖家入驻亚马逊站点前，应当先了解协议的条款和规则，同意后进入注册程序，即构成与亚马逊之间的契约法律关系，表明同意接受协议条款的约束。协议内容包括通用条款、我要开店服务条款、亚马逊物流服务条款、亚马逊商品推广服务条款和销售合作伙伴API条款五个部分。其主要内容如下：

服务商业解决方案协议条款

1. 通用条款

(1) 入驻

卖家入驻亚马逊商城之前必须进行注册，提供法定名称、住址、电话号码和电子邮件地址等相关信息，并对其真实性、合法性负责。亚马逊对卖家提供的信息进行技术处理，保护其隐私权。

(2) 支付服务费，收取销售收入

卖家应当向亚马逊提供有效的银行账户信息，并自行承担与协议有关的规定，支付服务费，收取销售收入。除非另有约定，协议项下的所有金额均以本币计价、本币支付。

(3) 期限与终止

协议从卖家注册网站之日起生效，至卖家提出终止时失效。卖家可以在任何时候通过卖家后台、电子邮件等形式向亚马逊发出终止服务的通知，亚马逊收到通知后将予以终止，存在违反亚马逊规定的终止及暂停的情形除外。

(4) 许可

卖家授予亚马逊一项免费的、非独占的、世界范围内的使用产品相关资料的权利，但是亚马逊不能更改商标的形式，违反卖家资料适用的规定。

(5) 声明

协议当事人声明内容有三个方面：一是明确表示公司按照注册地所在国家法律依法设立，并处于良好的运营中；二是明确表示对销售商品拥有所有权或授权，签订了代理授权协议，并履行其义务；三是明确表示提供的所有信息是准确与完整的，遵守贸易国法律法规的相关规定，也未在联合国安理会、美国、欧盟或其成员国受到制裁或者被禁止或被限制的名单上。

(6) 赔偿

由于未遵守相关法律法规规定的行为，或违反产品销售承诺造成他人的人身伤害或财产损失，或涉嫌侵犯知识产权的行为，或未能履行税务注册义务或责任的行为，给当事人造成的损失，由卖家承担赔偿责任。由于未遵守相关法律法规规定的行为，或不当使用第三方知识产权权利遭受的指控，给当事人造成的损失，由亚马逊承担赔偿责任。

(7) 免责声明与一般豁免

亚马逊免责的范围有三个方面：一是网站提供的所有与服务有关的内容、软件、功能、材料和信息均属于“按原样”，使用者自行承担风险；二是鉴于亚马逊并未参与实际交易，各参与方都不应向亚马逊及其代理人提出与此争议相关的任何形式和性质的索赔、权利主张和损害赔偿，包括实际损害和间接损害；三是对于因发生不可抗力事件导致的任何迟延或未能履行协议下的任何义务不承担责任。

(8) 责任限制

卖家应当向有关税务机关申报和缴纳税费，包括消费税、关税、特种消费行为税及其他税项。如果亚马逊根据法律法规或其管理的规定，被要求向卖家征收消费税、营业税、使用税、增值税或类似的税项，卖家应当向其缴纳税额。如果卖家在交易过程中经由亚马逊或亚马逊的关联机构向消费者退款，亚马逊将退还与消费者退款金额相应的佣金，包含税金和关税。

(9) 双方关系

卖家与亚马逊是协议的独立缔约方，卖家无权代表亚马逊发出或接受任何要约或承诺。协议及其项下所有陈述、保证、约定、条件和条款是为亚马逊、卖家以及客户利益而制定的，卖家不能做出与本条规定相冲突的声明。

(10) 密码安全

卖家密码在协议有效期内用于访问卖家平台，用于服务、交易以及浏览完成的交易信息，不能向任何第三方披露密码，且对任何使用密码行为负责。如果密码有危险，应当及时予以更改。

2. 我要开店服务条款

(1) 产品陈列和订单

该条涉及五个方面的约定：一是卖家提供准确、完整和必备的产品信息，保证产品销售符合所有适用的法律，不包含任何色情、诽谤或淫秽材料；二是亚马逊为卖家提供通过网站所下订单信息，代表卖家收取每项交易的全部销售收入，并根据本条款的规定将该等销售收入汇给卖家；三是除使用亚马逊物流服务进行配送的产品外，针对买家订单决定运输及处理费用；四是亚马逊对卖家在网站上陈列、推广或促销的产品，采用特定机制进行评价或允许买家进行评价，可以公开评价或反馈信息；五是亚马逊承担与交易有关的信用卡欺诈、与开账单方式订购相关的支付过期或拖欠的风险，卖家将承担其他欺诈或损失风险。

(2) 销售与配送，退款与退货

该条主要涉及七个方面的约定：一是除非《亚马逊物流服务条款》另有约定，卖家遵守协议、订单对销售与配送的相关约定，并承担其所产生的风险；二是卖家应当按照相关标准或商业惯例对产品进行包装，并在预定期限内送达买家；三是卖家每日至少检索一次订单信息；四是卖家向亚马逊提供有关配送和订单状态以及追踪的信息；五是卖家在配送商品中放入相应的装箱单和发票；六是卖家负责对顾客符合退换条件的商品办理退货或换货事宜；七是卖家应当遵守网站退款政策，处理退款事宜。

(3) 卖家产品的问题

该条的约定有三个方面：一是卖家承担与产品配送有关的违约责任，如未配送、未送达、错误送达、遭到盗窃等情形；二是卖家应当对不符合要求或存在缺陷的商品承担召回或安全警示的责任，并立即通知亚马逊；三是卖家基于网站"商城保障"向亚马逊提出诉求，如果发现诉求、拒付或纠纷的责任是卖方的，将不会向客户进行追索。

(4) 报酬

卖家应当向亚马逊支付的报酬包括四个部分：相关佣金，任何适用的可变结算费，每月预先支付的不可退款的服务注册费，协议中载明的任何其他相关费用。

(5) 销售收入与退款的汇付

亚马逊将每 14 日一次向卖家汇付相应款项。

(6) 网站其他服务

亚马逊有权决定网站的选品、店铺商品或详情页要求、开店服务和使用要求，也有权转让这些权利。

3. 亚马逊物流服务条款

(1) 产品

卖家一旦被接受加入亚马逊物流，必须申请注册希望加入亚马逊物流计划的产品。

(2) 产品信息和配送

卖家提供注册产品的准确完整的信息，并提供详细的配送信息。

(3) 送货

亚马逊物流适用于注册站点所在国境内配送中心收取和配送符合包装要求的商品,卖家按要求送货到亚马逊物流配送中心,承担其运费和运输保险费。

(4) 储存

亚马逊物流提供仓储服务,制作电子记录,并通过识别储存在不同配送中心货物的号码追踪货物的库存情况。

(5) 配送

亚马逊物流根据卖家配送请求从仓库中提取卖家商品,并进行配送。

(6) 退货

卖家负责接受和处理配送货物的退货、退款和换货事宜,并承担相关费用。

(7) 退货与处置

卖家可在任何时间要求亚马逊物流处理退还的货物。

(8) 客户服务

亚马逊物流负责与配送货物的包装、处理、运输、顾客退货、退款和换货有关的所有客户服务事宜。

4. 亚马逊商品推广服务条款

亚马逊商品推广服务允许对卖家商品进行广告宣传。使用商品推广服务时将受制于亚马逊商品推广协议。如果针对商品推广服务事宜,通用条款或计划和政策与亚马逊商品推广协议之间有任何冲突,以亚马逊商品推广协议为准。如果亚马逊商品推广协议被视为是非法的、无效的,或者由于任何原因是不可强制执行的,则采用通用条款。

5. 销售合作伙伴 API 条款

销售合作伙伴 API 可以使得卖家系统与亚马逊提供的特性或功能通过接口进行对接。

(1) 使用许可及相关条件

在协议有效期内,亚马逊向卖家授予一项有条件的许可。卖家只能授权开发方通过亚马逊以文件形式记录的,经由销售合作伙伴 API 和 API 资料访问卖家的资料。对于授权其他人代表卖家访问销售合作伙伴 API 的,由卖家自行负责。

(2) 终止

亚马逊终止访问销售合作伙伴 API 和 API 资料时,会根据不同情形向卖家发出终止的通知。

说明:根据亚马逊服务商业解决方案协议的内容进行了整理。

5. 注册流程

亚马逊站点注册流程有以下四个环节:

(1) 输入或选择国别与买家类型

申请注册卖家登录亚马逊网站进行注册，点击“创建您的账户”，在界面中输入法定代表人姓名的拼音、邮箱地址与密码，在注册邮箱中收到来自亚马逊的邮件后，按照提供的验证码进行输入，点击“创建您的亚马逊账户”按钮。在界面“公司地址”下拉列表中选择“中国”，再选择公司的业务类型，并输入公司全称的拼音和中文名称，然后点击“同意并继续”按钮。

(2) 输入或选择法定代表人与公司信息

输入或选择法定代表人的出生地、出生日期、身份证号与有效期、身份证签发国、姓名和手机号码，再输入公司名称、公司地址、电话号码、联系人姓名和统一社会信用代码，并上传公司资质材料和法人代表身份证影印件，点击“提交”按钮。

(3) 输入或选择站点与信用卡信息

在希望开通的站点名称前打“√”，输入付款信用卡信息，然后点击“提交”按钮。

(4) 审核注册信息

亚马逊后台系统自动审核申请注册卖家的信息，核准后，申请注册卖家可获得账户。

6. 卖家平台的设置

卖家平台是卖家在亚马逊上进行销售的所有事项的入口。账户注册完成后，卖家登录其后台，确认信用卡信息录入是否正确，确保实时处于可缴费状态，合理设置用户权限，设置发货国家、能发到的区域以及运费。卖家可按照商品件数或重量计算运费，并可以按照订单的价格区间设置不一样的运费。

(二) 网店装修

网店装修主要有两个方面：一是选择亚马逊平台提供的模板进行网店设计；二是编辑详情页面，首先要确认所销售的商品是否属于受限商品，是否属于需要审核的商品，如果需要审核，应当进行销售申请，然后点击“添加新商品”按钮，上传编辑好的详情页面。

(三) 网店营销

网店营销主要有两个途径：一是根据营销目标选择亚马逊营销推广工具，进行商品推广；二是根据营销目标选择关键词推广、链接推广和视频推广等手段，提升客户转化率。

(四) 订单处理

卖家在收到首个订单后，应及时与买家沟通，并通过亚马逊物流完成商品的配送。

第二节 跨境电子商务 C2C 交易

一、海外代购模式

海外代购(C2C)是指入驻第三方跨境电子商务平台的个体商家，根据境内消费者的订单集中采购境外商品，再通过转运或直邮的方式将商品发送给消费者的交易模式。

海外代购模式包括名义购买人(代购个体商家)、实际购买人(终端消费者)、商品销售者(境外卖家)三方当事人。其中，名义购买人与实际购买人之间是委托合同关系，名义购买人与商品销售者之间是买卖合同关系，分别形成了两种法律关系。

二、C2C直邮进口模式

(一) C2C直邮进口的含义

C2C直邮进口是指中国境内终端消费者通过C2C跨境电子商务平台选购所需商品，下单后支付货款与行邮税金，通过国际快递或邮政收取货物的交易方式。

(二) C2C直邮进口的流程

C2C直邮进口环节及其内容如下：

1. 网店注册

中国境内个体商家根据自己经营的目标和商品品类选择境内外C2C第三方跨境电子商务平台，按照该平台的要求进行注册，获取账户后装修店铺，销售商品。

2. 选购商品

中国境内终端消费者登录C2C境内外跨境电商平台，根据其提供的导览工具搜寻所需产品，选择需购商品图片或名称，查看商品的品质与价格信息。选定需购商品后输入订购数量，将其加入购物车。

3. 支付费用

中国境内终端消费者选择跨境电商平台规定的信用卡等支付方式，通过银行或第三方支付机构完成本笔货款与行邮税金的支付，并会收到其电子付款信息。2018年9月发布的《国务院关税税则委员会关于调整进境物品进口税有关问题的通知》规定，税率分为三档：第一档为15%，适用于食品、饮料、玩具、游戏品、家具、书报、刊物、教育用影视资料、计算机、视频摄录一体机、数字照相机、药品等；第二档为25%，适用于运动用品、钓鱼用品、纺织品及其制成品、电视摄像机及其他电器用具、自行车等；第三档为50%，适用于高档化妆品、贵重首饰及珠宝玉石、高档手表、高尔夫球及球具、烟、酒等。除了上述三档税率以外，对国家规定减按3%征收进口环节增值税的抗癌药品按3%计征，应征税额在人民币50元以下(含50元)的，予以免征。

4. 配送商品

中国境内个体商家根据中国境内终端消费者订单向境外跨境电商卖家进行采购，并将品名、数量、价格、币种、收寄件人名称、收件人身份信息、进出口国别或地区等订单信息发送给国际快递公司或邮政企业。国际快递公司或邮政企业集中包裹后，批量运输到中国境内指定口岸，将相关信息发送到海关系统进行报关，清关后分别由境内的国际快递公司或代理、邮政企业将包裹送达收件人。

(三) C2C直邮进口的监管

C2C直邮进口模式监管主要有五个方面内容：一是购买商品以合理自用为原则，

不允许二次售卖；二是分拣、打包必须在境外完成；三是入境包裹通过 X 光机查验，严禁夹带违禁物品；四是对来自疫区的快递包裹，必须由专门的渠道进行揽收、检疫和投递；五是对来自有风险预警地区的快递包裹，应当提供原产地证书。

第三节　跨境零售电子商务运营监管

海关总署颁布的《关于跨境电子商务零售进出口商品有关监管事宜的公告》规定，跨境电子商务企业、境内消费者通过跨境电子商务交易平台实现零售进出口商品交易，应接受海关的监管，境内消费者对于已购买的跨境电子商务零售进口商品不得再次销售。

一、跨境电子商务零售进出口商品通关

(一) 跨境电子商务零售进出口商品的通关

1. 零售进口商品的报关

跨境电子商务平台企业、跨境电子商务企业境内代理人或其代理报关企业应当通过“中国国际贸易单一窗口”或跨境电子商务通关服务平台向海关传输进口商品的报关信息，包括商品的名称、数量、包装方式、价格、币种和收寄件人与收件人的名称、地址以及物流方式等内容，并提交跨境电子商务零售进出口商品申报清单，采取“清单核放”方式办理进口报关手续。跨境电子商务零售进出口商品申报清单与进出口货物报关单具有相同的法律效力。

跨境电子商务企业境内代理人是指经营跨境电子商务零售进口业务的境外企业所委托的中国境内代理企业。代理报关企业包括国际物流公司、国际货运代理公司、专业报关公司、国际快递公司等。

2. 零售出口商品的报关

跨境电子商务企业或其代理报关企业应当通过“中国国际贸易单一窗口”或跨境电子商务通关服务平台输入商品名称、数量、包装方式、价格、物流方式、收寄件人与收件人的名称、地址等信息，并提交跨境电子商务零售进出口商品申报清单，采取“清单核放、汇总申报”方式办理出口报关手续。跨境电子商务零售商品出口后，跨境电子商务企业或其代理报关企业应当于每月 15 日前将上月结关的跨境电子商务零售出口商品申报清单中相同的收发货人、运输方式、生产销售单位、运抵国、出境关别、最终目的国、10 位海关商品编码、币制进行归并，汇总于“出口货物报关单”，并向海关申报。

对于跨境电子商务综合试验区内符合条件的跨境电子商务零售商品出口，采取“清单核放、汇总统计”方式办理报关手续，不再汇总于“出口货物报关单”。

(二) 跨境电子商务零售进口商品的税收

1. 税种

海关按照国家跨境电子商务零售进口税收政策征收关税和进口环节增值税、消费

税，完税价格为实际交易价格，包括商品零售价格、运费和保险费。跨境电商零售进口商品申报的币制为人民币。

2. 纳税义务人

境内消费者为纳税义务人。

3. 代收代缴义务人

跨境电子商务平台企业、代理报关企业是税款的代收代缴义务人，代为履行纳税义务，并承担相应的补税义务及相关法律责任。代收代缴义务人应如实、准确地向海关申报跨境电商零售进口商品的商品名称、规格型号、税则号列、实际交易价格及相关费用等。海关对符合监管规定的跨境电商零售进口商品按时段汇总并计征税款，代收代缴义务人应当依法向海关提交足额有效的税款担保。

二、跨境电子商务零售进出口商品退货

（一）跨境电子商务零售进口商品退货

1. 退货的范围

跨境电子商务零售进口商品退货情形有四种：一是超过保质期或有效期的商品；二是商品或包装损毁的情形；三是不符合我国监管政策等不适合境内销售的商品；四是海关责令退运的商品。

2. 退货的要求

跨境电子商务企业境内代理人或其委托的报关企业申请退回的商品应符合二次销售的要求，在海关放行之日起30日内以原状的方式将进口商品运抵原监管作业场所，相应税款不予征收，并调整个人年度的交易累计金额。

（二）跨境电商零售出口商品退货

在跨境电子商务零售出口模式下，对退回的商品应当按照海关相关规定办理商品退货手续。

三、跨境电子商务零售进出口业务管理

（一）企业责任

从事跨境电子商务零售进出口业务的企业应当根据海关相关规定开展经营业务：一是向海关实时传输真实的业务电子数据和电子信息，开放物流实时跟踪等信息共享接口，配合海关进行有效管理；二是加强对商品质量安全以及虚假交易、二次销售等非正常交易行为的监控，采取相应处置措施；三是建立、健全商品溯源机制，承担质量安全主体责任；四是发现涉嫌违规或走私行为的，应当及时主动告知海关。

（二）海关监管

在海关注册登记的跨境电子商务企业及其境内代理人、跨境电子商务平台企业、支付企业、物流企业等应当接受海关稽查。海关对跨境电子商务零售进口商品实施质量安全风险监测，在商品销售前按照相关法律法规实施必要的检疫，如发现质量安全

高风险的商品，应发布风险警示。

（三）法律责任

从事跨境电子商务零售进出口业务的企业如果出现违法行为，应当承担相应的法律责任，构成犯罪的，依法追究刑事责任。具体包括四种情形：一是不得涉及危害口岸公共卫生安全、生物安全、进出口食品安全、侵犯知识产权的商品以及其他禁限商品；二是不得参与制造或传输虚假的交易、支付、物流“三单”信息，为二次销售提供便利；三是未尽责审核境内消费者身份信息的真实性等，导致出现个人身份信息或年度购买额度被盗用；四是利用其他公民身份信息非法从事跨境电子商务零售进口业务。

阅读思考

培育贸易新业态新模式，推进贸易强国建设

习近平总书记在党的十九大报告中提出“拓展对外贸易，培育贸易新业态新模式，推进贸易强国建设”。按照党中央、国务院决策部署，我国从 2019 年 1 月 1 日起调整跨境电商零售进口税收政策，将年度交易限值由每人每年 20 000 元提高至 26 000 元，明确已经购买的跨境电商零售进口商品不得进入国内市场再次销售。

请结合本章跨境零售电子商务交易相关内容的学习，分析上述政策的实施对培育贸易新业态新模式、推进贸易强国建设的主要作用。

思考与实践

一、思考题

1. 简述 B2C 直发/直运平台运营的主要内容。
2. 简述 B2C 导购/返利平台运营的主要内容。
3. 简述跨境电子商务平台莎莎网进口交易运营流程及其内容。
4. 简述跨境电子商务平台亚马逊出口交易运营流程及其内容。
5. 简述跨境电子商务零售进口商品退货的范围与要求。
6. 简述从事跨境电子商务零售进出口业务企业的责任。
7. 简述从事跨境电子商务零售进出口业务企业的法律责任。
8. 简述 B2C 综合型平台相较于 B2C 垂直型平台的优势。

二、实务题

1. 编制 B2C 直发/直运平台企业简报

登录百度搜索网站，选择 B2C 直发/直运平台企业，根据简报要求查找相关信息，并分别进行填写，增强对 B2C 直发/直运平台企业的认识。

________企业简报		
小组名称：	组员姓名：	完成日期：
公司创立信息		
公司发展历程		
公司经营主业		
公司获得荣誉		

2. 登录百度搜索网站，选择B2C导购/返利平台企业，根据简报要求查找相关信息，并分别进行填写，增强对B2C导购/返利平台企业的认识。

________企业简报		
小组名称：	组员姓名：	完成日期：
公司创立信息		
公司发展历程		
公司经营主业		
公司获得荣誉		

第十一章　跨境电子商务市场管理

学习目标

- 了解市场主体诚信体系建设中的法律法规与国家标准的相关内容与作用
- 熟悉跨境电子商务市场主体协同监管机制的环节及其内容
- 掌握跨境电子商务市场主体法律义务与责任的主要内容
- 明确跨境电子商务商事仲裁与诉讼的形式、流程和基本内容
- 具备应用跨境电子商务市场监管的知识与能力

第一节　跨境电子商务市场管理机制

跨境电子商务市场管理机制主要包括三个层面：一是由国际公约、协定、条约和中国法律法规所形成的监督机制；二是由电子商务行业标准、自律公约所形成的管理机制；三是市场事前、事中、事后的监管机制。

一、监督机制

(一) 产品责任方面

产品责任是指因产品有缺陷而导致消费者或其他人伤亡或财产损失，产品的制造者与销售者应承担相应的责任。

1. 国际公约、指令

为了保护国际产品经营者与消费者的利益，追究侵权责任，国际私法协会、欧洲共同体先后通过了《关于产品责任的法律适用公约》(1973 年)和《关于造成人身伤害与死亡的产品责任的欧洲公约》(1977 年)以及《关于对有缺陷的产品责任的指令》(1985 年)等主要公约、指令。

2. 中国法律

我国为了加强对产品质量的监督与管理，明确产品质量责任，保护消费者的合法权益，先后修订或通过了《中华人民共和国产品质量法》(2018 年修订)和《民法典》。

(二) 知识产权方面

知识产权是指公民或法人对其在科学、技术、文化、艺术等领域的商标、专利、作品依法享有的专有权。知识产权有两部分：一是工业产权，包括商标权和专利权；二是著作权，包括作者权和传播权。

1. 国际公约、议定书、协定

为了保护知识产权，建立知识产品的保护体系，明确侵权法律责任，联合国世界知识产权组织先后通过了《保护工业产权巴黎公约》和《商标国际注册马德里协定有关议定书》。为了进一步实现工业产权的国际保护，促进商标注册国际合作，阿尔巴尼亚、阿尔及利亚、亚美尼亚等53个国家于1891年签订了《商标国际注册马德里协定》。为了建立国际专利申请的体系，美国、法国、西德、日本、苏联、英国于1970年通过了《专利合作条约》。为了有效地保护作者对其文学艺术作品所享有的权利，伯尔尼联盟成员国于1886年通过了《保护文学和艺术作品伯尔尼公约》。为了有效地保护文学和艺术作品的版权，伯尔尼联盟、国际劳工组织和联合国教科文组织于1961年通过了《保护表演者、唱片制作者和广播组织的国际公约》。为了有效地保护录音制品制作者的权利，世界知识产权组织于1971年通过了《保护录音制品制作者防止未经许可复制其录音制品公约》。为了有效地保护，世界知识产权、联合国教科文组织先后于1952年通过了《世界版权公约》，于1994年通过了《与贸易有关的知识产权协定》。

2. 中国法律

为了保护商标专用权人、专利权人、著作权人的合法权益，全国人民代表大会常务委员会先后通过或修订了《中华人民共和国商标法》(2019年修订)、《中华人民共和国专利法》(2008年修订)和《中华人民共和国著作权法》(2020年修订)。

1985年至1995年期间，我国也先后加入《保护工业产权巴黎公约》《保护表演者、唱片制作者和广播组织的国际公约》《商标国际注册马德里协定》《保护文学和艺术作品伯尔尼公约》《保护录音制品制作者防止未经许可复制其录音制品公约》《世界版权公约》《专利合作条约》和《商标国际注册马德里协定有关议定书》。我国参加的国际公约、协定、议定书与我国相关法律有不同规定的，适用国际条约的规定。

(三) 竞争与垄断方面

竞争是指在市场经济条件下，经营者在从事生产或服务时从各自的利益出发，为取得更多的市场资源而进行的优胜劣汰过程。不正当竞争行为是指在市场经济条件下，经营者在市场竞争中采取非法的或者有悖于公认的商业道德手段和方式，如以假冒、虚假广告、窃取商业秘密等与其他经营者展开竞争的行为，攫取他人的竞争优势。

垄断是指在市场结构模式中，一个或者少数几个人或者公司支配着某项产品或者服务的市场。反垄断是指有关世界组织或国家政府采取法律、行政等手段进行干预，禁止市场垄断和贸易限制等相关行为。

1. 多边协议、示范条款、规则

为了保护国际市场公平竞争，联合国贸易与发展委员会于1980年通过了《控制限制性商业行为的公平原则和规则的多边协议》。为了保护国际市场公平竞争，明确侵权的法律责任，联合国世界知识产权组织于1996年通过了《反不正当竞争示范条款》。为了保护国际市场公平竞争，1980年发展中国家在第三十五届联合国大会上通过了《多边协议的管制限制性商业惯例的公平原则和规则》。

2. 中国法律

为了保护市场公平竞争，提高经济运行效率，全国人民代表大会常务委员会先后通过或修订了《中华人民共和国反垄断法》(2022年修订)、《中华人民共和国反不正当竞争法》(2019年修订)和《中华人民共和国电子商务法》(2019年实施)。

二、管理机制

(一) 行业评价标准

1. 电子商务第三方平台企业信用评价规范

《电子商务第三方平台企业信用评价规范》自2018年10月1日起实施。该标准为我国第三方平台企业信用评价提供了统一标准，有利于提高评价结果的准确性，也有助于平台企业改进自身信用状况。

2. 电子商务企业诚信档案评价规范

《电子商务企业诚信档案评价规范》自2018年10月1日起实施。该标准规定了电子商务企业建立信用档案的客观性、有效性和可操作性三项原则，以及基础信息、经营管理信息、交易信息和社会信用信息四项内容，是企业建立信用档案的基本依据。

(二) 企业自律公约

1. 电子商务诚信公约

2018年10月10日，由中央网信办指导，中国网络社会组织联合会、中国互联网发展基金会主办的2018年网络诚信主题活动"中国电子商务诚信签名活动启动仪式"在北京举行，阿里、国美零售、京东、聚美优品、美团、蘑菇街、苏宁易购、网易、唯品会、携程网10家企业在京签署了《电子商务诚信公约》。公约的主要内容有七个方面：一是货真价实，严把进场商品质量，坚决抵制假冒伪劣；二是童叟无欺，实事求是地推广与宣传，坚决抵制虚假广告；三是客观公正，完善客观评价体系，坚决抵制恶意评价；四是保护数据，保证顾客信息安全，坚决抵制数据倒卖；五是奖惩有效，加大信用奖惩力度，坚决抵制刷单炒信；六是开放共享，共享平台治理数据，共建协调联动机制；七是守信履约，坚持言必信、行必果，自觉践行契约精神。人无信不立，商无信不昌。各电子商务平台将坚持首善标准，知行合一，积极、主动、认真地履行公约，为经济社会健康发展争先助力。

2. 电子商务诚信经营承诺书

从2018年10月10日起，由我国各地市场监管局牵头组织，商务主管部门、电子商务协会等组织电子商务企业签署"电子商务诚信经营承诺书"，要求其自觉遵守相关法律法规，在平台管理、公平竞争、广告合规、消费者权益保护等方面切实履行主体责任，依法依规开展网络交易活动。承诺不做"五类事"：一是制假售假、偷税漏税等违法的事；二是虚假宣传、虚假报价等误导消费者选择的事；三是偷工减料、缺斤少两等侵害消费者权益的事；四是诱导、欺骗或威胁消费者删改售后评价的事；五是泄露消费者隐私、非法使用消费者个人信息的事。倡议广大商家牢记规则意识，落实国家法律法规对电子商务活动的各项规定，维护消费者权益，努力营造诚实守信、和谐有序的网络信用环境。

三、监管机制

跨境电子商务市场监管是以相关法律法规和行业规章为依据，围绕事前、事中、事后对市场主体进行全方位的监管，褒扬诚信，惩戒失信，树立诚实守信的社会价值观。具体内容如下：

（一）事前环节的监管

1. 市场主体资质

跨境电子商务市场主体依据不同的经营手段分为外贸企业和电子商务经营者，其各自又包括不同的企业类型。对不同市场主体资质的要求如下：

（1）外贸企业相关资质

外贸企业主要包括外贸生产企业、国际贸易公司和国际服务贸易公司三种类型，依法规定的经营资质分别是：外贸生产企业必须获得工商营业执照，方可从事原材料、半成品和成品的制造，经过商务主管机构与海关备案注册登记并获取出口经营权与报检报关资质后，才可将其产品出口境外；国际贸易公司必须获得工商营业执照，方可经营，经过商务主管机构与海关备案注册登记并拥有外贸经营权与报检报关资质后，才可从事进出口贸易；国际服务贸易公司必须获得工商营业执照，方可经营，经过相关主管机构与海关备案注册登记并拥有相关资质后才可从事国际运输、货运保险、国际金融、商业批发零售服务。

（2）电子商务经营者相关资质

跨境电子商务经营者包括跨境电子商务平台经营者和跨境电子商务平台内经营者，根据我国《电子商务法》的规定，其应当依法办理市场主体登记。跨境电子商务平台经营者必须获得工商营业执照、EDI许可证、CIP许可证、在线数据处理与交易处理业务牌照，线上销售商品在海关备案后方可经营，并在其首页显著位置公示营业执照以及与经营业务有关的行政许可信息；跨境电子商务平台内经营者包括外贸生产企业、国际贸易公司和批发商等，必须获取工商营业执照，并拥有外贸经营权与报检报关资质后，方可从事在线跨境销售。

2. 事先信用承诺制度

事先信用承诺制度是指外贸企业、电子商务经营者、跨境物流公司和支付机构等跨境电子商务企业，就其遵纪守法、信息真实性、产品质量、服务保证、承担的责任与义务等情况事先主动向社会做出信用承诺。事先信用承诺纳入市场主体的信用档案，并接受社会的监督，作为事中、事后监管的依据。

3. 产品信息溯源机制

产品信息溯源机制是指对跨境电子商务平台销售产品的信息，与平台内销售者建立来源可查、去向可追、责任可究的追溯制度，包括产品上架、销售、配送、签收等过程中的留痕记录。

4. 跨境电子商务企业诚信档案

跨境电子商务企业诚信档案是对信用主体进行信用信息的采集、整理、保存、加工而形成的信用记录，包括基础信息、经营信息、公共信息、社会信息和其他信息。诚信档案能反映跨境电子商务企业在经营、交易和服务等方面的信用评价情况，可以促使信用主体不断完善企业自身的诚信体系建设，从而提升企业的美誉度。

5. 市场信用信息共享机制

市场信用信息共享机制包括三个方面：一是信息全，是贯穿跨境电子商务企业生产、交易、支付、物流和售后服务的全部信息流；二是渠道通，是涵盖银行、工商、税务、海关、商务、质检、公安、法院等部门以及公共服务机构所掌握的企业信用数据资料；三是形式活，是在确保国家安全、商业秘密和个人隐私的前提下，在科学划分企业信用等级的基础上，通过线上或线下的各种形式发布经过科学认证的市场主体诚信信息。市场信用信息共享能为相关职能部门提供施政与执法的基本依据，能增强跨境电子商务企业自律的意识。

(二) 事中环节的监管

1. 跨境电子商务平台内经营者的主体责任

跨境电子商务平台应充分运用大数据技术加强对平台内经营者在商品质量、知识产权、服务水平等方面的信用管控，建立信用风险预警制度，对销售假冒伪劣商品、侵犯知识产权等违法违规行为及时向监管部门反馈，并按照有关行业主管、监管部门的要求向社会公示相关信息，发布风险提示。《电子商务法》规定，对不积极履行主体责任的电子商务平台，由行业主管或监管部门约谈或通报，并依法做出行政处罚。

2. 跨境电子商务平台内服务者的主体责任

跨境电子商务平台应加强对平台内跨境物流企业和跨境支付机构及其从业人员的信用管理，建立信用评价机制，对商品配送或寄递过程进行实时信息跟踪，制定责任倒查和追究机制，并与非银行支付机构协同防范网络欺诈等行为。

(三) 事后环节的监管

1. 保障消费者权益

市场监管部门支持和鼓励跨境电子商务平台建立消费者权益保护基金，实施“先行赔付”制度，并与有关市场监管部门建立投诉举报机制，加强沟通与衔接。市场监管部门根据失信惩戒认定处理规定督促失信市场主体限期整改，对严重失信企业依据法律法规的规定限制其商品销售，并追究相关的法律责任。

2. 保护知识产权

知识产权是指公民或法人对其在科学、技术、文化、艺术等领域的发明、成果和作品依法享有的专有权。《电子商务法》规定电子商务平台经营者应当建立知识产权保护规则，与知识产权权利人加强合作，依法保护知识产权。《民法典》规定故意侵害他人知识产权情节严重的，被侵权人有权请求相应的惩罚性赔偿。市场监管部门根据法律法规的相关规定认定侵犯知识产权的性质，追究其民事责任或行政责任或刑事责任。

3. 实施失信惩戒与守信褒扬

市场监督管理机构一方面对市场主体诚信记录中所发现的违法违规行为进行严格监控，依法追究其行政、民事或刑事责任，限制其市场准入，加大对跨境电子商务市场失信主体的惩戒力度，起到“一处失信、处处受限”的惩戒目的。另一方面为守信企业提供更多的优惠政策和便利化条件，达到“守信者一路绿灯”的目标。

四、跨境电子商务营销环境建设

（一）信用服务市场的培育

市场监督管理机构和司法机关加强对跨境电子商务企业诚信宣传和法治教育，对跨境电子商务市场主体开展“守法经营、信守承诺”和“守信者荣、失信者耻”宣传教育，对国家工作人员进行依法行政、公正执法、廉洁自律的教育，并通过文艺作品、电影电视、专题报道等形式树立诚信典型，曝光严重失信案例，营造诚信为荣的市场氛围。同时，政府职能部门坚持以市场需求为导向，成立以信用征集、信用咨询、信用评估等为主要内容的，并具有市场公信力的信用服务机构，鼓励其依法自主收集、整理、加工和提供有关市场诚信的信息。在资质认定、行政审批、监督管理等工作中，要求跨境电子商务企业提供信用报告，培育信用服务市场。

（二）知识产权保护体系的构建

1. 推动机构改革

2018 年，我国进行了国家机构改革，组建了国家知识产权局，负责保护知识产权工作，并推动知识产权保护体系建设，还将出入境检验检疫管理职责和队伍划入海关，海关总署将知识产权海关保护职能从政策法规司调整至综合业务司，强化知识产权保护的国际合作，加强执法力度，为跨境电子商务的发展创造了良好的市场环境。

2. 拓展知识产权领域国际合作

（1）国际合作的格局

跨境电子商务领域中的侵权违法行为是一个国际性问题，打击侵权，是各国政府、有关国际组织、有关行业协会等的共同责任。近年来，我国海关先后与 130 多个国家和地区海关建立了合作机制，签署了 190 多份合作文件，其中包括与美国、欧盟、俄罗斯、日本、韩国等国家和地区海关签订了专门的知识产权执法合作备忘录，参与世界海关组织、世界知识产权组织、国际刑警组织、上海合作组织等主要多边合作框架下的知识产权事务，与国际商标协会、美国电影协会等国际行业协会、民间团体签订了合作备忘录，形成了分级有序、重点突出、务实互利的知识产权海关保护国际合作格局。

（2）国际合作的措施

在与 130 多个国家和地区海关的合作中主要采取了两个方面的措施：一是认真落实已签订的知识产权执法备忘录，包括加强信息情报共享和统计数据交换，加强经验交流与人员往来，加强与知识产权权利人的合作；二是继续拓展跨国海关联合执法行动，包括中俄海关联合执法行动、中美海关联合执法行动，以及中国与欧盟、日本和韩国海关联合执法行动等。

（3）国际合作的作用

中国海关加强了与130多个国家和地区海关的合作，促进了我国跨境电子商务稳健、快速地发展。主要表现为三个方面：一是通过与国际海关联合执法行动、信息共享、情报交换等措施，为跨境电子商务企业开展全球打假提供了支持；二是通过召开国际海关合作研讨会、对话交流活动等形式，可以使跨境电商企业了解国外知识产权保护法律制度等相关信息；三是通过国际海关合作机制，为跨境电商企业在走出国门的过程中解决通关、维权等问题提供渠道支持。

3. 开展专项活动

近年来，我国海关开展了以“龙腾行动”“蓝网行动”和“净网行动”等为代号的专项活动，持续开展对侵犯知识产权违法行为的打击。

（1）龙腾行动

海关先后共开展了以下几次“龙腾行动”：第一次为“龙腾行动2017”，是从2017年9月1日至11月30日，涉及保护重点企业的案件共有119起，涉及货物数量的为107万件，案值达1 402万元，挽回权利人经济损失共计2 126万元；第二次为“龙腾行动2018”，是从2018年8月1日至12月31日，共查扣涉嫌侵犯国内企业自主知识产权的进出口货物385批；第三次为“龙腾行动2019”，是从2019年7月1日至12月31日，扣留侵权嫌疑货物共4.5万批次，涉及货物1 745万件，价值达人民币1.07亿元。第四次为“龙腾行动2020”，已根据海关总署《2020年全国海关知识产权保护专项行动方案》如期开展。

案例分享

“龙腾行动2019”出击

海关在代号为“龙腾行动2019”知识产权保护专项行动中，根据海运、空运、陆路、铁路、快件和邮递等不同的运输渠道，针对一般贸易、市场采购、边民互市、跨境电商等不同贸易形态下侵权货物流向的各自特征，结合各地海关区域位置、业务特点、航线分布等要素，聚焦消费电子类产品、汽车配件、个人护理用品、服装、箱包、鞋靴等威胁公众健康安全的商品，重点保护跨国公司知名品牌、本土出口知识产权优势企业，监管输往北美、欧洲、日本、南美、非洲、“一带一路”沿线国家和地区的货物，以及通过中国香港、澳门等地区转运货物的违法行为，堵截化整为零的侵权违法活动，通过与地方有关部门联合执法以及与行业协会、进出口商会、权利人维权联盟等组织的协作，经过大数据匹配溯源，查获了一批侵权货物，关停了一批售假账号，捣毁了一批制假窝点，并对违法违规企业和个人进行了民事责任、行政责任和刑事责任的相应处罚。

（2）蓝网行动

根据《关于开展寄递渠道知识产权保护专项执法行动的通知》，海关总署于 2020 年开展寄递渠道知识产权保护的“蓝网行动”，加强对“化整为零”和“蚂蚁搬家”式的进出境侵权行为进行打击，对侵权假冒药品和生物制品等重点商品加强监控。

（3）净网行动

根据海关总署印发的《关于开展出口转运货物知识产权保护专项行动的通知》，海关将开展出口转运货物知识产权保护的“净网行动”，加强对通过第三方转运侵权货物违法行为的打击力度，形成区域联动保护网络。

4. 开展网络市场监管专项活动

国家市场监督管理总局、发展改革委、工业和信息化部、公安部、商务部、海关总署、网信办、国家邮政局等 8 部门联合印发《2019 网络市场监管专项行动（网剑行动）方案的通知》，从 2019 年 6 月 1 日至 11 月 30 日开展“网剑行动”，严厉打击网上销售假冒伪劣产品、不安全食品及假药劣药，并严格监管海外代购行为。其有七项重点任务：一是着力规范电子商务主体资格，营造良好的准入环境；二是严厉打击网上销售假冒伪劣产品、不安全食品及假药劣药，营造放心的消费环境；三是严厉打击不正当竞争行为，营造公平竞争的市场环境；四是深入开展互联网广告整治工作，营造良好的广告市场环境；五是依法打击其他各类网络交易违法行为，有效净化网络市场环境；六是强化网络交易信息监测和产品质量抽查，营造良好的消费环境；七是落实电子商务经营者责任，营造诚信守法的经营环境。

（1）取得的成果

2017 年启动知识产权保护措施共计 872 次，扣留侵权货物并立案调查的为 253 起。2018 年采取知识产权保护措施共计 4.97 万次，实际扣留的进出境侵权嫌疑货物为 4.72 万批，涉及货物达 2 480.02 万件；在行邮渠道中扣留侵权邮包共计 4.55 万批次，涉及侵权货物达 28.37 万件。2019 年采取知识产权保护措施共计 5.56 万次，实际扣留的进出口侵权嫌疑货物为 5.16 万批次，涉案货物数量达 4 678.94 万件；在行邮渠道查获侵权货物的批次比 2018 年大幅增加，在进口环节查获的侵权嫌疑货物数量增长明显。2020 年第一季度采取知识产权保护措施共计 8 214 次，扣留侵权嫌疑货物为 7 724 批次，涉及侵权嫌疑货物达 149.2 万件。

案例分享

寄递渠道万宝路香烟侵权案

2019 年 8 月 13 日，杭州海关所属钱江海关在寄递渠道进行查验，发现一票申报名为袜子、浴巾的邮包内是万宝路香烟 6 条。查验关员意识到该邮包未如实申报，且流向异常，侵权假冒的风险极高，于是提取该邮包的重要风险点信息，再次组织集中布控。到了 8 月 30 日共查获类似邮包 191 个，内有同版万宝路香烟 1 146 条，总计 22.92 万支。经权利人鉴定，确认上述香烟为侵权商品。杭州海关依托与电商平台的知识产权保护协作机制，联合开展先期数据分析，锁定制假地点，通报当地公安机关，协同配合推进该案侦办，端掉制假窝点，并进行处罚。

（2）主要意义

我国海关持续开展打击侵犯知识产权违法行为，对促进我国跨境电子商务的发展具有十分重要的意义。具体有三个方面：一是海关积极培育具有出口知识产权优势的企业，保护中小微企业、民营企业的合法权益，为我国跨境电子商务企业走出去起到了“保驾护航”的作用，推动了国际贸易转型升级和新业态的发展；二是海关积极保护境外知识产权品牌的力度，有利于营造我国良好的营商环境；三是海关通过跨部门、跨国境的联合执法合作，对侵犯知识产权违法行为实施链条化打击，有效摧毁制假售假源头，对营造良好的国际营商环境具有十分重要的作用。

第二节　跨境电子商务市场主体的法律责任

跨境电子商务经营者应当遵守我国加入国际组织的国际公约、条约、协定、议定书和我国相关法律法规的规定，承担市场主体的法律义务和责任，依法开展跨境电子商务经营活动。

一、跨境电子商务市场主体的法律义务

（一）跨境电子商务平台内经营者的法律义务

跨境电子商务平台内经营者的法律义务有八个：一是应当依法办理市场主体登记，获取工商营业执照，并拥有外贸经营权与报检报关资质后，方可从事在线跨境销售；二是在委托代理的形式下，应当按照被代理人的委托行使代理权；三是应当遵循自愿、平等、公平、诚信的原则，遵守法律和商业道德，公平参与市场竞争，全面、真实、准确、及时地披露商品或者服务信息，保障消费者的知情权和选择权；四是应当承担产品和服务质量的责任；五是履行消费者权益保护、环境保护、知识产权保护的义务；六是应当按照承诺或者与消费者约定的方式、时限向消费者交付商品或者服务，并承担商品运输中的风险和责任；七是应当遵守法律、行政法规中有关个人信息保护的规定，收集、使用其用户的个人信息；八是应当遵守进出口监督管理的法律、行政法规和国家有关规定。

（二）跨境电子商务平台经营者的法律义务

我国相关法律法规对跨境电子商务平台经营者规定了八项法律义务：一是应当要求入驻平台的经营者在注册时提供真实信息，并进行核验、登记，建立登记档案；二是应当按照规定向市场监督管理部门报送平台内经营者的身份信息，提示未办理市场主体登记的经营者依法办理登记；三是应当依法对平台内不具有经营资质或销售、提供法律法规禁止的商品、服务的情形采取必要的处置措施，并向有关主管部门报告；四是

应当采取必要措施保护个人信息，保证网络安全稳定地运行，防范网络违法犯罪活动，保障电子商务交易安全；五是应当根据法律法规的相关规定制定平台服务协议和交易规则，不得含有不合理的限制条件或费用，并在其首页显著位置公示；六是应当及时公示对平台内经营者违反法律法规的行为采取的必要措施；七是应当建立、健全信用评价制度，公示信用评价规则，提供对平台内经营者的评价途径，不得删除消费者的评价；八是应当建立有效的投诉与举报机制，并及时受理和处理，维护消费者的合法权益。

二、跨境电子商务市场主体的法律责任

(一) 法律责任的类型

跨境电子商务经营者应当自觉遵守法律法规的相关规定，违法者应当对其违法行为承担具有强制性的法律上的责任。法律责任主要有以下三种类型：

1. 民事责任

民事责任是指对侵犯他人民事权利引起的法律后果所承担的以金钱补救的民事责任。《电子商务法》规定，“电子商务经营者销售商品或者提供服务，不履行合同义务或者履行合同义务不符合约定，或者造成他人损害的，依法承担民事责任”。《民法典》合同编规定，承担民事责任的方式主要有停止侵害、排除妨碍、消除危险、返还财产、恢复原状、修理或重作或更换、继续履行、赔偿损失、支付违约金、消除影响或恢复名誉和赔礼道歉。其中，修理是指销售者对已经出售的“不具备产品应当具备的使用性能而事先未作说明的”产品、“不符合在产品或者其包装上注明采用的产品标准的”产品、“不符合以产品说明、实物样品等方式表明的质量状况的”产品进行必要的修复，使该产品符合应当具备的性能、明示的标准或者明示的质量状况；重作是指重新加工，并制作标的物；更换是指销售者对已经出售的上述“三不”产品，用质量符合要求的同样产品进行替换；赔偿损失是指因产品存在缺陷造成人身和财产的损害，由责任人负责赔偿。

2. 行政责任

行政责任是指个人或单位违反行政管理方面的法律规定，所应当承担的法律责任。行政责任包括行政处分和行政处罚，其中行政处罚的形式主要有五类：一是责令停止生产和销售，是由产品质量监督部门以行政决定的方式做出的；二是没收违法生产和销售的产品，并依照国家有关规定进行销毁或采取其他方式处理；三是罚款，具体数额由行政执法机关根据情节具体确定；四是收缴违法所得，是将违法收入上缴国库；五是吊销营业执照，是由市场监督管理部门取消其从事经营活动的资格。

3. 刑事责任

刑事责任是指因实施了《刑法》规定的犯罪行为所应追究的法律责任。刑事责任分为主刑和附加刑两种类型：主刑包括管制、拘役、有期徒刑、无期徒刑和死刑；附加刑包括罚金、剥夺政治权利、没收财产，以及对犯罪外国人适用的驱逐出境。

(二) 法律责任的内容

1. 跨境电子商务经营者的法律责任

根据《电子商务法》等法律法规的相关规定，跨境电子商务经营者因违法违规行为所承担的法律责任有以下十一个方面：

(1) 未取得相关行政许可从事经营活动，或者销售、提供法律法规禁止交易的商品和服务的，不提供有关电子商务数据信息的，采取集中交易方式或者进行标准化合约交易的，依照法律法规的相关规定进行处罚。

(2) 未在首页显著位置公示营业执照、行政许可等信息及其信息链接标识的，或未在首页显著位置持续公示终止电子商务的有关信息的，或未明示用户信息查询、更正、删除注销方式及设置不合理条件的，由市场监督管理部门责令限期改正，可以处一万元以下或处二万元以上十万元以下的罚款。

(3) 未按照规定提供搜索结果的，或搭售商品与服务的，由市场监督管理部门责令限期改正，没收违法所得，可以处五万元以上二十万元以下或处二十万元以上五十万元以下的罚款。

(4) 未向消费者明示押金退还的方式、程序的，或设置不合理条件的，或不及时退还押金的，由有关主管部门责令限期改正，可以处五万元以上二十万元以下或处二十万元以上五十万元以下的罚款。

(5) 违反法律、行政法规有关个人信息保护规定以及网络安全保障义务的，依照法律法规的相关规定进行处罚。

(6) 不履行平台内经营者核验、登记义务的，或不按规定向市场监督管理部门、税务部门报送平台内有关信息的，或对违法情形未采取必要处置措施以及未向有关主管部门报告的，或未按规定对服务信息与交易信息保存的，由有关主管部门责令限期改正，逾期不改正，责令其停业整顿，并处二万元以上十万元以下或处十万元以上五十万元以下的罚款。

(7) 未在首页显著位置持续公示平台服务协议、交易规则信息及其信息链接标识的，或在修改交易规则时未公开征求意见、未提前公示修改内容和阻止平台内经营者退出的，或未以显著方式分别标记自营业务和平台内经营者开展的业务的，或未对平台内经营者的经营提供评价渠道和擅自删除消费者评价的，由市场监督管理部门责令限期改正，可以处二万元以上十万元以下或处十万元以上五十万元以下的罚款。

(8) 对平台内经营者的交易设置不合理限制条件的，或向平台内经营者收取不合理费用的，由市场监督管理部门责令限期改正，可以处五万元以上五十万元以下或处五十万元以上二百万元以下的罚款。

(9) 未对平台内经营者侵害消费者合法权益的行为采取必要措施的，或未对平台内经营者的资质与资格尽到审核义务的，或未对消费者尽到安全保障义务的，或对平台内经营者实施侵犯知识产权的行为未依法采取必要措施的，由相关主管部门责令限期改正、停业整顿，可以处五万元以上五十万元以下或处五十万元以上二百万元以下的罚款。

(10) 因电子商务经营者丢失、伪造、篡改、销毁、隐匿或者拒绝提供原始合同、交易记录，致使人民法院、仲裁机构或者有关机关无法查明事实的，应承担相应的法律责任。

(11) 代理人不履行、不完全履行职责造成被代理人遭受损失的，应当承担民事责任，代理人知道或应当知道代理事项违法仍然实施代理行为的，或被代理人应当知道代理人的代理行为违法未表示反对的，被代理人和代理人应当承担连带责任。

2. 跨境电子商务监管部门的法律责任

根据《电子商务法》的规定，履行电子商务监督管理职责的部门的工作人员，玩忽职守、滥用职权、徇私舞弊，或者泄露、出售或者非法向他人提供在履行职责中所知悉的个人信息、隐私和商业秘密的，依法追究法律责任。

阅读思考

涉嫌垄断行为的"二选一"

A集团对平台内商家提出"二选一"要求，禁止平台内商家在其他竞争性平台开店或参加促销活动，并借助市场力量、平台规则和数据、算法等技术手段，采取多种奖惩措施保障"二选一"要求，维持、增强自身市场力量，获取不正当竞争优势，构成了《反垄断法》第十七条第一款第(四)项禁止"没有正当理由，限定交易相对人只能与其进行交易"的行为。为此，市场监管总局依法对A集团处以182.28亿元罚款，并向其发出"行政指导书"，要求其严格落实平台企业主体责任、加强内控合规管理。

思考与实践

一、思考题

1. 简述《电子商务诚信公约》的主要内容。
2. 简述《电子商务诚信经营承诺书》的主要内容。
3. 简述市场信用信息共享机制的主要内容。
4. 简述《2019网络市场监管专项行动(网剑行动)方案的通知》的重点任务。
5. 简述我国海关持续开展打击侵犯知识产权违法行为的主要意义。
6. 简述我国海关开展国际合作的主要作用。
7. 简述跨境电子商务平台经营者的法律义务。
8. 简述跨境电子商务平台内经营者的法律义务。

二、实务题

1. 美国贸易代表办公室在2018年4月27日发布的关于世界各国知识产权保护现状的年度“特别301报告”，声称中国在保护知识产权方面不仅没有解决长期存在的问题，还存在窃取商业秘密、网络盗版和盗版伪造的侵权行为。我国商务部对此表示反对。

请以小组为单位，结合本章学习内容，收集相关信息，说明我国在知识产权方面付出的努力和取得的成效。

2. 近日，某海关在内蒙古某公司申报的拼箱货物中，查获氨苄西林40桶，外包装粗糙，印有“NCPC”标识，装箱杂乱，权利人确认其为侵权货物。该海关在查明涉嫌侵权货物制造、运输、对外销售等各个环节的基本证据后，第一时间将案件线索通报公安机关，配合公安机关及时启动刑事侦查。

请以小组为单位，结合本章学习内容，分析该案件的性质，以及法院将如何处罚。

第十二章　跨境电子商务争议解决

学习目标

- 了解仲裁协议的形式、内容和作用
- 熟悉国际仲裁院仲裁规则、中国国际经济贸易仲裁委员会网上仲裁规则内容
- 掌握互联网法院诉讼规则的主要内容
- 明确网上仲裁与诉讼对加强我国跨境电子商务市场法制化建设的主要意义
- 具备仲裁与诉讼法律知识的基本应用能力

在跨境电子商务活动中，由于交易双方在不同的法律环境下，基于不同的商业信誉，出于不同的经济利益，通常会引发各种争议。一般来说，解决跨境电子商务争议的方式主要有协商、调解、仲裁和诉讼，在协商或调解不成的基础上，往往会采用仲裁或诉讼。为了规范仲裁和诉讼的行为，保护当事人的合法权益，促进全球经济健康发展，国际组织、各国先后都制定了相关公约、法律和规则。

第一节　跨境电子商务仲裁

仲裁是指发生某种争议或纠纷的当事人自愿商定，将争议交第三人裁决，双方承担裁决所确定的义务并自觉履行。跨境电子商务仲裁是指仲裁机构或仲裁员根据当事人签订的仲裁协议，对其提交的争议事项进行审理，并做出裁决。

一、仲裁原则

我国《仲裁法》规定的仲裁原则有四项：一是自愿仲裁原则，是指发生争议的双方当事人自愿决定是否选择仲裁作为解决纠纷的途径、选择哪家仲裁机构仲裁、将哪些争议事项提交仲裁、选择哪个仲裁员和哪种仲裁形式的仲裁庭以及选择哪种审理方式和开庭形式；二是或裁或审原则，是指双方当事人在纠纷发生前或发生后，既可以达成仲裁协议，由仲裁机构进行裁决，也可以向人民法院提起诉讼；三是依据事实和法律仲裁原则，是指仲裁机构应当以客观案情为依据，以法律法规为准绳，进行公正裁决；四是独立仲裁原则，是指仲裁机构、仲裁规则、仲裁员的选择以及仲裁裁决具有独立性，不受行政机关、社会团体和个人的干涉。

二、仲裁机构

仲裁机构是指根据仲裁协议当事人一方提出的仲裁申请，受理其争议并做出裁决的专门组织。仲裁机构有以下两种类型：

（一）常设仲裁机构

常设仲裁机构是指依国际条约或本国法而成立的，具有固定的名称、地址、组织章程和仲裁规则，并具有自己的办事机构和行政管理制度，用以处理争议的仲裁机构。常设仲裁机构依据其性质和管辖范围，可以划分为以下四种类型：

1. 国际性常设仲裁机构

在全球具有较大影响的国际性常设仲裁机构有国际商会国际仲裁院等。国际商会国际仲裁院成立于1923年，总部设在巴黎，是附属于国际商会的一个国际性常设调解与仲裁机构，适用1998年1月1日生效的《国际商会仲裁规则》，受理全球220多个国家和地区的当事人之间有关货物买卖合同、许可证贸易等国际商事争议，成为全球处理国际仲裁案件最多的机构。

2. 地区性仲裁机构

在亚洲具有较大影响的地区性仲裁机构有联合国亚洲及远东经济委员会商事仲裁中心等。该商事仲裁中心是由联合国亚洲及远东经济委员会于1966年在泰国曼谷设立，适用1966年4月3日起生效的《联合国亚洲及远东经济委员会仲裁规则》，受理亚洲及远东地区为一方当事人所在地的国际商事争议。

3. 国别性仲裁机构

全球有影响的国别性仲裁机构有以下五家：

（1）瑞典斯德哥尔摩商会仲裁院

该仲裁院成立于1917年，适用2007年1月1日起生效的《瑞典斯德哥尔摩商会仲裁院规则》，专门解决商业和工业中发生的争议。瑞典斯德哥尔摩商会仲裁院可以受理世界上任何国家当事人所提交的商事争议，由于瑞典的中立国地位和其完备、灵活的仲裁制度，赢得了国际商界的信任，使之逐渐成为全球商事仲裁中心，也是我国优先选择的第三国仲裁机构。

（2）英国伦敦国际仲裁院

英国于1892年成立伦敦仲裁会，1981年改名为伦敦国际仲裁院，适用1985年1月1日起生效的《伦敦国际仲裁院规则》，也可根据当事人的约定按《联合国国际贸易法委员会仲裁规则》规定的程序进行仲裁。该仲裁院仲裁质量较高，在国际社会上享有很高的声誉。

（3）美国仲裁协会

该仲裁协会成立于1926年，1996年设立国际争议解决中心，负责国际仲裁案件的管理，适用2010年1月1日起生效的《国际仲裁规则》，主要受理国际商事、工业产权等方面的争议。美国仲裁协会是全球有影响的国际仲裁机构之一，争议方可通过网络在美国仲裁协会专用系统在线提交案件,也可通过美国仲裁协会在美国境内设立的35家办事处和爱尔兰都柏林办事处提交案件。

(4) 日本商事仲裁协会

该仲裁协会成立于1950年,在东京设立总部,在大阪、神户、名古屋和横滨设立分会,适用1989年5月24日修订生效的《商事仲裁规则》以及2019年1月1日起生效的《互动式仲裁规则》。争议方可通过日本商事仲裁协会分会提交案件,解决国内外商事争议。

(5) 中国香港国际仲裁中心

该仲裁中心成立于1985年,适用2010年修订生效的《仲裁条例》,也适用《联合国国际贸易法委员会仲裁规则》,主要受理东南亚国家之间当事人、中国内地当事人与外国当事人之间的国际商事争议。中国香港国际仲裁中心与世界上18家国际仲裁和争议解决机构签订仲裁合作协议,其中包括国际商会国际仲裁院、美国仲裁协会等。

4. 专业性仲裁机构

专业性仲裁机构又称为行业性仲裁机构,是由各个行业、公会或协会为解决本行业中发生的经济纠纷而设立的常设仲裁机构,如中国国际经济贸易仲裁委员会等。我国于1956年成立对外贸易仲裁委员会,1980年改名为对外经济贸易仲裁委员会,1988年改名为中国国际经济贸易仲裁委员会,2000年同时启用"中国国际商会仲裁院"名称,并设立了中国国际经济贸易仲裁委员会华南分会、中国国际经济贸易仲裁委员会上海分会、中国国际经济贸易仲裁委员会西南分会、中国国际经济贸易仲裁委员会湖北分会、中国国际贸易仲裁委员会浙江分会,适用2012年2月3日修订生效的《中国国际经济贸易仲裁委员会仲裁规则》,受理经济贸易等争议案件。中国国际经济贸易仲裁委员会受案量已跃居世界第一位,其裁决得到140多个国家的承认和执行。

(二) 临时仲裁机构

临时仲裁机构是指当事人根据国际商事仲裁协议,在争议发生后推荐仲裁员,指定仲裁地点与仲裁程序,在做出裁决后即行解散的仲裁机构。

三、仲裁员

(一) 仲裁员的资格

仲裁员是指在仲裁案件中对当事人的财产权益纠纷进行评判并做出决定的居中裁判者。为了保证仲裁的公正性,各国法律和常设仲裁机构的仲裁规则对仲裁员的资格予以规定。《仲裁法》第十三条规定了仲裁员资格:一是通过国家统一法律职业资格考试取得法律职业资格,从事仲裁工作满八年的;二是从事律师工作满八年的;三是曾任法官满八年的;四是从事法律研究、教学工作并具有高级职称的;五是具有法律知识、从事经济贸易等专业工作并具有高级职称或者具有同等专业水平的。只有具备上述条件之一的,才能在中国担任仲裁员。

(二) 仲裁员的回避

仲裁员的回避是指仲裁员在有可能影响对案件公正裁决的情形时依照法律的规

定，自行申请退出仲裁，或者经当事人的申请根据仲裁委员会主任的决定退出仲裁。《仲裁法》规定了仲裁员的回避情形：一是本案当事人或者当事人、代理人的近亲属；二是与本案有利害关系；三是与本案当事人、代理人有其他关系，可能影响公正仲裁的；四是私自会见当事人、代理人，或者接受当事人、代理人的请客送礼的。仲裁员有上述情形之一的，当事人有权在首次开庭前提出回避申请，如果回避事由在首次开庭后知道的，可以在最后一次开庭前提出，并说明理由。仲裁员是否回避，由仲裁委员会主任决定。仲裁委员会主任担任仲裁员的，由仲裁委员会集体决定。

四、仲裁协议

（一）仲裁协议的内涵

仲裁协议是指当事人同意将他们之间一项确定的契约性或非契约性的法律关系中已经发生或可能发生的一切或某些争议提交仲裁的协议。一项有效的仲裁协议应当具备以下三个方面的要素：

1. 当事人之间存在国际商事法律关系

仲裁协议的双方当事人必须具有民事法律行为能力，并且是有关国际商事法律关系中的自然人、法人、非法人组织。法律规定无民事行为能力人或者限制民事行为能力人订立的仲裁协议无效。

2. 当事人之间的真实意思表示

仲裁协议双方当事人应当是在自愿的基础上进行平等协商的，如果一方当事人采取胁迫手段、迫使对方订立的，则该协议无效。

3. 当事人之间约定的事项合法

仲裁协议双方当事人约定的仲裁事项，不能违背仲裁地国家法律的相关规定，不能超出仲裁法的适用范围。

（二）仲裁协议的形式

国际公约和各国相关法律对仲裁协议的形式都有明确的规定，其有以下两种形式：

1. 书面形式

书面形式是指包括合同、信件、电报、传真、电子数据交换和电子邮件等可以有形地表现所载内容的表现方式。仲裁协议的书面形式有两种：一是仲裁条款，是指在跨境电子商务合同中当事人订立的、在发生争议后采取仲裁方式解决的合同条款；二是仲裁协议书，是指争议发生后，双方当事人经过协商同意将其争议采取仲裁方式解决的一种书面文件。国际公约和绝大多数国家的仲裁法都有明确的规定，只有以书面形式达成的仲裁协议才具有法律效力。

2. 口头形式

口头形式是指仲裁协议的双方当事人面对面约定仲裁事项的方式。世界上只有瑞典等极少数国家仲裁法规定，口头形式仲裁协议书与书面形式具有相同的法律效力。

(三) 仲裁协议的内容

国际公约和各国仲裁法对仲裁协议内容的规定不尽相同。为了能有效地解决当事人之间的国际商事争议，仲裁协议通常包括以下五个方面的内容：

1. 仲裁事项

仲裁协议首先要约定将什么样的争议提交仲裁，这是仲裁机构接受仲裁的重要依据之一，也是当事人向法院申请执行仲裁裁决的一个必备要件。我国《仲裁法》第十八条规定："仲裁协议对仲裁事项或者仲裁委员会没有约定或者约定不明确的，当事人可以补充协议；达不成补充协议的，仲裁协议无效。"

2. 仲裁地点

当事人应当在仲裁协议中注明仲裁地址的详细信息。仲裁地点关系到仲裁规则的适用，仲裁员通常采用该地仲裁规则和有关法律来解决争议，对当事人的利益将产生不同的影响。

3. 仲裁机构

当事人应当在仲裁协议中确定仲裁机构的名称及相关信息。通常选择仲裁机构的方法如下：首先，选择本国的常设仲裁机构进行仲裁，因为熟悉本国的法律和仲裁规则；其次，尽量争取在《纽约公约》成员国常设的仲裁机构进行仲裁，因为该国仲裁法大多依据国际公约制定，具有一定的普适性；最后，选择对方当事人所属国的常设仲裁机构进行仲裁。如果仲裁协议约定两个以上仲裁机构的，根据我国《最高人民法院关于适用〈中华人民共和国仲裁法〉若干问题的解释》的规定，当事人可以协议选择其中的一个仲裁机构申请仲裁，如果不能就仲裁机构选择达成一致的，仲裁协议无效。

案例分享

仲裁协议约定两个仲裁机构

某年 2 月，苏州制造有限公司与美国威廉贸易公司签订了某钢结构产品销售合同，合同总值为 30 万美元。双方当事人在该合同中的仲裁条款约定：如果双方当事人发生争议，均应将该争议提交中国国际经济贸易仲裁委员会或者美国纽约贸易仲裁委员会仲裁。由于在合同履行过程中发生了纠纷，于是美国公司选择向中国国际经济贸易仲裁委员会申请仲裁，苏州制造有限公司代理在仲裁开庭前，向属地法院提起确认仲裁条款无效的诉讼，并及时向中国国际经济贸易仲裁委员会书面通报了这一情况，要求中止仲裁程序。根据我国《最高人民法院关于适用〈中华人民共和国仲裁法〉若干问题的解释》的规定，如果仲裁协议约定两个以上仲裁机构的，当事人可以协议选择其中的一个仲裁机构申请仲裁，如果不能就仲裁机构选择达成一致的，仲裁协议无效。

4. 仲裁规则

仲裁规则是仲裁审理的依据，其主要包括仲裁申请提出、仲裁受理、仲裁员选任、仲裁庭组成、仲裁审理和仲裁裁决等内容。在仲裁实践中，大多数仲裁协议是将仲裁规则与仲裁机构的选择结合起来，即当事人选择了某一常设仲裁机构，就意味着选择了该机构的仲裁规则。

5. 裁决效力

当事人应当在仲裁协议中明确规定，仲裁裁决是终局性的。确定终局性的裁决具有耗时少、费用低、见效快等特点，在对外贸易活动中，被跨境电子商务当事人广泛采用。

(四) 仲裁协议的作用

仲裁协议的作用主要有三个方面：一是仲裁机构取得对特定案件管辖权的主要依据，没有仲裁协议，仲裁机构就不能受理有关案件；二是排除法院管辖权的重要依据，如果当事人之间订有仲裁协议，法院就不能受理，除非法院认定当事人之间的仲裁协议无效或失效，或者是不能履行的协议；三是独立于其他条款，仲裁协议不因该合同的变更、解除、终止或无效而影响其效力。《中国国际经济贸易仲裁委员会仲裁规则》第五条第 4 款规定："合同中的仲裁条款应视为与合同其他条款分离的、独立存在的条款，附属于合同的仲裁协议也应视为与合同其他条款分离的、独立存在的一个部分；合同的变更、解除、终止、转让、失效、无效、未生效、被撤销以及成立与否，均不影响仲裁条款或仲裁协议的效力。"

五、仲裁程序

仲裁协议双方当事人发生仲裁协议约定的争议时，任何一方当事人都有权提请指定的仲裁机构进行仲裁。仲裁程序是指当事人提请仲裁和仲裁庭依据仲裁规则进行仲裁过程的统称。仲裁程序通常包括仲裁申请、仲裁受理、仲裁庭的组成、仲裁审理、仲裁裁决等环节。

(一) 仲裁申请

仲裁申请应当符合三个方面的要求：一是有仲裁协议；二是有具体的仲裁请求及事实和理由；三是属于仲裁委员会的受理范围。当事人申请仲裁，应当向仲裁委员会递交仲裁协议、仲裁申请书及副本。仲裁申请是一方或双方当事人根据仲裁协议将现存的有关争议提请仲裁的意思表示，通常包括当事人的身份或组织机构的信息、地址、仲裁请求的内容与理由，以及证据及来源、证人及身份信息等内容。在提请常设机构仲裁时，申请人要提交申诉书和证据材料。在提请临时机构仲裁时，申请人不仅要提交申诉书和证据材料，还要制作仲裁通知书，一并送交另一方当事人，并提交案件登记费、仲裁费用保证金等。

(二) 仲裁受理

仲裁机构在收到仲裁申请书的规定时限内，对符合受理条件的申请材料应当受理，并通知当事人；认为不符合受理条件的，应当书面通知当事人不予受理，并说明理由。我国《仲裁法》规定的时限为收到仲裁申请书之日起 5 日内。

(三) 仲裁庭的组成

组成仲裁庭的形式有以下两种：

1. 独任仲裁庭

独任仲裁庭是指由双方当事人在仲裁员名册中共同选定一名仲裁员，担任仲裁庭审理人。如果被申请人收到仲裁通知之日起15天内未能就独任仲裁员的人选达成一致意见，则由仲裁委员会主任指定。

2. 合议仲裁庭

合议仲裁庭是指由三名仲裁员共同担任仲裁庭审理人。其中，前两名仲裁员由申请人和被申请人在收到仲裁通知之日起15天内在仲裁委员会仲裁员名册中各自指定，或委托仲裁委员会主任指定；第三名仲裁员为首席仲裁员，由当事人共同选定或者共同委托仲裁委员会主任指定，如果当事人在被申请人收到仲裁通知之日起15天内未能共同选定或委托委员会主任指定第三名仲裁员，则由仲裁委员会主任指定。仲裁庭组成后，仲裁委员会应当将仲裁庭的组成情况书面通知当事人。

(四) 仲裁审理

仲裁审理是指仲裁庭对案情所做的审查和核实活动的总称。

1. 仲裁审理的范围

在仲裁的实践中，仲裁审理的范围因案而异，通常包括仲裁协议是否有效，仲裁庭是否具有管辖权，申诉人或被诉人是否为仲裁协议当事人，各方当事人的陈述与举证，对通过其他途径取得证据材料的审查与核实等内容。

2. 仲裁审理的方式

仲裁审理可分为两种形式：一是口头审理，是指仲裁员和各方当事人在规定的时间，集中于指定场所，由仲裁员做口头查问，由相关当事人做口头陈述；二是书面审理，是指由仲裁员根据当事人提交的书面材料进行审理的方式。在仲裁中，仲裁审理大多以书面审理形式为主。

3. 仲裁审理的地点

对跨境电子商务争议应当在仲裁协议规定的地点进行审理，如果仲裁协议规定不明确，则由仲裁员决定仲裁审理的地点。

4. 仲裁审理的程序

跨境电子商务争议仲裁是根据仲裁规则进行审理，主要有以下三个环节：

(1) 开庭

当事人应当在开庭时到庭，无正当理由不到庭或未经仲裁庭许可中途退庭的，对申请人来说可视为撤回申请，对被申请人来说可以缺席裁决。仲裁一般不公开进行，但是当事人协议公开的，可以公开进行，涉及国家秘密的除外。

(2) 调解

开庭后，仲裁庭可以先询问双方当事人是否对案件进行调解。如果双方当事人同意调解，并调解成功，应签订和解协议，由仲裁庭根据该协议制作裁决书。当事人在仲裁委员会之外通过调解达成和解协议的，也可以请求仲裁庭做出裁决书。

(3) 裁决

开庭后，仲裁庭对调解不成的案件进行裁决。裁决应当根据多数仲裁员的意见做出，少数仲裁员的不同意见应当记入笔录。如果无法形成多数意见，仲裁庭应当按照首席仲裁员的意见做出裁决。仲裁裁决依据不同的视角可以分为以下三类：

一是口头裁决与书面裁决。口头裁决是指仲裁庭仅以口头形式表示对争议问题处理结论的裁决；书面裁决是指仲裁庭以书面文件的形式表示其对争议问题处理结论的裁决。

二是临时裁决与终局裁决。临时裁决是指仲裁庭对当事人的请求事项做出的并非有终局意义的裁定，如仲裁庭做出的临时保全措施的裁定；终局裁决是指在法律上具有稳定的自始约束力的裁决。

三是本国裁决与外国裁决。本国裁决是指由本国境内仲裁机构在本国做出的裁决；外国裁决是指本国以外的仲裁机构在异国做出的裁决。

5. 仲裁裁决的撤销

裁决撤销的情形包括六个方面：一是没有仲裁协议；二是裁决的事项不属于仲裁协议的范围或者仲裁委员会无权仲裁；三是仲裁庭的组成或者仲裁违反法定程序；四是裁决所依据的证据是伪造的；五是对方当事人隐瞒了足以影响公正裁决的证据；六是仲裁员在仲裁该案时有索贿受贿、徇私舞弊、枉法裁决的行为。

我国《仲裁法》规定，当事人能够提出证据证明裁决具有上述情形之一的，可以在收到裁决书之日起 6 个月内向仲裁委员会所在地的中级人民法院申请撤销裁决，法院接受该申请后组成合议庭审查，核实无误后裁定撤销。法院认定裁决违背社会公共利益的，应当裁定撤销。法院应当在受理撤销裁决申请之日起 2 个月内做出撤销裁决或者驳回申请的裁定。法院在受理撤销裁决的申请后，认为可以由仲裁庭重新仲裁的，通知仲裁庭在一定期限内重新仲裁，并裁定中止撤销程序。仲裁庭拒绝重新仲裁的，法院应当裁定恢复撤销程序。

六、仲裁裁决的承认与执行

联合国国际贸易法委员会在 1958 年 6 月 10 日召开的联合国国际商业仲裁会议上签署了《纽约公约》。目前，该公约已有 130 多个成员，为承认和执行外国仲裁裁决提供了依据和保证，积极地推动了各成员对外贸易经济的进一步发展。1987 年 1 月 22 日，我国加入《纽约公约》，但做了两点保留：一是互惠保留，即在互惠的基础上只承认和执行公约缔约国领土内做出的仲裁裁决；二是商事保留，即只承认和执行根据中国法律认定的契约性和非契约性商事仲裁裁决。

（一）《纽约公约》的基本内容

《纽约公约》主要有六个方面的内容：一是将仲裁裁决的含义及范围加以扩展，适用于对所有自然人或法人间产生的纠纷由被申请承认与执行地国之外的国家或地区所做的裁决，或是在被申请承认与执行地国国内所做的裁决；二是规定仲裁协议必须采用书面形式，包括通过信函、电报等方式；三是规定缔约国必须承认外国所做的裁决具有拘束力，并依照一定的程序和条件加以执行；四是规定申请承认和执行仲裁裁决的一方当事人，应提交仲裁裁决正本、仲裁条款或协议的原本，必要时还应附有上述两项的译本；五是规定执行国法院拒绝承认和执行外国仲裁裁决的理由；六是裁决经裁决地国或裁决所依据法律国家的主管机关撤销或停止执行。

（二）我国关于承认与执行仲裁裁决的法律

我国《民事诉讼法》和《仲裁法》分别对中国涉外仲裁机构所做裁决的执行程序和对外国仲裁机构做出的裁决在中国申请执行的程序做出了明确的规定。根据《民事诉讼法》的规定，经中国涉外仲裁机构做出的裁决，当事人不得再向法院起诉。如一方当事人不履行仲裁裁决的，对方当事人可以向败诉人住所地或财产所在地的中级人民法院申请执行。《民事诉讼法》规定，外国仲裁机构做出的裁决，需要中国法院承认和执行的，应当由当事人直接向被执行人住所地或财产所在地的中级人民法院申请，法院应当依照中国缔结或参加的国际条约，或按照互惠原则办理。

案例分享

涉外股权转让争议案

某年10月，克里斯蒂安公司与汉莎福莱克斯公司签订股权转让协议，约定将其所持有的汉莎福莱克斯液压技术（上海）有限公司100%的股权以400万欧元转让给汉莎福莱克斯公司，汉莎福莱克斯公司需在协议签订后15日内将股权转让价款一次性转账支付给克里斯蒂安公司。协议生效后，克里斯蒂安公司配合汉莎福莱克斯公司进行股权转让事宜，汉莎福莱克斯公司已成为汉莎福莱克斯液压技术（上海）有限公司的股东。但在协议约定的支付期限内，克里斯蒂安公司未收到汉莎福莱克斯公司的股权转让款，故将其上诉至上海市浦东新区人民法院，请求判令解除双方之间的股权转让协议，恢复克里斯蒂安公司原股权份额，并由汉莎福莱克斯公司协助办理股权变更登记。上海市浦东新区人民法院在本案审理过程中，委托上海经贸商事调解中心就双方争议进行调解。鉴于涉案双方均系外籍公民及法人，法院及调解机构邀请澳大利亚籍调解员主持双方的调解工作，最终，双方达成调解协议，同意解除股权转让协议，并由汉莎福莱克斯公司配合克里斯蒂安公司办理股权转让的审批及工商登记手续。

七、网上仲裁

（一）《网上仲裁规则》

网络仲裁是指利用互联网技术在线方式独立公正、高效经济地对国际商事争议进行仲裁的方式。我国国际经济贸易仲裁委员会网上争议解决中心网站受理电子商务争议等经济贸易争议仲裁，依据 2009 年 5 月 1 日起施行的《中国国际经济贸易仲裁委员会网上仲裁规则》（以下简称《网上仲裁规则》）和我国相关法律法规，对电子商务争议和其他经济贸易争议，可以实施在线仲裁。

（二）《网上仲裁规则》的基本内容

《网上仲裁规则》的内容有四个方面：一是仲裁协议应当采取书面形式，包括合同、信件、电报、传真、电子数据交换和电子邮件等可以有形地表现所载内容的形式；二是有关仲裁的一切文书、通知、材料等，仲裁委员会秘书局采用电子邮件、电子数据交换、传真等方式发送给当事人或者其授权的代理人；三是当事人向仲裁委员会提交的有关仲裁申请、答辩、书面陈述、证据及其他与仲裁相关的文件和材料，应当采用电子邮件、电子数据交换、传真等方式；四是仲裁庭可以应双方当事人的请求或者征得双方当事人的同意，采用网络视频会议及其他电子或者计算机通信方式对审理案件进行网上调解和仲裁。

第二节　跨境电子商务诉讼

跨境电子商务诉讼是指境内外当事人发生国际商事争议后，其中一方当事人向具有管辖权的法院起诉，并由该法院依法判决的诉讼活动。我国《民事诉讼法》适用于中国境内公民之间、法人之间、其他组织之间以及他们相互之间因财产关系和人身关系提起的民事诉讼，与外国人、无国籍人、外国企业和组织在我国人民法院的起诉和应诉，以及外国法院对我国公民、法人和其他组织的民事诉讼权利加以限制的，对该国公民、企业和组织的民事诉讼。为了构建国际商事诉讼管辖与判决承认和执行的全球性统一规则，欧盟成员国、墨西哥、新加坡等签订了《选择法院协议公约》，并于 2015 年 10 月 1 日起生效。中国于 2017 年 9 月 12 日加入该公约，其规定了适用范围、管辖权以及承认与执行的条件、内容和要求等，为我国与其他缔约国之间相互承认、执行商事判决提供了更为充分的法律依据。

一、国际商事诉讼管辖权

国际商事诉讼管辖权是指一国法院或具有审判权的其他司法机关受理、审判具有国际因素或涉外因素的商事案件的权限。根据《布鲁塞尔公约》和各国民事诉讼法的相关规定，诉讼管辖权有以下五种类型：

（一）属人管辖权

属人管辖权是指以案件当事人的国籍与法院的关系为依据，只要诉讼当事人一方拥有某国国籍，该国法院就可以主张对该案的管辖权。

（二）属地管辖权

属地管辖权是指一国法院对该国领土范围内的一切人、物、法律行为都具有管辖权，但享有司法豁免权者除外。《布鲁塞尔公约》第二条规定："凡在一个缔约国有住所的人，不论其所属国籍，均应在该国法院被诉。"属地管辖原则实际上是根据当事人的住所、被告财产或诉讼标的所在地、合同成立地或履行地等发生地的案件，涉及该国法律，该国法院就可以对该案件享有管辖权。目前，属地管辖原则与属人管辖原则日趋统一，大部分实行属地管辖原则的国家开始以属人管辖原则为补充，而实行属人管辖原则的国家，在承认和实行"以原告就被告"原则的同时，对于诉讼标的在本国境内的案件，也开始行使管辖权。

（三）专属管辖权

专属管辖权是指一国主张它的法院对某些国际民事案件具有独占管辖权，任何个人、组织或其他国家都不能任意剥夺该国对这类案件所享有的管辖权。《布鲁塞尔公约》规定了专属管辖权范围：一是以不动产物权或其租赁权为标的的诉讼，专属财产所在地的缔约国法院；二是以在某一缔约国有其注册事务所的公司或其他法人组织的有效成立、撤销或歇业清理，或以有关其机构的决议是否有效为标的的诉讼，专属该公司、法人组织所在地的缔约国法院；三是以确认公共登记效力为标的的诉讼，专属保管登记簿的缔约国法院；四是有关专利、商标、设计模型或必须备案或注册的其他类似权利的注册或效力的诉讼，专属业已申请备案或注册，或已经备案或注册，或按照国际公约视为已经备案或注册的缔约国法院；五是有关判决执行的事项，专属执行地的缔约国法院。

（四）协议管辖权

协议管辖权是指协议的当事人约定由某一缔约国的法院解决因某种特定法律关系而产生的或可能产生的争端，被指定的法院具有该争议的管辖权。《选择法院协议公约》规定协议管辖权是对属地管辖权和属人管辖权的补充，已为各国普遍接受。

（五）实际控制管辖权

实际控制管辖权是指法院行使管辖权时，对人是以被告接到传票或本人在本国为依据，对物是以争议的诉讼标的在本国领域内为依据。如英国法律规定，不论当事人的国籍如何，只要这个人在英国，即使他只是一个途经英国的人，诉因同英国也无事实上的关系，英国法院也可对他行使管辖权。同样，一般作为诉讼标的的外国船舶，即使只是暂时停泊或经过英国水域，英国法院也可对其行使管辖权。

二、国际商事诉讼参加人

1. 国际商事诉讼当事人

诉讼当事人是指由于民事上的权利与义务关系发生纠纷，以自己的名义进行诉讼，并受人民法院裁判约束的利害关系人，包括自然人、法人和非法人组织。诉讼当事人依据不同的性质可以划分为以下四类：

（1）原告

原告是指以自己的名义向人民法院起诉，为保护自己的权益而引起民事诉讼程序发生的人。

（2）被告

被告是指因民事权益发生争议，由人民法院通知应诉的人。

（3）共同诉讼人

共同诉讼人是指当事人在两人以上的，其诉讼标的是共同的或者同一种类的，法院认为应当或者可以进行合并审理的诉讼的当事人。

（4）第三人

第三人是指在经济诉讼案件中，对他人之间的诉讼标的主张独立的权利，或虽不主张独立的权利，但案件的处理结果与其有法律上的利害关系，而参加到诉讼中来的人。

2. 国际商事诉讼代理人

诉讼代理人是指经当事人授权其保护当事人的经济权益而在法院参加诉讼的人。参加诉讼的双方当事人均有权依法委托代理人，以此可以帮助他们实现司法保护，使他们能够更有效和便捷地维护自己的合法权益。诉讼代理人必须以被代理人的名义并为被代理人的利益而进行诉讼活动，其在同一诉讼中仅能代理一方当事人且代理行为必须在代理权限的范围内，超越代理权限的代理行为对被代理的当事人不产生法律约束力，也就意味着，诉讼代理人在代理权限内的诉讼行为产生的法律后果均由被代理人承担。

三、国际商事诉讼程序的特别规定

我国《民事诉讼法》对国际商事诉讼程序的特别规定主要有以下五个方面。

1. 一般原则

在我国境内的民事诉讼适用我国《民事诉讼法》，我国缔结或参加的国际条约同该法有不同规定的，适用该国际条约的规定。法院审理涉外民事案件，应当使用我国通用的语言和文字。外国人、无国籍人、外国企业和组织在起诉、应诉时需要委托律师代理的，应当与中国律师签署授权委托书，经中国公证机关证明，并经中国驻该国使领馆认证后才具有效力。

2. 管辖范围

合同在我国境内签订与履行的，或诉讼标的物在我国境内的，或被告在我国境内有可供扣押的财产，或被告在我国境内设有代表机构的，可由其所在地的法院管辖。

3. 送达方式

法院对在我国境内没有住所的当事人送达诉讼文书，有七种方式：一是依照当事人所在国与我国缔结或共同参加的国际条约中规定的方式送达；二是通过外交途径送达；三是对具有中国国籍的当事人可委托该地使领馆代为送达；四是向当事人委托的诉讼代理人送达；五是向当事人在我国境内设立的代表机构、业务代办人送达；六是采用邮寄、传真、电子邮件等能够确认当事人收悉的方式送达；七是不能用上述方式送达的，采用公告送达。

4. 答辩期间

被告在我国境内没有住所的，法院应当将起诉状副本送达被告，并通知被告在收到起诉状副本后30日内提出答辩状。被告申请延期的，是否准许，由法院决定。

5. 上诉期间

在我国境内没有住所的当事人，不服第一审人民法院判决、裁定的，有权在判决书、裁定书送达之日起30日内提起上诉。被上诉人在收到上诉状副本后，应当在30内提出答辩状。当事人不能在法定期间提起上诉或者提出答辩状、申请延期的，是否准许，由法院决定。

四、国际司法协助

国际司法协助是指不同国家之间，根据国际条约和协定，或根据两国共同签订的司法协助协定，法院彼此之间相互协助，为双方代为一定诉讼的行为。具体地说，就是各国法院之间代为送达诉讼文书，询问证人和当事人，以及代为调查取证等诉讼行为的协助。

(一) 送达诉讼文书

送达诉讼文书是指缔约国法院依照有关国际条约和本国法律规定的程序和方式，将诉讼文书送交在本国领域内没有住所的当事人的诉讼行为。送达诉讼文书是一种司法行为，是司法机关代表国家行使国家主权的一种表现。如两国间没有缔结司法协助条约，由一国法院将诉讼文书送交本国外交机关，由其将诉讼文书送达驻外外交机构，并由该外交机构转交所在国的外交机关，再由该国外交机关转交该国法院或有关机构，送达受送达人。

(二) 调查取证

在跨境电子商务争议诉讼的司法协助过程中，不同国家的法院通过互相委托、代为调查取证，获得案件的证据，如收集书证、物证、代为询问证人以及代为鉴定及勘验等，这是行使国家司法主权的一种表现。

五、外国法院判决的承认与执行

(一) 判决的含义

《布鲁塞尔公约》对判决含义的界定，其“系指某一缔约国法院或法庭所做的决定，而不论该决定称作什么，诸如裁决、命令、决定或执行令状以及由法院书记官就诉讼费或其他费用所做的决定”。

(二) 承认和执行外国法院判决的方式

1. 登记制度

登记制度是指外国法院的判决必须在本国登记，在本国做形式上的审查，认为符合本国法律条件的，予以承认和执行。

2. 执行令状制度

执行令状制度是指一国法院通过签发执行令状来承认和执行外国法院的判决。执行令状制度的最大特点是将承认外国法院的判决和执行外国法院的判决分为两个不同的程序，并规定不同的条件。对于那些不仅需要承认也需要执行的判决，德国与日本等国家只做形式上的审查，只要符合该国承认和执行外国判决的条件，就发给执行令状，并予以执行；西班牙与比利时等国家要从法律和事实两个方面对判决做实质性审查，认为判决正确的，才发给执行令状。

3. 重新判决制度

英美法系国家不直接执行外国法院的判决，而是把外国法院的判决作为重新提起诉讼的一种证据或事实，需要该国法院重新审理，认为与当地法律无抵触，就由法院做出一个与外国法院判决内容相同的判决，然后予以执行。

(三) 承认与执行外国法院判决的条件

承认与执行外国法院判决的条件有六个方面：一是外国法院的判决是已发生法律效力的判决；二是根据承认和执行国的法律规定，判决国的法院对该案具有管辖权；三是判决是根据判决国的法律规定做出的；四是该判决的承认和执行不违反该国的公共秩序和善良风俗；五是判决中没有法律规避问题；六是承认和执行国与判决国之间有一定的互惠保证。

六、国际商事争议仲裁与诉讼的区别

国际商事争议仲裁与诉讼的区别主要有以下四个方面：

(一) 受理的机构不同

国际商事争议采用仲裁方式，其受理机构通常是约定的国际性仲裁机构、地区性仲裁机构和国别性仲裁机构；国际商事争议采用诉讼方式，其受理机构一般为双方当事人中的一国法院或者第三国法院。

(二) 受理的依据不同

国际商事争议仲裁机构受理案件的依据是仲裁条款或仲裁协议，否则，不予以受理，当事人只能采取其他解决争议的方式；国际商事争议案件采用诉讼方式，各国法院受理的依据是起诉书和有关证据材料，如不符合有关规定，法院不予以受理。

(三) 审理的方式不同

国际商事争议案件采用仲裁方式，仲裁机构通常不公开审理，其形式有利于保护当事人的商业秘密，并且时间短；国际商事争议案件采用诉讼方式，法院通常要开庭公开审理，法庭调查和法庭辩论的形式对商业秘密的保护性相对较弱，且时间较长。

(四) 裁决的效力不同

国际商事争议仲裁的裁决是终局性的，当事人不得再向法院起诉；国际商事争议的诉讼通常有多审，当事人对第一审判决不服的，可以提起上诉，第二审法院对上诉案件可发回原审法院重审或改判。

七、互联网法院诉讼

中央全面深化改革委员会分别审议通过了《关于设立杭州互联网法院的方案》和《关于增设北京互联网法院、广州互联网法院的方案》,深化互联网法院试点探索,健全与完善互联网案件审判格局。为统一规范杭州、北京、广州三家互联网法院诉讼活动,最高人民法院于 2018 年 9 月发布并实施《最高人民法院关于互联网法院审理案件若干问题的规定》。具体内容如下:

(一) 审理原则

互联网法院采取在线方式审理案件,案件的受理、送达、调解、证据交换、庭前准备、庭审、宣判等诉讼环节一般应当在线上完成。根据当事人申请或者案件审理需要,互联网法院可以决定在线下完成部分诉讼环节。

(二) 管辖范围

互联网法院集中管辖所在市的辖区内应当由基层人民法院受理的第一审案件,其分为四种类型:一是合同纠纷,包括网络购物合同、网络服务合同、金融借款合同、小额借款合同引发的纠纷;二是侵权纠纷,包括互联网上首次发表作品的著作权或邻接权权属纠纷、侵害在线发表或传播作品的著作权或邻接权而产生的纠纷;三是民事权益纠纷,包括互联网域名权属以及因产品缺陷侵害他人人身、财产权发生的纠纷;四是行政案件,因行政机关做出互联网信息服务管理、互联网商品交易及有关服务管理等行政行为而产生的纠纷。

(三) 管辖机制

当事人对互联网法院做出的判决和裁定提起上诉的案件,由所在市中级人民法院审理,但互联网著作权权属纠纷和侵权纠纷、互联网域名纠纷的上诉案件,由市知识产权法院审理。

(四) 诉讼规则

互联网法院办理案件,当事人和其他诉讼参与人实施诉讼行为,应通过互联网诉讼平台进行。具体内容与要求如下:

1. 身份认证

当事人和其他诉讼参与人应当通过证件和证照比对、生物特征识别或国家统一身份认证平台认证等在线方式完成身份认证,并取得登录诉讼平台的专用账号。

2. 在线受理

互联网法院在线接收原告提交的起诉材料,对符合起诉条件的,登记、立案并送达案件受理通知书、诉讼费缴纳通知书、举证通知书等诉讼文书。对提交材料不符合要求的,及时发出补正通知,补正材料符合要求的,予以登记、立案;不符合起诉条件的,不予受理,并做出相关说明。

3. 在线通知

互联网法院受理案件后通过原告提供的手机号码、电子邮箱等通信方式通知被告。

4. 在线举证

当事人根据互联网法院的要求在线上传电子数据文件，导入诉讼平台，或将线下证据通过扫描、翻拍后的电子文件上传至诉讼平台进行举证。

5. 在线开庭

互联网法院在认定电子数据真实性的基础上采取在线视频方式开庭，完成当事人身份核实、权利与义务告知、庭审纪律宣示，并进行在线证据交换、举证和质证，然后进行当事人陈述、法庭调查、法庭辩论等庭审环节。

6. 在线裁决

法庭在调解不成的基础上进行裁决，向当事人发送电子裁判文书，也可根据其要求寄送纸质版裁判文书。

阅读思考

互联网法院的新型审理机制

中国最高人民法院于 2019 年 12 月 4 日发布了《中国法院的互联网司法》白皮书，指出互联网法院作为集中管辖互联网案件的法院，主要实行“网上案件网上审理”的新型审理机制，集中管辖所在市辖区内的网络金融借款合同纠纷、网络购物合同纠纷、网络服务合同纠纷、网络侵权纠纷、网络著作权纠纷等 11 类互联网案件，在案件审理、平台建设、诉讼规则、技术运用、网络治理等方面，形成了一批可复制、可推广的经验。

截至 2020 年 8 月 31 日，杭州互联网法院受理案件 51 882 件，审结 48 227 件，在线立案申请率 98.2%，在线庭审率 96.7%，平均庭审时长 32 分钟。北京互联网法院受理案件 73 095 件，审结 62 887 件，在线立案申请率 100%，在线庭审率 99.8%，平均庭审时长 33 分钟。广州互联网法院共受理互联网案件 97 496 件，在线立案申请率为 99.9%，在线庭审率为 99.8%，审结 83 583 件，在线庭审平均用时 21 分钟。三家互联网法院共受理案件 222 473 件，审结 194 697 件，在线立案申请率 99.7%，在线庭审率 98.9%，平均庭审时长 29 分钟，比普通线下诉讼节约时间约四分之三。

请思考，互联网法院新型审理机制对加强我国跨境电子商务市场法制化具有哪些积极意义？

思考与实践

一、思考题

1. 简述国际商会国际仲裁院概况。

2. 简述中国国际经济贸易仲裁委员会概况。
3. 简述《仲裁法》对仲裁员回避情形的规定。
4. 简述一项有效的仲裁协议应当具备的要素。
5. 简述仲裁协议的主要作用。
6. 简述《中国国际经济贸易仲裁委员会网上仲裁规则》的主要内容。
7. 简述国际商事争议仲裁与诉讼的区别。
8. 简述互联网法院管辖的范围。
9. 简述互联网法院诉讼规则的主要内容。

二、实务题

1. IBM公司以富士通公司侵害了该公司的计算机操作系统权益为名对其进行起诉，为此两家跨国公司步入了两年多的诉讼之战。在支付了金额巨大的代理费和诉讼费后，诉讼仍没有结果。最后，双方放弃了诉讼，签署了仲裁协议，指定美国仲裁协会对其争议进行仲裁。IBM公司选择一位计算机专家作为仲裁员，富士通选择一位斯坦福大学法律教授作为仲裁员，并由这两位仲裁员选择一位首席仲裁员。经过仲裁员的数月调查与分析，裁定富士通公司付给 IBM 公司 8.332 亿美元而获得操作系统的使用权。双方都接受了该裁决，两年多没打成的官司，仅用几个月结案。

请以小组为单位，结合本章学习内容，分析国际商事仲裁在解决国际商事争议中的优势。

2. 注册在上海自贸区内的上海山田置地有限公司和汉斯国际贸易有限公司均为外商独资企业，双方于某年 5 月签订了货物供应合同，约定汉斯国际贸易有限公司向上海山田置地有限公司提供一批设备，并在仲裁条款中规定，如有合同争议，将指定新加坡国际仲裁中心裁决。汉斯国际贸易有限公司根据合同的约定，从境外购买了合同项下的设备，在指定地交货。上海山田置地有限公司认为交付的设备质量不符合合同的规定，向新加坡国际仲裁中心申请仲裁，要求其承担违约责任。汉斯国际贸易有限公司提出仲裁反请求，要求上海山田置地有限公司支付尚欠的合同货款。当年 10 月，仲裁庭驳回了上海山田置地有限公司的全部仲裁请求，支持了汉斯国际贸易有限公司的反请求。上述仲裁裁决做出后，上海山田置地有限公司仅部分履行裁决项下的支付义务，故汉斯国际贸易有限公司向上海市第一中级人民法院申请承认并执行上述仲裁裁决。该法院根据合同所涉的主体、履行特征等方面的实际情况，认定为涉外民事法律关系，双方约定将合同争议提交新加坡国际仲裁中心进行仲裁解决的条款有效，并据此裁定对新加坡国际仲裁中心的仲裁裁决的法律效力予以承认并执行。

请以小组为单位，结合本章学习内容，分析本案裁定在自贸区推进投资贸易便利背景下的意义。